DELIVERING RESULTS

人力资源管理新政

〔美〕戴夫·乌尔里克 编著

赵曙明 译

商务印书馆
2007年·北京

Edited with an introduction by Dave Ulrich
Delivering Results
A New Mandate for Human Resource Professionals

Original work copyright © 1990, 1992, 1994, 1996, 1997, 1998 President and Fellows of Harvard College, except "Building Your Company's Vision," Copyright 1996 James C. Collins and Jerry I. Porras.

图书在版编目(CIP)数据

人力资源管理新政/〔美〕乌尔里克编著;赵曙明译.—北京:
商务印书馆,2007
ISBN 7-100-05135-5

I. 人… II. ①乌…②赵… III. 劳动力资源-资源管理 IV. F241

中国版本图书馆 CIP 数据核字(2006)第 080591 号

所有权利保留。
未经许可,不得以任何方式使用。

人力资源管理新政
〔美〕戴夫·乌尔里克 编著
赵曙明 译

商 务 印 书 馆 出 版
(北京王府井大街36号 邮政编码 100710)
商 务 印 书 馆 发 行
北 京 瑞 古 冠 中 印 刷 厂 印 刷
ISBN 7-100-05135-5/F·633

2007年9月第1版　　　　开本 700×1000　1/16
2007年9月北京第1次印刷　　印张 30
印数 5 000 册
定价:49.00元

商务印书馆—哈佛商学院出版公司经管图书
翻译出版咨询委员会

（以姓氏笔画为序）

方晓光　盖洛普（中国）咨询有限公司副董事长
王建铆　中欧国际工商学院案例研究中心主任
卢昌崇　东北财经大学工商管理学院院长
刘持金　泛太平洋管理研究中心董事长
李维安　南开大学国际商学院院长
陈国青　清华大学经管学院常务副院长
陈欣章　哈佛商学院出版公司国际部总经理
陈　儒　中银国际基金管理公司执行总裁
忻　榕　哈佛《商业评论》首任主编、总策划
赵曙明　南京大学商学院院长
涂　平　北京大学光华管理学院副院长
徐二明　中国人民大学商学院院长
徐子健　对外经济贸易大学副校长
David Goehring　哈佛商学院出版社社长

致中国读者

哈佛商学院经管图书简体中文版的出版使我十分高兴。2003年冬天,中国出版界朋友的到访,给我留下十分深刻的印象。当时,我们谈了许多,我向他们全面介绍了哈佛商学院和哈佛商学院出版公司,也安排他们去了我们的课堂。从与他们的交谈中,我了解到中国出版集团旗下的商务印书馆,是一个历史悠久、使命感很强的出版机构。后来,我从我的母亲那里了解到更多的情况。她告诉我,商务印书馆很有名,她在中学、大学里念过的书,大多都是由商务印书馆出版的。联想到与中国出版界朋友们的交流,我对商务印书馆产生了由衷的敬意,并为后来我们达成合作协议、成为战略合作伙伴而深感自豪。

哈佛商学院是一所具有高度使命感的商学院,以培养杰出商界领袖为宗旨。作为哈佛商学院的四大部门之一,哈佛商学院出版公司延续着哈佛商学院的使命,致力于改善管理实践。迄今,我们已出版了大量具有突破性管理理念的图书,我们的许多作者都是世界著名的职业经理人和学者,这些图书在美国乃至全球都已产生了重大影响。我相信这些优秀的管理图书,通过商务印书馆的翻译出版,也会服务于中国的职业经理人和中国的管理实践。

20多年前,我结束了学生生涯,离开哈佛商学院的校园走向社会。哈佛商学院的出版物给了我很多知识和力量，对我的职业生涯产生过许多重要影响。我希望中国的读者也喜欢这些图书，并将从中获取的知识运用于自己的职业发展和管理实践。过去哈佛商学院的出版物曾给了我许多帮助，今天，作为哈佛商学院出版公司的首席执行官，我有一种更强烈的使命感，即出版更多更好的读物，以服务于包括中国读者在内的职业经理人。

在这么短的时间内，翻译出版这一系列图书，不是一件容易的事情。我对所有参与这项翻译出版工作的商务印书馆的工作人员，以及我们的译者，表示诚挚的谢意。没有他们的努力，这一切都是不可能的。

哈佛商学院出版公司总裁兼首席执行官

万季美

目录 CONTENTS

译者序 ··· 1

引言 ·· 19

第一部分　传递核心能力

1. 人力资源管理的新使命 ············· 戴夫·乌尔里克　41
2. 公司的核心竞争力
　　　　············ C. K. 帕拉哈莱德　加里·哈梅尔　61
3. 能力竞争：公司战略的新规则
　　　　········· 小乔治·斯托克　菲利普·埃文斯
　　劳伦斯·E. 舒尔曼　　　　　　　　　　　　93

第二部分　增强战略透明度，争当战略伙伴

1. 何为战略？ ·························· 迈克尔·E. 波特　123
2. 高层管理者的角色转变：超越战略，实现目标
　　　　······ 克里斯托弗·A. 巴特利特　苏曼德拉·戈沙尔　165
3. 构建企业愿景
　　　　······ 詹姆斯·C. 柯林斯　杰里·I. 波拉斯　191

第三部分　推动变革发生

1. 改变我们变革的方式
　　　　····················· 理查德·坦纳·帕斯卡尔
　　马克·米勒曼　琳达·乔尔嘉　　　　　　　225

2. 打破加工制造组织中的职能思维定势
　　……………… 安·马吉索克　王乾伟　253
3. 关注过程，而非问题
　　………… 哈罗德·西尔金　小乔治·斯托克　267
4. 阻碍学习的"良好沟通" ……… 克里斯·阿吉里斯　285
5. 西尔斯公司的员工—客户—利润链
　　……… 安东尼·J.鲁西　斯蒂文·P.基恩
　　理查德·T.奎因　307

第四部分　创造智力资本：争当员工拥护者

1. 管理专业才智：充分利用最优秀的人才
　　……………… 詹姆斯·布赖恩·奎因
　　菲利普·安德森　悉尼·芬克尔斯坦　335
2. 员工的弹性职业生涯开发
　　……………… 小罗伯特·H.沃特曼
　　朱迪思·A.沃特曼　贝齐·A.科勒德　357
3. 公开账目管理 ……………… 约翰·凯斯　381
4. 让所有员工开动脑筋，发挥作用
　　……… 多萝西·伦纳德　苏珊·斯特劳斯　403

文章简介 ………………………………………… *429*

撰稿人简介 ……………………………………… *447*

注释 ……………………………………………… *459*

人力……

译者序

人力资源管理不仅通过各种功能活动促进企业绩效的提升,而且是组织制定战略、获取持续竞争优势时必须考虑的关键因素。目前,人力资源管理的学科发展已经进入战略人力资源管理的新阶段。然而,尽管有许多研究已经揭示了人力资源管理与组织绩效间的关系,但是战略人力资源管理影响组织绩效的作用、机理、过程尚未得到明确的界定。本书收录的发表于《哈佛商业评论》的文章,旨在对战略人力资源管理的作用、机理与过程进行界定。

为此,戴夫·乌尔里克认为人力资源管理者要把思考的重点从原先的"可做的事"转移到了前瞻性的"将要发生的事"上。"可做的事"的焦点是改进人力资源管理实践,提高人力资源管理专业人员的管理水平,以及再造人力资源管理部门。"可做的事"强调的是行动、活动和将会发生的事。"将要发生的事"则将关注的重点转向为成果、成效和人力资

译者序

源管理工作所创造的价值。传统人力资源管理教材的设计采用的是"可做的事"的概念,包含了招聘、培训、绩效评估、薪酬、劳动关系等各个领域。未来的人力资源管理将有可能围绕着"将要发生的事"来组织,包括智力资本、反应速度、制造周期、学习、价值创造、业绩增长和企业文化等,关注于人力资源管理实践所取得的成果。然而,何谓人力资源管理成果?什么样的能力可以定义为人力资源管理成果?本书为此清晰地界定了人力资源管理成果。

从传统观点来看,人力资源管理成果被理解为人力资源管理"活动"。活动代表人和组织所做的事。在20世纪80年代初期,人力资源管理工作主要包括人事运用、人力资源开发、评估和奖励。到90年代初期才涵盖了组织设计和沟通。然而,它们更多地集中在活动而不是成果上。涵盖了组织设计和沟通的方法之所以诱人,是因为活动本身容易观察和测量。然而,本书认为它们作为评价人力资源管理效益的方法并不完整,因为只知道人力资源管理专业人员需要做什么是不够的。其他专业评价成果的方法依据的是所取得的成果,而不是活动。要使人力资源管理成为一个专业,它必须开发出一种以"将要发生的事"为中心的概念,用以补充而不是取代传统的以活动来测量人力资源管理成果的方法。成果本身并不足以测量人力资源管理的有效性,因为用以实现这些成果的方法同样重要。人力资源管理专业人员在考虑成果的同时也要考虑活动。传统方法的问题在于它过于注重活动从而忽视了成果。

译者序

本书引进两个指标来将人力资源管理专业人员的注意力和责任心转移到成果上来，以界定人力资源管理活动的成果——公司绩效和人力资源管理能力。作为企业绩效的人力资源管理成果关注于人力资源管理活动、投入所产生的结果，并由此出现了把人力资源管理实践与具体公司绩效联系起来的研究。例如，人员流动率与工作安全、工会、培训和招聘实务以及激励薪酬制度等人力资源管理与公司绩效之间关系的研究，以及对培训、甄选和评估、薪酬等人力资源的投入与公司的财务绩效关系的研究。

正如本书编者戴夫·乌尔里克所言，尽管这些研究显示了人力资源投入和公司财务绩效之间的联系，但是并没有回答这种联系为什么存在，以及这种联系是如何运作的问题。因此作为人力资源管理理论与实践的新课题，人们必须发现连接这两个因素的路径及其中间步骤。本书由此开创性地提出基于能力来传递人力资源管理成果这一战略人力资源管理新概念。

传统上，战略包括战略的形成与实施。战略形成注重运用五种竞争能力的分析框架进行 SWOT（优势、劣势、机会、威胁）分析来定位企业。战略实施注重管理和组织行动，如结构（结构追随战略）或系统分析（7S 麦肯锡模型）。但是目前战略理论所关注的是战略形成和战略实施之间的联系，即所谓的战略和行动之间的中间地带。它包括关注质量的"流程"和流程再造、关注组织文化的发展或变革，以及高绩效组织或工作团队。本书编者戴夫·乌尔里克在其引言中论述

译者序

了该中间地带的内容。读者在深入研究其他章节之前需详细研究本书的引言部分,这样才能从宏观上把握本书的要义。

广义上说,技术与能力既属于个人又属于组织。个人需要一定的技术或能力来帮助组织满足管理的需求。同样,组织能够具有技术诀窍(请参阅第一部分文章"公司的核心竞争力")。组织同样可以有社会诀窍。它通常被描述为组织能力。它代表着在战略和行动之间的那种联系。这些能力能够满足下面的标准:具有整合的特点:能力不只是个人能力,而是基于组织的能力;增加客户的价值:能力是被那些公司外部的人定义为重要的东西;具有持续性:能力在一段时间内保持稳定;具有独特性:能力不能被竞争者简单地复制;提高员工的忠诚度:能力为员工创造意义;确立形象识别:能力描绘组织在客户、员工和投资者心中的形象识别。

许多理论家抓住组织能力这个概念作为一种重新界定组织性质的方法。第一部分文章"能力竞争:公司战略的新规则"分析了这种方法。人力资源管理实务整合可以帮助组织成功地培养能力,并借助其这些能力而成名。第二部分文章"何为战略?"一文提供了这种行动过程的实例。

本书还定义了三种关键的、具有普遍性的,能够产生人力资源管理成果的能力。即创造战略的清晰度,推动变革发生,以及创造智力资本。当组织战略同时关注短期和长期的目标时,便能显示出其具有战略清晰度的能力,并对公司内、外部的人都有意义,从而将战略转变为有效的组织实务。

译者序

　　成功的公司拥有创造长期和短期战略的能力。长期战略形成愿景,通过愿景把公司建成基业常青的公司。第二部分文章"高层管理者的角色转变:超越战略,实现目标"指出目标在战略形成中代表组织的属性,即它代表什么,对员工有哪些承诺、保障和激励。波特在"何为战略?"中考察了短期战略,从系统的角度定义短期战略。具有清晰战略的公司目标明确,它们定义了有效利用的资源配置的流程,并且它们拥有愿景。这样的公司同样具有战略整合性:它们从目标(目的)和公司所做的工作的手段(流程)两方面向员工和客户作出保证。为了有效地发挥战略伙伴的作用,人力资源管理专业人员必须掌握实施战略的理论和实务。他们必须能够使管理者对愿景、价值观、目标和意图有所了解,也必须能够界定组织活动,还能够了解由谁制定战略,应该制定何种形式的战略宣言,如何把组织战略转化为行动。请参阅第二部分文章"构建企业愿景"。

　　实际上,组织环境是不可预测、不可控制和不可预见的。组织的成功是通过拥有快速变革能力来实现的,而不应该花大量的资源创造那些对于成功来说模棱两可的战略。拥有快速变革能力的组织表现出敏捷、灵活,并且拥有较短的制造周期。几乎所有的公司都发现推动变革发生的能力的确是一种重要的能力。但是不同公司则用不同的方法培养了这种能力。第三部分文章"改变我们变革的方式"指出了组织如何能够行动敏捷。第三部分文章"打破加工制造组织中的职能思维定势"指出了制造周期时间的缩短和对流程改进

译者序

的重要性,并且说明了跨职能的工作对于推动变革发生是多么的关键。第三部分文章"关注过程,而非问题"以一家纸品公司为例说明了如何通过改进流程推动变革发生。第三部分文章"阻碍学习的'良好沟通'"指出了学习与变革之间的联系。能够从变革中学习的组织比那些仅仅为了变革而变革的公司更能够卓有成效地持续变革。第三部分文章"西尔斯公司的员工—客户—利润链"提供了一个例外的案例,西尔斯的变革包含了所有变革的主题:敏捷的重要性、跨职能工作、流程的改进,以及通过有目标的沟通来关注一线员工。这些文章概述了人力资源管理专业人员作为变革的推动者应起到的四个作用。

本书的第四部分指出,最新的研究中采用了简单、可测量且有用的方法来分析智力资本这个概念,最终被综合定义为:智力资本=能力×忠诚度。能力和忠诚度可以在公司、部门或者个人的层面上分别进行评价。第四部分文章"管理专业才智:充分利用最优秀的人才"把专业才智定义为存在于公司内部的关键个人的知识、高级技能、对系统的理解,以及自我激励的主动性。开发、平衡和管理这类人才成为管理者面临的主要挑战。具有最大限度地保证智力资本的发挥将有利于生产率的提高,而且能够实现变革,也能满足客户期望,并比竞争对手公司更具竞争力。第四部分文章"公开账目管理"讨论了与员工分享信息时,不仅要使员工对公司属性和目标有所理解,而且要使其对公司目标忠诚。第四部分文章"让所有员工开动脑筋,发挥作用"中建议,管理者可以将不同的学习方式和方法融入到组织中,采用使所有员工都感觉自己参与的方法来管理冲突,实现让公司的所有人都思考。第四部分文章"员工的弹性职业生涯开发"讨论了公司与员工之间新的心理契约,这种心理契约基于可雇用性而不是安全性,同时还基于公司对提供给员工发挥自己的技能的机会的承诺。人力资源管理专业人员要提高能力,同样要构建智力资本。

由此,以能力为基础并关注管理成果的战略人力资源管理要求系统而彻底地改变人力资源管理专业人员的职责、管理实践和人力资源管理的部门架构。

本书所收录的文章都是发表于《哈佛商业评论》上的名家经典之作。为将他们准确无误地呈现给读者,本书的翻译团队从语言风格和管理学的内涵上,严格地遵循现代翻译理论的对等原则,努力做到忠实于原文,通达于译文。为此我们付出了许多艰苦的努力。我要衷心地感谢为本书翻译付之努力的人,他们是刘永强、刘永安、赵薇、戴万稳、吴慈生、董伊人、杨洁、高立辉、吴爱胤、杨慧芳、顾建平、程德俊、蒋春燕、陶向南、张捷、张子源、王颖、王菁、胥克家、陈慧媛、何轶雯等。

南京大学商学院院长
兼澳门科技大学研究生院院长
赵曙明 博士
2005年国庆节于澳门

引 言

戴夫·乌尔里克

对于那些对人力资源管理感兴趣的人来说,这是一个伟大的时代。人力资源管理问题已经成为商务会议的中心议题,不论是在董事制定计划的小会议上,还是在经理执行计划的大会议上,都在讨论有关人力资源的问题。这些讨论经常是为了寻求方案去解决以下问题:

> 如何才能打好并赢得这场人才的争夺战,[1]不仅要在领导层面而且要在整个公司层面赢得这场争夺战?如何对人力资本投资并获得与投资经济资本相同或更高的回报?如何创造一个能够快速适应、变革、改造以及减少制造周期的组织?

> 如何通过个人和组织促进学习?

> 如何为投资者短期内创造价值,带来现金流,以及如何创造长期的客户和员工价值?

引言

> 如何创造一种影响员工和客户关系的新文化?
> 如何使企业赢利并成长?如何保证我们有热情促进创造这些成果产生的行动?

在许多方面,这些并不是新问题。商业领导人一直以来总是受到这些问题的困扰。今天的不同之处在于用来回答这些问题的方法集中在研究人力资源问题上。为了回答这些问题,直线经理和人力资源管理专业人员必须重新思考并定义人力资源管理。

人力资源管理专业人员对此十分谨慎并作出了反应,把思考的重心从原先的"可做的事"转移到了前瞻性的"将要发生的事"上。"可做的事"的焦点是改进人力资源管理的实践,提高人力资源管理专业人员的水平,以及再造人力资源管理部门。"可做的事"强调的是行动、活动和会发生的事。"将要发生的事"则将关注点转向结果、成果和人力资源管理工作所创造的价值。传统的人力资源管理教材的设计采用的是"可做的事"的概念,书中各章的标题包括人事、培训、薪酬、团队、劳动关系和沟通等。这些内容总结了人力资源管理的理论和实务领域的行动。未来的人力资源管理教材将有可能围绕着"将要发生的事"来组织,内容将包括智力资本、速度、制造周期时间、学习、价值创造、增长和文化等,并且这些内容将集中在人力资源管理实务所创造的价值上。

尽管很少有人反对人力资源管理实务、专业人员以及部门将关注点转向"将要发生的事"或可能产生的结果,但是关于是什么构成了人力资源管理成果的讨论则刚刚开始。新出现的人力资源管理问题包括：

> 什么是人力资源管理成果？
> 什么样的能力可以定义为人力资源管理成果？
> 注重成果的管理方法是如何转变人力资源管理职责、实务、部门，并改变专业人员的？

本书给读者提供了一个关于人力资源管理成果的清晰视角，并且提供了关于成果的具体定义和实例。

人力资源管理取得了什么样的成果？

传统上，人力资源管理成果被理解为人力资源管理"活动"。活动代表人和组织所做的事。一家银行的总裁最近表扬了该银行的人力资源部门，因为它在过去的一年中雇用了1 000多名新员工。另一个人力资源部门骄傲地宣称他们公司90%的经理在上一年度参加了40小时的培训。还有一个人力资源部门开发了一项大规模的沟通项目，参与沟通项目的员工数量和制作录像的质量说明了该项目的成功。

在上面以及许多其他的例子中，人力资源管理成果是根据人力资源管理活动来界定的。这种方法之所以诱人是因为活动容易观察和测量。然而，作为评价人力资源管理成果的方法，它们并不完整，只知道人力资源管理专业人员是做什么的是不够的。其他评价成果的专业方法采用的是评价

引言

事情的结果，而不是行为。评价律师的绩效更多地是看他们是否赢了官司，而不是看他们在最后的辩论中用了多少词汇；评价医生的成功更多地是看可以观察到的病人健康的改善，而不是看他们查看了几次病房；飞行员更多地是担心安全和准时到达的问题，而不是如何与机组人员的相处。

要使人力资源管理成为一个专业，它必须开发出一种以"将要发生的事"为中心的概念，用以补充而不是取代传统的以活动来测量人力资源管理成果的方法。成果本身并不足以测量人力资源管理的有效性，因为用以实现这些成果的方法同样重要。律师如果只顾打赢官司而不考虑客户的财务或情感成本，可能会失去客户、同行和法官的信任，从而一段时间以后对他接洽新业务产生负面影响。一个医生不管有多么优秀，如果在病床前态度苛刻，就可能会发现病人会遗弃他，而去找其他同等水平但是态度和蔼的医生。人力资源管理专业人员也是一样，在考虑成果的同时也要考虑行为。传统方法的问题在于它过于注重行为从而忽视了成果。

过去几十年人力资源管理文献中的关于人力资源管理工作的分类解释了这种不平衡。在20世纪80年代初期，人力资源管理活动主要有四类：人事、发展、评估和奖励。[2]这种框架一直延续到20世纪80年代后期和90年代初期，后来又包括了组织设计和沟通。[3]最近一段时间以来，人力资源管理实务已经被分成了19类。[4]这些分类尽管越来越包罗万象，并且看起来很讲究，但仍然更多地集中在活动而不是成果上。可以引进两个指标来将人力资源管理专业人员的注意力转移到成果上来,成果包括公司绩效和人力资源管理能力。每一种指标都界定了人力资源管理活动的结果。

作为企业绩效的人力资源管理成果

解释人力资源管理成果要求把注意力转移到对人力资源管理活动投入之后所产生的结果上。对于量化人力资源管理实务对财务绩效产生影响的兴趣,激发了大量的把人力资源管理实务与具体公司绩效联系起来的研究。例如,人员流动率已经与工作安全、工会的存在、薪酬、文化和人口统计联系起来。[5]生产率已经与"转型的"劳动关系(强调合作)、工作生活质量、质量循环、培训和招聘实务以及激励薪酬制度等人力资源管理实务联系起来。[6]对于培训[7]、甄选和人事管理[8]、评估[9],以及薪酬[10]等人力资源管理实务的投资已经与公司的财务绩效联系起来。

其他的研究集中在具体行业的人力资源管理实务和财务绩效上。研究显示,在制造业中先进的人力资源管理实务和公司绩效之间,在钢铁厂[11]中合作和创新的人力资源管理实务和组织生产率之间,以及在汽车厂[12]一体化的人力资源管理实务和较高的生产率之间,均存在着联系。

尽管这种萌芽研究已经显示了人力资源管理实务与公司绩效之间的联系,但是其中大部分只是在单个的人力资源管理实务或者是单个的行业中的情况。最近的另外两项研究使得这种关于人力资源管理实务与公司绩效之间有联系的想法更进了一步。第一项研究是在明尼苏达大学的劳资

引言

关系中心切尼·奥斯特罗夫(Cheri Ostroff)副教授的指导下，由人力资源管理协会(SHRM)和CCH有限公司[13]共同开展，他们通过研究来自260家公司的数据从而评估了人力资源管理实务对财务的影响。另一项类似的综合研究是由路特基(Rutgers)大学的马克·休斯立德(Mark Huselid)教授利用他从968家公司收集到的数据来进行的。两项研究均表明了人力资源管理与公司绩效之间的明显关联。

SHRM和CCH的研究发现，人力资源的质量与四项财务指标相关：市值/账面价值（基于其股票价值的市值除以代表有管理"增加值"的资产）、生产率（以美元计算的销售额除以员工数）、市值（股票价格乘以流通股票数）、销售额。对参与公司的数据分析表明，所有四项财务指标随着人力资源管理实务质量的提高而显著增加。一个公司的人力资源管理实务与其公司战略的契合增强了公司成功的概率，证明了公司战略、人力资源管理实务和管理哲学的协调一致，对公司的绩效改善大有裨益。

马克·休斯立德的研究涉及公司在员工的选择、评估和薪酬方面的政策和程序、工作设计、处理申诉和劳资关系，以及信息分享、态度评价、培训和晋升等方面，并考察了一个给定的公司在多大程度上能从事"高效工作"。[14]马克·休斯立德检验了高工作绩效对三项组织绩效指标（人员流动率、生产率和财务绩效）的作用。他发现高工作绩效对每一项指标都有正向相关的关系。对于人员流动率，在工作绩效上的一个标准差的增加导致以单个员工计算的人员流动率降低了7.05%；对于生产率，一个标准差导致生产率提高了16%（以每个员工的销售额计算),或者以原始数据来计算,样本中的人均销售额为171 099美元,人均销售额增加了27 044美元;对于财务绩效,一个标准差增加了27 044美元的销售额、18 641美元的市值,以及3 814美元的利润。

这些研究显示了人力资源投入和公司财务绩效之间的联系,但是并没有回答这种联系为什么存在,以及这种联系是如何运作的。除非发现联系这两个因素的路径或中间的步骤,否则这种研究更多的是学术研究,而不实用。

作为能力的人力资源管理成果

一种来自人力资源管理学科本身和其他学科视角的新观点已经开始揭示人力资源管理实务为什么、及如何影响公司绩效水平。

在传统战略管理领域,工作可以归为两部分:战略形成和战略实施。战略形成注重运用竞争分析、SWOT(优势、劣势、机会、威胁)分析、五种竞争能力模型或其他一些分析工具去定位公司的市场地位。战略实施注重管理和组织行动,如结构(结构追随战略)或系统分析(7S麦肯锡模型)。然而,更近一段时间的战略理论已经寻找到了战略形成和战略实施之间的一个中间地带。

其他学科的理论家同样也一直试图定义战略和行动的中间地带。其中一些学科从质量的角度注重流程和流程再造所要做的工作。也有一些学科从组织发展或变革的角度看待这个问题,把这个中间地带定义为文化。还有一些具有人力资源

引言

管理倾向的理论家,从传统视角出发关注高绩效组织或团队。

目前对于战略和行动之间的中间地带的定义仍然有些模糊。尽管大多数分析家同意在战略和成果之间或在人力资源投入和成果之间存在一个中间地带,但是定义这个概念的术语和框架各种各样。大量的关于这个中间地带的文献和思考显示出了这个中间地带的普遍性和重要性。

图1是解释中间地带这个概念的一种方法。该图揭示了如何能够从技术或文化的角度产生组织的观念。技术方法强调职能导向。例如,微软、波音和星巴克在技术要求上各有不同:微软要求必须掌握计算机科学,波音要求必须掌握航空物理学,而星巴克要求必须精通分销和物流。但是在社交方面每一个人都要有与他人或团体联系和合作的能力。因此,尽管微软、波音和星巴克在技术要求上各有不同,但是它们在社交方面可能有着类似或不同的要求。

图1 关于竞争力或能力的阐释

		分析的层次	
		个人	组织
组织视角	技术	1 职能或技术能力,如个人在财务、工程、营销、客户服务等方面的能力。	3 核心能力,如组织在物流、风险管理、分销、制造等方面的能力。
	社会/文化	2 社会能力,如个人在确定方向(愿景、客户)、提高个人的忠诚度(多样化)、影响组织(团队、变革)、个人信用等方面的领导能力。	4 组织的能力,如组织在速度、制造周期时间、影响智力资本、跨国经营等方面的能力。

正如图 1 所显示,社会和技术视角不仅适用于个人而且适用于组织。个人需要一定的技术或专长来帮助组织满足商业的需求:根据雇用员工的专业能力,波音所招聘的员工间的差异性要大于星巴克所雇用的员工。组织中的个人同样需要社会能力,即需要具有确定方向、提高个人的忠诚度、具备组织能力,以及表现个人信用等能力。

同样,组织可以拥有技术诀窍,这种观点由 C. K. 帕拉哈莱德(C. K. Prahalad) 和加里·哈梅尔(Gary Hamel)在"公司的核心竞争力"一文中提出,并且引起了最初的关于核心竞争力的讨论。他们说明了技术能力是如何能够使本田、NEC 以及其他的公司建立起符合业务要求的技术平台的。组织同样可以拥有社会诀窍,即通常所称的组织能力。[15]

组织能力代表着在战略和行动之间缺少的那种联系。组织由于经营者的不同而各有特点,但是如果能够满足下面的条件,可以说便拥有了一些能力。

> 具有整合的特点:能力不是关于个人能力或管理系统的,而是指组织的能力。
> 增加客户的价值:能力是被那些公司外部的人定义为重要的东西。
> 保持持续性:能力在一段时间内保持稳定。
> 具有独特性:能力不能被竞争者简单地复制。
> 提高员工的忠诚度:能力为员工创造意义。
> 确立形象识别:能力描绘、识别组织在客户、员工和投

引言

资者心中的形象。

能力代表组织的技能、能力和专有技术。它们描述了组织可以做什么,以及如何做。它们构成了个人的能力总和并进一步转变为组织能力。它们通过概括组织的形象,从而补充了组织的核心技术能力。能力代表组织利用资源、完成工作和实现目标的能力。

许多理论家抓住组织能力这个概念作为一种重新界定组织性质的方法。小乔治·斯托克(George Stalk Jr.)、菲利普·埃文斯(Philip Evans)和劳伦斯·E. 舒尔曼(Lawrence E. Shulman)在"能力竞争:公司战略的新规则"一文中分析了这种方法。人力资源管理实务整合并形成得以帮助组织成功的能力,成功的组织通常具备能力,并以其拥有的能力而著名。迈克尔·E. 波特(Michael E. Porter)的"何为战略?"一文提供了这种行动过程的一个例子。西南航空公司(Southwest Airlines)能够通过快速返航从而使其飞机保持在空中不断航行,以及创造一种鼓励员工创造力,和从工作中找到快乐的工作环境,它就已经确立了其具备生产力优势的能力。然而,要想完全揭开能力是如何运作的,并总结性地把这些能力定义为组织的灵魂或核心,还有一些工作需要做。

遵循这种逻辑,能力就变成人力资源管理成果,填补了人力资源投资和公司绩效之间的中间地带。我们用图2来分析能力是如何完成从使命、愿景、战略到使行动增值的过渡。当领导者转变组织的战略(从1单元到5单元),他们创造了那些描述如何在未来取胜的愿景、战略和使命。当然,一旦定义了用5单元来代表的一个未来的战略,就可能犯两个错误。

图2 战略/能力/组织评价

	现在	未来
战略	1	5
组织能力	2	6
组织行动	3	7
组织成果	4	8

领导者可能犯的第一个错误是试图利用旧的能力(2单元)和行动(3单元)来实施一个新的战略。例如,当南方公司(Southern Company)通过购买 CEPA 在中国投入巨额资金时,其领导立刻了解到他们必须用不同的方法来管理他们在中国的投资,而不能用他们在美国东南部投资的传统方式来管理在中国的投资。他们在中国投资的成功有赖于他们与主要的决策者建立和保持信任的关系,并且快速适应当地市场;而他们在美国的成功更多地依赖于降低成本和实现规模经济。当南方公司的领导者认识到这些能力要求时,他们投资于新的管理活动(7单元)从而在公司内部慢慢培养能力,这包括同当地的代理机构一起吸引那些了解中国市场的员工,通过培训来学习在中国做生意,以及进行广泛的沟通,使所有的南方公司的员工了解在中国市场成功所需要的新的

引言

组织能力。

　　试图实施一种新战略(5单元)的领导者常犯的第二个错误是,采用最流行的管理方法和创新成果(7单元)。由马克·休斯立德和布赖恩·贝克尔(Brian Becker)所做的研究已经表明,互不相关的管理行动不能带来正的组织绩效。当一组能力被用于决策,另一组被用于培训,还有一组被用于薪酬时,员工会感到困惑而不能集中注意力,从而导致组织成果的衰退。马克·休斯立德和布赖恩·贝克尔建议把管理行动整合起来从而产生适合的和全局性的决策。[16]这些整合的管理行动代表着公司成功所需要的能力。

　　为了实现组织成果(8单元),人力资源管理专业人员有义务将未来的战略(5单元)转变为未来的能力(6单元),进而变成未来的行动(7单元),这对于他们来说也是一种挑战。他们通过识别那些在将战略转变成行动过程中所需要的能力来完成这一任务。

　　能力可以变成人力资源管理成果。人力资源管理不是测算雇用人数的多少,而是评价被雇用者的素质的高低——他们在多大程度上能够很好地帮助组织创新、变革,并具备其他的能力?人力资源部门不应当只衡量培训活动本身,而是应该注重培训的结果,如对市场反应的速度、客户的亲密度,或者劳动力的知识水平。人力资源管理不是描述员工在可变收入项目中的百分比,而是应该衡量那些投资能够产生的生产率水平的高低。

何种能力可被界定为人力资源管理成果？

如果能力代表由人力资源管理工作产生的成果,那么人力资源管理专业人员必须弄清楚哪些能力最重要。本书定义了三种关键的、具有普遍性的能力作为人力资源管理工作的成果——创造战略的明晰度、推动变革发生以及创造智力资本。尽管人力资源管理工作所能产生的能力不止这些,但是它们能够显示人力资源管理工作的成果。对人力资源管理专业人员来说,它们在明晰问题方面起着重要的作用。

制定明确的战略:成为战略伙伴

如果组织的战略同时关注短期和长期的目标,将组织内、外的目标赋予内涵,把它们转化成有效的组织实践,塑造员工的行为,并最终在客户和投资者眼里成为有别于其他组织的公司,那么这样的战略才显示了企业具有明确的能力,成功的公司拥有明确地创造长期和短期战略的能力。长期战略形成愿景,通过愿景把公司建成基业常青的公司。詹姆斯·C. 柯林斯(James C. Collins)、杰里·I. 波拉斯(Jerry I. Porras)通过他们所做的一项研究,并在"构建企业愿景"一文中建议,一个有效的长期愿景包括意识形态(愿景与目标结合)和由宏伟的(Big)、冒险的(Hairy)、创造性的(Audaious)目标(BHAGs)所指向的可预见的未来。那些能够创造这些要素,并在组织中遵循这些要素的执行官,将能够创造更持久的组织结构和成果。克里斯托弗·A. 巴特利特

引言

(Christopher A. Bartlett)、苏曼德拉·戈沙尔（Sumantra Ghoshal）在"高层管理者的角色转变：超越战略，实现目标"一文中也强调，目标在战略形成中代表组织的属性，即它对员工有哪些承诺、保障和激励。迈克尔·E.波特（Michael E. Porter）在"何为战略？"中考察了短期战略，从活动系统的角度定义了短期战略。

战略清晰的公司目标明确，它们定义了有效利用资源配置的流程，它们拥有愿景。这样的公司同样具有战略一致性[17]：它们从目标（目的）和公司所做的工作的手段（流程）两方面向员工和客户作出保证。对于战略清晰度的测试，可以通过询问员工，公司如何让其最好的客户认识到公司形象来完成。当人们对这个问题的回答类似时，就说明公司具有清晰的战略。

人力资源管理专业人员作为战略伙伴在创造战略一致性方面起着重要的作用。作为战略伙伴，他们设计人力资源管理实务，用以帮助并应该用来创造和实施战略清晰度。应该雇用那些代表公司的价值和目标的员工；制定驱动员工行为与战略一致的薪酬制度；培训和开发项目应该为战略的实现培养技能；治理结构（如团队结构和决策程序）应该保证对战略负责。人力资源管理专业人员作为战略伙伴其作用是观察家，应能够了解一个给定战略的清晰度有多大。通过与员工大量接触（如再培训课程、求职面试、员工调查和离职面试），他们收集员工对公司战略当前的反馈和数据。这种信息会定期传达给相应的管理者，要使员工理解愿景，并为此提供更加实际的指导。

为了有效地发挥战略伙伴的作用,人力资源管理专业人员必须掌握形成和实施战略的理论和实务。他们必须能够使管理者对愿景、价值观、目标和意图进行讨论。他们必须帮助界定组织活动的契合性。此外,他们还必须了解由谁制定战略,应该采取何种形式的战略宣言,如何为组织及其员工将战略转化为行动。

促使变革发生:作为变革的推动者

大多数组织的环境是不可预测、不可控制和不可预见的。在这样的环境之下,组织的成功是通过拥有快速变革的能力来实现的,而不应该花大量的资源用于那些对于成功来说模棱两可的战略。拥有快速变革能力的组织有很快的速度和灵活性,并能缩短运营周转时间。失败和成功的公司都将面对不确定的未来。在失败的公司花费巨大组建任务小组来研究变革时,成功的公司可能已经适应了变革。组织行动的速度是不同的。一些组织面对不确定性不知所措,缺乏灵活性且抵制变革,而其他一些组织则有着变化、行动和适应的内在能力以跟上形势的最新变化。

几乎所有的公司都发现推动变革发生的能力的确是一个重要的能力。但是不同公司则用不同的方法构建这样的能力。理查德·坦纳·帕斯卡尔(Richard Tanner Pascale)及其同事在"改变我们变革的方式"中指出了组织如何能够灵活地采取行动。他的著作列举了壳牌公司(Shell)和美国陆

引言

军是如何通过从错误中学习,并向所有的员工承诺从而实现了快速行动的能力。在"打破加工制造组织中的职能思维定势"一文中,安·马吉索克(Ann Majchrzak)和王乾伟(Qianwei Wang)指出了制造周期时间的缩短和对流程改进的重要性,并且显示了跨职能的工作,尤其在美国的电子行业,对于推动变革发生是多么的关键。哈罗德·西尔金(Harold Sirkin)和小乔治·斯托克(George Stalk Jr.)在"关注过程,而非问题"中,以一家纸品公司说明了如何通过改进流程推动变革发生。克里斯·阿吉里斯(Chris Argyris)在"阻碍学习的'良好沟通'"中指出了学习与变革之间的联系。从变革中学习的组织比那些仅仅为了变革而变革的公司更能够卓有成效地持续变革。他的著作还说明个人学习累积起来便形成了组织的学习。安东尼·J.鲁西(Anthony J. Rucci)、斯蒂文·P.基恩(Steven P. Kirn)和理查德·T.奎因(Richard T. Quinn)在"西尔斯公司的员工—客户—利润链"中提供了一个非同寻常的案例,西尔斯的变革包含了所有变革的主题:公司政策灵活的重要性、跨职能工作、流程的改进,以及通过有目标的沟通来关注一线员工。

实施这些实务的公司具有推动变革发生的能力。在一个速度取代了战略、缩短的周转时间带来了客户的忠诚度,以及快速的生产提高了市场份额的竞争世界,变革发生是公司成功的关键。

总体来看,这些文章说明了人力资源管理专业人员至少要知道他们应该成为有效变革的推动者。人力资源管理专业人员作为变革的推动者起到四个作用：第一，人力资源管理专业人员通过变革的模型和理论构建变革。变革的理论帮助他们了解从哪里开始，如何平衡变革，以及如何将实践转变为行为模式。第二，人力资源管理专业人员通过适时地聘用恰当的人来推动变革的进程。为此他们必须学习如何将关键的决策者放在一个变革项目中，如何进行试验并从中学习，以及如何将能够持续变革的事件串联起来。第三，人力资源管理专业人员重新设计人力资源管理制度，使其能够适应变革。如沟通、培训、雇用和薪酬制度等职能必须基于一个总的绩效指标，这个总指标是对员工、客户和投资者有用，并被他们所承认的标准。最后，在他们作为变革推动者的第四个方面是，他们必须首先在其自身的部门和职能中构建他们推荐给他人的人力资源管理实务模型。如果一个组织需要缩短制造周期，人力资源部门也必须缩短其设计和产生培训、人事和薪酬计划的周期时间。构建自己所要倡导的模型成了人力资源管理专业人员作为变革推动者的一个重要的作用。

成功的人力资源管理专业人员帮助组织培养快速行动能力。这些领导者为未来做好准备，不满足于现状，在完全了解、认识客户对未来的预期后再行动，与员工直接沟通，并且利用他们的威信来推动变革发生。[18]

创造智力资本：作为员工的代言人

每位管理者都承认智力资本的重要性。而挑战在于判

引言

断什么是智力资本,以及如何提高智力资本。关于智力资本的最新研究中采用了简单、可测量,且有用的方法分析了智力资本这个概念。[19] 这些概念可以被综合为以下定义:智力资本＝能力×忠诚度。[20]

这个等式表明,一个给定部门的总体员工的能力可能提升,但是能力本身并不能保证这个部门的智力资本能充分发挥出来。具有高能力、低忠诚度的公司可能拥有具备才能的人,但却不能把事情完成。具有高忠诚度、低能力的公司拥有愚笨的员工,但是可以很快把事情完成。两种情况都很危险。智力资本要求员工既有能力又有忠诚度。因为等式中用的是一个"乘号"而不是"加号",不论是能力还是忠诚度,一旦其数值降低都会大幅度地减少总体的智力资本。

能力和忠诚度可以在公司、部门或者个人的层面上分别进行评价。例如,一个在很多地方经营的餐饮连锁店,可以测算每一个餐厅的智力资本,方法是用员工的平均技能水平(能力)乘以员工的平均保留率(忠诚度)。这个智力资本指数能够可靠地预测每个餐厅其他方面的成果,如客户忠诚度、生产率和赢利率。个人员工可以通过评价一段时间内其知识、技能或能力的提高来显示其在智力资本方面的提升。这样的个人评价可以累计成一个部门的智力资本的集体评价。

詹姆斯·布赖恩·奎因(James Brian Quinn)、菲利普·安德森(Phillip Anderson)和悉尼·芬克尔斯坦(Sydney Finkelstein)在"管理专业才智:充分利用最优秀的人才"中把专业智力定义为存在于公司内部的关键个人的知识、高级技能、对系统的理解,以及自我激励的主动性。开发、平衡和管理这种人才成为管理者面临的主要挑战。具有最大限度地保证智力资本发挥的能力将有利于生产率的提升,而且能够实现变革、满足客户期望,并使自己比竞争对手更具竞争力。

构建能力的理论和工具。 在测评智力资本的能力和忠诚度这两个方面时,很多研究一直致力于开发构建能力的工具。在单位(不论是公司、工作现场、商场或工厂)内部提高能力的五种基本的工具是:购买、构建、借用、解雇以及留住员工。适当地运用所有这五种工具能够保证能力更加稳定。

购买意味着管理者到单位外面寻找具有更高素质的人才取代现有的人才。雇用新的人才能够带来新的思想,打破旧的文化障碍,通过改革公司来创造智力资本。购买战略在可以找到且能够获得人才的情况下起作用。这种购买战略具有风险。如果外部人才与内部人才相比不是明显好得多,或者素质更高,可能会使在内部工作很久的员工感到被疏远,他们会憎恶那些外来的人,因为他们过去没有对组织作过贡献。购买战略还在把不同人才整合成为一个运行通畅、且具有知识的团队方面存在风险。在需要团队协作的工作中,在那些外来的、不受约束的人身上耗费资源可能无法取胜。

构建意味着管理者投资于发现新的思考和工作的方法。此类的学习出现在正式的培训项目或培训中心,但更多地出

引言

现在结构化的在职培训活动中。在这两种情况中,管理者通过投资于员工培训来构建智力资本,员工的学习把询问和行动结合起来,用新的思想代替旧的思想,并且改变行为。这种构建战略的风险在于花费巨额资金和时间在培训上,而培训本身成了目标,而没有构建创造公司价值的智力资本。

借用意味着管理者从外部的供应商那里借用思想、框架和工具使组织更强大,如从合作伙伴、咨询顾问或战略联盟那里借用。借用外部的帮助要求适应,而不是采用新的思想,因为每一个公司应用新概念的方式是不同的。还需要将外部的知识转换为内部的知识,这就不是供应商的工作了。这要求借用这些概念的人自己分解供应商提供的流程和工具,这样,这些流程和工具才能被复制、部署并融合于组织的内部。借用战略的风险包括资金和时间的支出,那样做可能无效并且几乎没有任何收益;依赖咨询顾问而没有将知识转移到公司内部;以及得到的答案是来自其他的环境而不适用于自己的公司。然而,如果使用恰当,借用能力能够成为一个获取智力资本的可行方法。

解雇要求管理者开除那些表现没有达到标准的个人。有时候,这意味着开除那些合格、但是没有跟上现有工作技能水平要求的人。还有些时候,这意味着开除那些没有变革、学习和适应能力的人。这就要求管理者有勇气作出艰难的人事管理决定;要求具有明确的标准用以决定谁留下来,并且使那些离开的人知道为什么要离开,以及他们被期望成为什么样的人,而且必须要有一个公平公正的程序以保证合法性。解雇员工有许多风险:被看做是万能药、失去了不该失去的员工、留下的人士气受挫、根据臆断而不是事实作出困难的人事决策,以及降低了管理层的可信度。

留住员工意味着在所有层级上留住员工,这对公司的成功至关重要。如一家国有银行的组织效率部门,因员工配偶职业过渡计划而有可能会失去这个有才能的同事。该银行不是选择失去这个人才,而是选择让这个员工调回来,让他在总部或者其他的银行部门工作一段时间,工资、旅行、福利和其他方面的待遇上有了削减,达成了这样一个灵活、双赢的安排。在理论上,为员工量身定做合约用以留住员工是可行的,在条件最大限度允许的情况下,这是一种留住关键员工的方法。这要求围绕着薪酬、福利、工作时间、工作地点、工作项目、职业期望,或者工作职责等问题,也就是任何问题上可以灵活变动,这样才能使一个工作具有足够的吸引力来留住有才能的员工。但只有当存在明确的产出和标准,并且更多注重的是目标而不是手段时,才有可能存在这样的灵活性。

所有管理者在购买、构建、借用、解雇和留住员工这五种方法中会使用其中的一种或多种来提高能力。他们利用其中的方法越多,整合的程度就越高,从而作为智力资本的两方面之一的组织能力水平受的影响就越大、越持久。

忠诚度的理论和工具。管理者在寻求提高智力资本时所犯的严重错误之一就是只关注能力。拥有能力但对工作

引言

没有不忠诚的员工,就像试图让一个完全由明星球员组成的球队去赢一场球赛一样,不管每位球员多么有才能,如果对球队不忠诚,比赛也不可能取得成功。公司的成功来自团队的合作,来自对一个共同目标和标准的忠诚和坚持。

获得员工的忠诚度需要他们投入情感。忠诚反映在员工之间是如何联系的和员工对公司的感情上。在许多情况下,有竞争压力的公司是在削减而不是构建员工的忠诚。今天的公司继续对员工提出更高的要求:要求员工更加具备全球化意识、更加具有团队精神、具有更高的生产效率等等。正是这些实际中的对员工的竞争性需求要求不断提高员工的忠诚度,因此员工被要求付出他们的情感、智力和精力来保证公司的成功。

不幸的是,许多管理者没能有效地处理好这些对员工提出来的更高的要求。他们继续对员工提出期望和目标,不但没有创造忠诚度,反而施加了压力,使员工精疲力竭。

要以忠诚度来取代压力和疲劳工作,人力资源管理专业人员需要学会与员工分享信息。约翰·凯斯(John Case)在"公开账目管理"中讨论了与员工分享信息不仅要使员工对公司属性和目标有所理解,而且要使其对公司目标有个人的忠诚度。多萝西·伦纳德(Dorothy Leonard)和苏珊·斯特劳斯(Susaan Straus)在"让所有员工开动脑筋,发挥作用"中建议,管理者可以通过将不同的学习方式和方法融入到组织中,通过采用使所有员工都感觉自己参与的方法来管理冲突,实现让公司的所有脑力都在运转。小罗伯特·H. 沃特曼

(Robert H. Waterman Jr.)、朱迪思·A.沃特曼(Judith A. Waterman)和贝齐·A.科勒德(Betsy. A. Collard)在"员工的弹性职业生涯开发"中讨论了公司与员工之间新的心理契约,这种心理契约基于可雇用性而不是安全性,同时还基于公司给员工发挥自己的技能机会的承诺。

那些提高能力和忠诚度的人力资源管理专业人员同样会构建智力资本。通过这种做法,他们变成员工的代言人,考虑公司如何满足员工的需求。他们努力构思能够提高能力的人力资源管理实务做法,以保证在公司内正确地安排和使用员工,投资于人力资源管理实务来提高忠诚度,并且对组织政策和实务是如何帮助或阻碍员工的成长非常敏感。当发现一项实际做法阻碍员工构建能力或忠诚度时,他们就会提出挑战并改变它。

关注成果的管理方式如何转变人力资源管理的职责、实务、部门并改变专业人员?

人力资源管理职责

如果人力资源管理工作培养了战略清晰度、促使变革发生,以及构建智力资本等能力,那么产生人力资源管理成果的职责就转移到了直线经理的身上。直线经理负有人力资源管理工作的最终职责,就像他们必须对财务、营销、技术和战略负责一样。然而,当人力资源管理专业人员增加了价值,直线人员和人力资源管理人员之间的界限变得模糊了。

引言

人力资源管理专业人员知道业务和人力资源管理实务可以创造价值,他们的工作对直线经理的角色是补充而不是其竞争对手。人力资源管理专业人员拥有数据、技能和可信度,他们的工作远远不只是咨询。他们实际上有具体的职位并且采取行动来实现公司的成果。有成果的人力资源管理者仅仅威胁到那些能力较差的管理者。为了达成目标,有能力的管理者同意甚至希望能力强的人力资源管理专业人员与自己一同工作,而不是为自己工作。

这种对成果的关注创造了相同的衡量直线经理和人力资源管理专业人员成功的方法。例如,一位高级人力资源管理经理说过,他将不再起草另一个独立的"人力资源计划",因为他的人力资源计划就是业务计划,或者说他过去的人力资源管理工作的重心是错误的。他知道一旦公司的运营委员会确定了成功所需要的能力,他的工作将是培养这些能力。正如直线经理负有培养能力的责任一样,他也负有同样的责任。这位经理的话和结论正中要害:当人力资源管理成果集中在能力上时,直线和人力资源管理经理的职责是相同的。

新兴的人力资源管理实务

对人力资源管理成果的关注从两个方面改变了人力资源管理工作。第一,人力资源管理开始注重诊断和评估能力(图2中的6单元)。本书提出了三种可以说明问题的能力:战略清晰度、推动变革发生和构建智力资本。其他的能力可能还包括质量、客户关系、创新、快速决策、责任心、学习或建立关系,人力资源管理专业人员应该帮助他们的内部客户,即管理人员将战略转变为能力。[21]

第二,对人力资源管理成果的关注可能会导致新的人力资源管理实务的出现。人力资源管理实务代表了企业在人力资源管理上的流程和投入。它们在过去40多年来不断演变,每一个10年都给人力资源管理带来了一套新的工具:20世纪40年代的劳动关系和人事管理;50年代的培训;60年代和70年代的管理、薪酬、福利和评估;80年代的健康保护、成本限制政策、组织设计、团队工作和沟通;以及90年代的并购、缩减规模和多样化。随着人们对全球人力资源管理(管理人力资源以满足全球竞争)、文化变革(界定用以构建和变革公司文化的工具)、技术(使人力资源适应不断变化的信息高速公路)、未来的领导质量(未来的而不是过去的领导者所需要拥有的能力),以及知识转移(如何产生新知识并使其普及)等问题的关注,新的人力资源管理工具将被进一步开发出来。

未来10年的人力资源管理专业人员在讨论文化变革时,将像他们现在讨论成功的培训项目或雇用策略一样,能够拥有足够的信息,而且这些信息十分精确。由于学习比忘记容易,且更令人兴奋,因此掌握这些新工具将要求旧工具的使用更加自如,由其他人来使用,或者停止使用。

引言

新兴的人力资源部门

随着人力资源管理部门更加注重管理成果,它们的结构和管理方式将发生变化。一些理论家认为,人力资源管理应该通过处理员工的不稳定性、工会、公司价值和管理的流程来重新发现自己的过去。其他人认为人力资源管理部门应该成为那些创造具有全球竞争力组织的业务伙伴的精英战略兵团。还有的人认为人力资源部门应该取消,并且它们的职能应该外包。有些争论甚至关乎人力资源部的使命问题——人际关系、人力资源、员工资源或组织能力。

基于成果的人力资源部门已经开始使交易电子化,进行变革创新。几乎逐渐取代了在传统的人力资源管理中官僚且耗时的纸质化的工作。更标准、常规和重复性的人力资源管理任务(如开具工资支票的工作)已经电子化。另一方面,人力资源管理工作要求创新和创造力,例如设计吸引和动员员工的方法,因为他们具有不同的关于公司忠诚和承诺的思维模式,因此使他们参与到工作和项目小组中来,将耗费人力资源部门大量的工作和时间。

人力资源社区必须扩展。现有的对人力资源社区的理解通常包括公司、工作现场、服务中心,以及具有专业特长的人力资源管理专业人员中心,他们中所有的人都在人力资源管理职能内。将来人力资源管理不仅由那些在人力资源管理职能内部的人来提供,人力资源社区还将包括直线经理、其他的非直线经理,以及与外部卖主之间的战略伙伴关系。

人力资源社区早期的岗位今天仍然存在,通用电气请直线经理为经理培训项目授课,将财务和人力资源管理专业人员组成小组为业务单位提供服务,以及许多公司已经外包了常规性的管理和交易性的人力资源管理工作。人力资源管理作为一个社区而不是一种职能,所面临的最终挑战是需要说清楚每一个社区成员为公司所增加的价值。

传统上,人力资源管理职能是用人力资源管理专业人员占员工总数的比率来衡量的。这些比率作为人力资源管理职能紧缩的指数一直很流行。人力资源部门试图将比率从1:50降至1:75,甚至在有些时候降到了1:300。显然,人力资源职能部门工作人员的责任心值得关注。同样明显,像人力资源管理专业人员与总员工数的比率这样普遍性的指数,并不能完全界定人力资源管理所创造的价值,它注重的是内部人力资源管理是如何支出资源的,而不注重外部的人力资源管理如何通过培养能力而创造价值。

新兴的人力资源管理专业人员

正如对成果的关注改变了人力资源管理职责、实务和部门一样,它同样改变了人力资源管理专业人员需要具有的能力。随着人力资源管理越来越被认为是一个专业,拥有大量的知识、标准和不同的能力,许多研究者已经得出结论,指出是什么造就了一个优秀的人力资源管理专业人员。根据我们在密歇根的研究,我已经将这些结论总结为以下的五项基本能力。[22]

引言

> **了解公司的业务**。财务、战略、营销、技术、生产运作、服务以及其他的业务职能,不能仅仅是人力资源管理专业人员能够在简报中看到的东西。人力资源管理专业人员必须充分了解每一种职能的领域,能够提出和讨论事务或问题的众多解决方案的优点和缺点。了解公司的业务是人力资源管理专业人员寻求进入业务讨论的入场券。

> **掌握人力资源管理实务**。人力资源管理实务越来越依赖于通过研究而得到验证的理论。人力资源管理专业人员必须利用这些信息进行重组和选择。在人力资源管理实务中,把事务本质和外表分开能够使人力资源管理专业人员对人力资源管理项目和计划提出好的建议,并进行明智的投资。

> **管理变革流程**。人力资源管理专业人员必须学习如何促使变革发生。他们必须能够为人力资源管理计划(如基于绩效的薪酬计划)和业务计划(如创新战略的实施)设计一个新的变革流程。作为变革的催化剂和建筑师,随着承诺和希望成为现实,人力资源管理专业人员就创造了价值。

> **创造构建个人能力和组织忠诚的文化和工作环境**。人力资源管理专业人员必须设计能够保证持续开发能力和提高智力资本的组织。人力资源管理专业人员是旧文化的捍卫者,也是新文化的构思人。他们保

护人才,并向人才提供资源。只有通过建立和支持一种有凝聚力的文化,才能使变革持续进行下去。
- ➤ **表现出个人的可信度。**人力资源管理专业人员必须值得信赖。他们体现着其所在组织的价值观,通过他们与关键参与者的信任关系来表现其可信度。个人的可信度构成了关系的公平性,从而使得人力资源管理专业人员能够制定和遵循强硬的决策。

在识别了人力资源管理专业人员应该具有的这些基本能力要求之后,人力资源管理专业人员就应该开始持续地施展这些能力了。同时,现在也是像对待其他专业人员一样对人力资源管理专业人员进行严格筛选的时候了。如果没有资格证书,律师是不允许出庭的,外科医生也不允许做手术。为什么在没有保证他们有能力和能够作出正确决策的前提下,就让一些人力资源管理专业人员作重要或者改变他人一生的决定呢?现在也是对那些具有能力的人力资源管理专业人员进行奖励的时候了。最后,现在是把对人力资源管理专业人员提升到高级人力资源管理岗位,并根据他们的能力安排恰当的岗位。

然而,能力本身不能保证专业水平。专业人员必须利用他们的能力大胆、果断并独立地采取行动。有能力的律师可以在任何时候为其客户辩护,有才能的外科医生在手术室不会说一句话,航空飞行员在飞机遇到麻烦事不会征求团队的意见。能力赋予专业人员行动的许可,但是做一个真正的专

引言

业人员需要使其行动具有说服力。

人力资源管理专业人员的下一步是要具有"一种态度"。当知识转化为行动时,当人力资源管理专业人员有勇气挑战管理者无知的选择时,人力资源管理专业人员便具有了一种态度。[23]人力资源管理专业人员具有这种态度,就能在有足够信息的情况下作出关于如何投资于人力资源管理实务以保证公司绩效的决策。人力资源管理专业人员具有了这种态度,行动时就有了自信心,给包括人力资源管理人员和直线经理在内的同行们造成威胁。这样的专业人员知道他们能够提供有价值的东西。但是只有态度而没有能力的人力资源管理专业人员只会虚张声势。但是态度与能力的结合使得人力资源管理从业者完全成为一个专业人员。

人力资源管理专业人员具有一种态度,意味着有信心而不是傲慢;果断而不是含糊其辞;敢于冒风险且行动而不是虚伪的热情。态度源自掌握了对人力资源管理专业人员要求的能力。人力资源管理专业人员通过有态度的行动表现出自己的能力,慢慢地把信心灌输给其他人。

第一部分 传递核心能力

DELIVERING RESULTS

新政

人力……

1. 人力资源管理的新使命①

戴夫·乌尔里克

我们可以废除人力资源管理制度吗？近年来，许多商业研究者和实践者围绕这个问题展开了激烈的争论。这种讨论引起了人力资源管理对组织绩效的广泛怀疑。作为一位从事人力资源管理的教学、研究和咨询长达20年的工作者，我想我必须同意那些对人力资源管理有所非议的观点。人力资源管理常常是效率低下的、无能的，并且耗资巨大。确实，如果人力资源管理工作仍然如今天某些公司一样没有变革，我想我就会对上述问题给予一个明确的答案："是的，是该废除它！"

但现实情况是，人力资源管理变得越来越重要了。今天企业管理者所面临的竞争压力将来会越来越大。组织能否达成未来的目标，完全取决于学习、质量、团队和再造等组织对员工的措施。这些都是人力资源管理的基础。一句话，组

---

① 《哈佛商业评论》1998年1～2月。

第一部分

织的未来发展完全取决于人力资源管理的好坏。

高级管理者面对的问题并不是我们是否要废除人力资源管理制度,而是我们应如何管理人力资源。回答是:对人力资源管理进行完全不同的角色定位,即定义人力资源效果,是有别于传统的招聘、报酬等活动。给人力资源管理下定义不能根据传统的做法,而应该根据这一管理工作的贡献,即使组织对客户、投资者和员工更有价值。

很清楚,人力资源管理可以在如下四个方面贡献于组织:

首先,人力资源部门必须是高级经理和一线经理执行战略的伙伴,帮助他们把计划从会议室转到市场中。

其次,从事人力资源的人必须是组织和执行工作的专家,在确保质量的前提下,使效率提高,成本下降。

第三,人力资源部门必须支持员工向高级经理表达其所关注的信息,同时促使员工作出贡献,使员工对组织忠诚,并贡献其能力。

最后,人力资源部门应当成为不断变革的代言人,能促进组织提高应变能力的过程和文化。

要澄清一点,人力资源管理的使命是对于现状的巨变。在今天的大多数公司里,人力资源部门充当维持制度和规范的守护角色。它只是停留在文书工作上——招聘和解雇、管理官僚收益,以及执行其他人所制定的薪酬决策。一旦得到高级经理更多的授权,也只是进行监督招聘、管理训练和项目开发,或进行工作多样性设计。但这种事实仍然存在:人力资源活动常常会与组织活动相脱节。但这种新的角色将意味着每一个人力资源活动将从一个特定的角度帮助组织更好地服务于其客户,或者提高股东的价值。

人力资源变革可以独行其事吗?绝对不可以。转变人力资源角色的基本责任在于首席执行官和每个必须达到管理目标的直线经理。为什么呢?直线经理对于组织过程和任务负有最终的责任。他们需要为股东创造经济价值,为顾客提供产品和服务,为员工提供价值。他们必须将人力资源管理与公司的具体工作结合在一起。实际上,为了做到这些,他们自身必须成为人力资源的合作者。他们必须意识到竞争力是组织成就的一个方面。更重要的是,他们必须使得人力资源管理对组织的贡献能够测量。

当然,直线经理不应该将新使命强加于人力资源部门。相反,直线经理和人力资源经理必须结成联盟以快速和完全地勾画这种职能——从专注于行为本身转向专注于效果。这个过程在各个组织中是不同的,但结果是一样的:这是一个必须废除人力资源的时代吗?真是荒谬!

为什么现在人力资源管理要比以往任何时候都重要呢?

不考虑企业所在的行业、生产规模以及企业所在地理位置,当今公司面临着五个严峻的商业挑战。概括地说来,迎接这些挑战需要公司的组织获得新的能力。那么,谁应该对获得新的能力负责呢?可能应当是每个人都要负责,也可能根本没有人需要负责。这两者中间的情况给人力资源管理带来了机会,人力资源部门在公司如何建立这样的组织方面

第一部分

起着领导性的作用,使公司能面对以下的竞争和挑战。

全球化。以往,公司在国内生产什么产品就出口什么产品,那些日子已一去不复返了。随着全球化的迅速发展,管理者努力平衡两个自相矛盾的要求:既要全球化思考,也考虑本地需求。这种需求要求企业把人、思想、产品以及信息派送和传播到全世界,以满足当地的需求。企业在制定策略的时候,必须在纷繁复杂的情况中把新的、重要的元素考虑进去,例如不稳定的政治局面、有争议的全球贸易事件、汇率的波动以及不熟悉的文化背景。他们在面对国际顾客、业务以及竞争对手时必须比以前的管理者更有文化和修养。简言之,全球化要求所有的组织提高学习和合作,以处理变化、辨别复杂和模糊问题的能力。

通过发展获取收益。在过去的十年里,很多西方公司经营不成功,他们利用缩小规模、业务流程再造、压缩层级,以及合并来提高效率和降低成本。但是,这几种方法的已经被广泛使用,于是,管理人员如今不得不把注意力放到收益率方程的其他部分:收入的增长。

毋庸置疑,促进收入增加的动力在于创造组织的独特需要。公司想要获得新顾客群并生产出新的产品,必须要具有创造性和创新性,而且必须鼓励信息的自由流动以及员工间的学习经验分享。他们也必须更关注市场,时刻注意市场瞬息的变化并满足客户不同的需求。通过合并、业务收购、合资办厂寻求利润增长的公司还需要其他的能力,例如融合不同组织的工作流程和文化的极其细微的技巧。

技术。 从以前的电视时代到现在的国际互联网时代,技术使我们的世界变得越来越小,速度越来越快。大量的想法和信息不断地流动。管理者的挑战使得技术的使用具有意义,并能很好地利用技术产品。不是所有的技术都可以给企业增加价值,但是技术会影响完成工作的方式。在将来的日子里,管理者需要找出工作过程中怎样使技术可行,并提高生产率。他们必须要站在信息的尖端,学会用信息的杠杆作用为业务牟利。否则,他们就会有被一堆杂乱无章的信息而不是想法吞噬的风险。

智力资本。 对销售新思想和关系的公司(例如专业服务、软件设计及技术公司)来说,知识已成为一种直接竞争优势。对试图以其客户服务来取胜于其对手的公司,知识就是其间接竞争优势。从现在开始,成功的公司将是那些最善于吸引、发展及留住人才的公司,这些人才能够推动全球化公司对客户和刚露端倪的技术机会作出快速反映。因此,公司面临的挑战就是他们能否挖掘、培养、发展及留住具有这样能力的人才。

变革、变革、再变革。 也许对于公司来说,最大的竞争挑战是适应以及迎接永不停息的变革。公司管理者必须能够

第一部分

快速学习,不停创新,更敏捷并更恰当地采取战略变革。不断的变革意味公司必须创造一种对现状不满的健康气氛、一种比竞争对手更快的对市场趋势作出决策,以及寻找新方法做生意的能力。简言之,要振兴企业,公司需要处于一个永不停止的状态之中,创新不止,变化不息。

人力资源管理的新角色

上述的五种挑战对于企业经营的影响在于,企业唯一具有竞争力的武器就是组织本身。传统的竞争优势,如成本、技术、分销、制造,以及产品的特色,迟早都会被竞争对手所复制,他们已经成为企业现有的赌注。拥有这些,说明你可以参与竞争,但不能保证你将成为赢家。

在新经济中,能否成为赢家,将取决于其组织的能力,如敏捷的反应能力和员工的竞争能力等。成功的组织将是那些能够快速将战略付诸实施的企业组织、灵活高效的管理组织、使员工贡献最大和最忠诚的组织,以及能够应对连续变化的组织。这些能力的开发使我们不得不回顾本文开始提及的人力资源话题,然后我们再逐一进行审视。

成为战略执行的合作者。我并不认为人力资源部门应该制定战略,制定战略是公司高层管理团队的责任,人力资源部门只是其中的一分子。然而,要成为高级管理者的助手,人力资源工作者必须引导人们就如何组织和实施战略进行认真的讨论。这包括四个步骤。

首先,人力资源必须对组织构造进行定位。换句话说,必须认清公司运作的基本模式。这个过程可以应用几种良好的架构,如 Jay Galbraith 的星型架构,其中就包括有五种组织必备的战略、结构、报酬、流程和人员。麦肯锡公司开发的著名的7S模型把组织架构区分为七个部分:战略、架构、系统、员工、类型、技能和共享的价值观。

人力资源管理者用哪一种架构来定义组织已经是无所谓的了,只要其基础是坚实的。重要的是如何明确的表达。如果不能明晰的表达,管理者将不能把握组织的运作,以及战略制定的关键、标准等等。他们可能认为只有组织架构是唯一的行为决策的驱动力,而忽视了系统或技能的作用。或者他们可能只是从表面上认为组织的原则、价值观等对系统运作有影响,而不能执行战略。

高级经理要求人力资源管理者扮演建筑师的角色,把计划变成蓝图,建筑师通过测量、计算维度,标出窗户、门和楼梯,检查排水和供热结构,其成果是绘制包括所有建筑部分的复杂的蓝图,以明晰如何才能完成蓝图的建设。

接着,人力资源部门必须进行组织审核。蓝图只是说明了一个建筑物应该如何构造。这对帮助管理人员甄别组织中的哪一部分需要变化以适应组织战略的实施是极为有用的。人力资源管理者的角色是督促和协调组织蓝图的形成。

假定一个公司的人力资源部门把组织架构设定为一种文化、一种能力、一种回报、一种控制、一种工作程序,或一种领导力。人力资源管理可以根据上述假定引导正式而严肃

第一部分

的讨论:公司文化和战略目标、能力等等是否与之相匹配。如果答案是否定的,人力资源部门可以引导大家去讨论以获得和开发那些缺失的部分(见表1-1中所列问题)。

表1-1 从组织架构到审计

人力资源决定了公司现有的组织架构之后,可以采用如下的框架,通过讨论和审核的过程来引导组织。

问题		等级 (1—10)	最佳实践描述	公司目前实践与最佳实践之间的差距
共享思维模式	我们公司的文化在多大程度上与目标吻合?			
能力	我们公司具有多少要求的知识、技能和能力?			
结果	我们公司具有合适的考核、报酬和激励系统吗?			
公司治理	我们公司的组织结构、沟通系统和政策在多大程度上是正确的?			
变革能力	我们公司提高工作流程、变革和学习的能力如何?			
领导力	我们公司多大程度上拥有达成目标的领导力?			

人力资源作为战略伙伴的第三种角色是甄别组织变革方法的优劣。换句话说,人力资源管理者需要在文化变革中对提出、创造和讨论最佳实践起领导作用,例如,绩效评估和报酬系统。同样,如果战略执行需要,如基于团队的组织结

构,人力资源需要把组织架构中最新的方法报告给高级经理。

最后,也就是第四点,人力资源必须就本职工作设定优先顺序。在很多时候,人力资源管理人员可能各有各的看法和观点,如面对报酬、团队目标和行为学习体验等问题。但真正与经营绩效相关联的是人力资源管理人员需要和生产经理合作,评估各部门间的相互影响和重要性。哪一个是真的与战略实践相关联的?哪一个需要马上引起注意?哪一个可以等一等?哪些又真的和经营绩效相关联?

因为成为战略伙伴对人力资源部门来说意味着一个全新的角色,可能需要有新的技能和能力。人力资源管理者需要接受更多的教育以进行深度的分析,如组织审核等。最终,这些新的知识将使得人力资源管理对于经营团队更有价值。同时,人力资源部门作为战略伙伴也会为组织所接受。

成为一个行政管理专家。数十年来,人力资源专业人员一直被认为是行政管理者。然而,作为行政管理专家的新角色,他们一方面需要摆脱传统的政策制定与维护的刻板印象,同时还要确保公司条例的贯彻执行。为了实现他们旧的管理角色向新角色的转变,人力资源部门需要提高其部门以及整个组织的工作效率。

在人力资源部门里,有许多工作是可以做得更快、更好、更经济的。有些公司已经改进了,效果极为显著。有一个公司开发了一套全自动的、弹性回报系统,员工可以进行无纸

第一部分

化作业；另外一个公司采用了快速浏览简历的新技术，缩短了招聘新员工的时间；还有一个公司开发了一个电子公告版帮助员工实现与高级经理的沟通。在这三个例子中，废除旧方法和采用新技术使得人力资源管理效率提高了，同时降低了成本。

但人力资源作为一个行政管理专家的好处并不仅仅限于成本的降低。工作效率的提高将有利于增强人力资源管理的可靠性，反过来，人力资源部门能成为战略执行的伙伴。有这样一个例子，人力资源管理者在给一个新招聘员工邮寄其工资单时，把小数点的位置点错了，新员工就给CEO打电话，开玩笑说她并没有想到这个工作会使她成为百万富翁，CEO因此而对人力资源管理部门的工作很不满意。只有在人力资源部门能够证明他们能够有条理地处理组织事务，进行没有错误的组织服务，CEO才会很愉快地在战略会议上给人力资源部门提供一席之地。

人力资源管理者可以通过对组织进一步思考来证明其价值。比如，他们可以设计和开发一个系统来使得各部门分担管理责任。比如，在Amoco公司，人力资源部门帮助开发了一个包括有14个业务部门的服务体系。人力资源部门也可以成为收集、整理和发布重要信息的专家中心，如预测市场发展趋势，组织生产过程等等。这样的团队能够为组织提供内部咨询，不但可以为公司省下咨询费用，而且可以提高公司的竞争优势。

成为员工伙伴。今天的工作对员工的要求比过去更多,员工总是不断被要求多做事、少索取。公司废除了基于安全和可预测晋升机会考虑的旧的雇用合同,那么得到的便是微弱的员工信任和员工反馈。他们与组织间的关系变成了纯粹的交易关系。但留给他们的时间并不是很多。

员工对组织贡献的减少将会导致组织失败。除非员工全心全意地奉献,否则组织是不可能成功的。全身心投入的员工是那些充分相信自身价值的员工,可以列举他们的三大优势:与企业分享思想,努力工作,以及与客户保持良好关系。

担任新的角色时,人力资源专业人员必须保证员工都是在全身心地投入工作,对组织忠诚。在过去,人力资源专业人员通过解决员工的社会需求,如郊游、晚会、野营等来保持员工对组织的忠诚。人力资源管理者还需要组织这些活动,但同时也需要超越这些活动。现在人力资源专业人员必须引导和训练直线经理去激发员工高昂的斗志。另外,新的人力资源角色应该在企业管理讨论中充当员工代言人。给予员工个人的和职业的发展机会,为员工实现愿望提供必备的资源。

引导和训练直线经理激发员工士气可以通过如下几种方法:开研讨会、书面报告、员工调查等等。这些工具能够帮助管理者了解组织中普遍的、深层意识中的、造成士气低落的原因。比如,人力资源可能发现82%的员工因为最近的裁员而士气低落。这一发现是有用的,但更有用的是,人力资

第一部分

源有责任去教育和研究士气低落的原因。比如,组织行为专家普遍认为,给员工分派其力所不能及的任务时会导致士气低落。当目标不明确、不集中,或者绩效考评模糊时,员工士气也会低落。人力资源部门应该是高级管理者面前一面反映员工士气的镜子。

人力资源管理者能够在改进员工士气的过程中发挥关键作用。人力资源管理者的建议可以非常简单,如雇用其他的支持员工;也可以非常复杂,如对目前的任务进行重组和再造。另外,人力资源的新角色也包括建议增加工作团队,或者加强对员工工作进度的管理。建议一线管理人员注意到有些员工的工作是枯燥而重复的。比如,Baxter健康中心的人力资源管理人员认为枯燥的工作是一个问题,主张通过重新设计工作流程,让员工更多地关注顾客来帮助解决此问题。

在培训直线经理掌握有关员工士气方面的知识的同时,人力资源部门还需要充当员工的代言人,他们必须代表来自员工的声音,参与管理讨论。当一些决策,如工厂关闭,影响到员工时,他们必须知情。人力资源部门在决策过程中明显是代表员工的利益和权利的。这样的工作是人人都能看见的。员工在和人力资源经理沟通之前必须知道人力资源部门是他们的代言人。

成为变革的推动者。有一句谚语说:"变化无处不在。"当今,因为全球化、技术革新和信息通道的变革,变化的步伐令人目眩。这就是说,输赢之间的差别只是在于是否具有跟上变化的能力。赢者之所以能够赢,是因为能快速地适应、学习和付诸行动。输者之所以会输,是因为他们一直试图去控制变化。

新的人力资源管理者所具有的第四种责任就是构建适应和把握变化的组织能力。他们构建高效团队,减少创新周期,快速开发、传播和实施新技术。新的人力资源管理者需要灌输这样的理念,如"我将会是全球市场上的领导者",并把它付诸于行动,帮助员工了解哪些工作需要做,哪些需要放弃。在惠普公司,人力资源部门帮助员工树立信任、正直和崇尚实践的价值观,例如当员工在特定时间和地点工作时,给予其特殊的自主权。

变化能够使得员工变得迟钝。人力资源作为变革的推动者要消除执行阻力,消除可能的影响。如何做呢?答案在于创新和运用变革模型(例如 GE 开发和使用了一种很有效的变革模型,见表 1—2)。人力资源专业人员必须引入这样的变革模型,并向直线经理进行介绍以便交流,并就若干问题进行回答。简言之,这种模型必须成为人力资源经理的一种管理工具。它帮助组织扬长避短,鉴别取得成功的因素。这个过程虽然非常艰难,但是这是人力资源管理中最有价值的过程之一。作为变革的推动者,人力资源专业人员本身并不负责执行,但他们必须确保公司变革方案付诸实施。

第一部分

表 1-2　询问谁来做、为什么要做、怎么做以及如何做等问题

变革 GE 的人力资源管理人员应用这个模型去引导其公司的变革。

成功变革的关键因素	评估和完成成功变革的关键问题
领导变革（谁负责？）	我们有一位领导…… 谁会支持这样的变革？ 谁公开承诺这样的变革？ 谁有必备的资源？ 谁会将私人的时间投入到变革中？
创造一个共同的需求（为什么做？）	员工…… 了解变革的原因吗？ 能明白为什么变革是重要的吗？ 变革将会怎样从长期和短期对自身和企业有帮助？
塑造愿景（未来是什么样子？）	员工…… 能看到变革的结果吗？ 会为变革的结果而兴奋吗？ 变革将如何给客户和股东带来好处？
建立承诺（其他还需要哪些人的参与？）	变革的支持者…… 认识到还需要其他人支持变革吗？ 能够联合支持变革的其他人吗？ 有能力联络组织中支持变革的关键人物吗？ 有能力构建一个促进变革的网络吗？
改变系统和结构（如何组织？）	变革的支持者…… 明白如何操纵人力资源系统，如招聘、培训、薪酬、组织架构和沟通系统吗？ 认识到系统隐含的变革趋势吗？
过程监控（如何度量？）	变革的支持者…… 有衡量成功的方法吗？ 准备有监控变革结果和过程的应变方案吗？
持续变革（如何开始，如何结束？）	变革的支持者…… 知道变革开始的第一步吗？ 有长期和短期的计划来关注变革吗？ 有计划不断适应变革吗？

有这样一个例子，一个公司的高级经理团队宣布在1966年优先执行"价值观多元化"计划。6个月后，他们认识到，这种多元化的初衷言过其实。公司的人力资源专业人员要求执行团队坐下来花上几个小时的时间，采用一种变革模型来概述其多元化建议（见图1—1）。分析结果显示，除非高层管理团队能够解决这样的几个问题：为什么要多元化？其将对公司和顾客有什么好处？多元化对于组织意味着什么？实现多元化需要哪些人的支持和参与？否则，多元化必将以失败而告终。

图1—1 困境中发动变革的过程分析图

  公司的人力资源专业人员使用该图帮助高级经理理解一个多阶段变革过程是如何发生的。

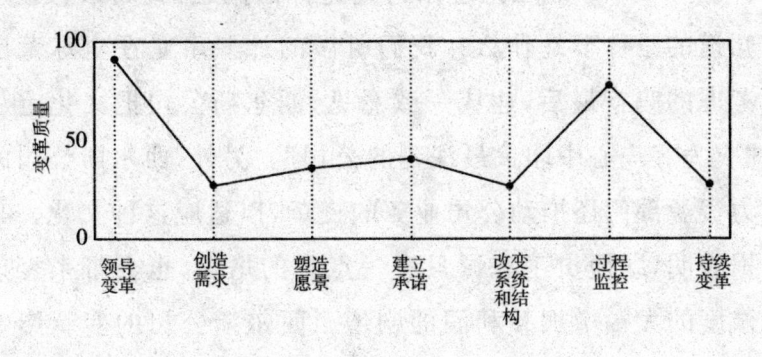

[图：变革质量曲线图，横轴从左到右依次为：领导变革、创造需求、塑造愿景、建立承诺、改变系统和结构、过程监控、持续变革；纵轴为变革质量，范围0—100]

  人力资源高层管理者花费了很多时间来引导管理团队的讨论，以回答那些问题。很快，他们就能够提出一个推动多元化实施的行动方案，来帮助这个团队。人力资源部门并不能决定组织将会经历怎样的变化，但他们确实可以引导组

第一部分

织的变革流程,以使得变革更加明确。

在新世纪,可能很多公司遭遇的最艰苦的和最重要的变化是文化的变革。为了催生一种新的文化,人力资源必须遵循这样的四个步骤:

首先,定义和界定文化变革的概念;

第二,必须明白为什么文化变革是组织成功的关键;

第三,必须评估目前的文化和理想中的文化之间的差距;

第四,必须拟定多种方法以推动文化的变革。

在西尔斯公司(Sears),人力资源管理在文化变革中扮演着一种重要的角色,经历了1994年企业的变革。为了推动这种变革,人力资源部门首先让组织来定位和明晰文化的概念。引导100个高层经理来讨论这样的问题:我们最想让顾客知道的三件事是什么?我们所做的那些事是在全球范围内考虑的吗?最后,达成一致意见,西尔斯公司把文化定位为"成为客户心中印象最深刻的公司"。另外,西尔斯公司的人力资源部门还推动公司业务的变革,以适应这种文化。其数据表明,即便员工忠诚只有一点点的增长,也会带来客户忠诚度的大幅增加和利润的剧增。西尔斯公司的变革影响了员工、客户和投资者。

西尔斯公司的人力资源部门通过很多方式引导公司文化的变革。[1]然而,具体细节并非其所说的那样重要。人力资源管理者是企业新文化的塑造者,但要成功地塑造出新文化,就必须重新界定其目标。事实上,人力资源的每一项新的使命都需要重新定位,需要高级经理的引导。

直线经理的四种变革

人力资源管理的新使命要求就人力资源专业人员的所想、所做进行巨大的改革。但可能更重要的是,这还要求高级经理改变其对于人力资源的期望,以及他们对于人力资源管理者的行为。下面是四种高级直线经理创造新时代的使命,以使得人力资源管理专注于结果,而不是行动本身。

与组织成员沟通,强调"软因素"的重要性。在惠普公司,对员工进行管理是CEO在1997年的两个主要目标之一。GE的CEO韦尔奇说他在人员管理上花费了40%的时间。在南方公司,高级经理致力于创造一个授权型组织,以更快更好地进行决策。其目的何在?为了让人力资源管理者能够一展其能,高级经理必须证明他们理解典型人力资源问题,如文化变革及智力资本等软因素,对于企业的成功是很关键的。

直线经理可以用多种方法来表明这种想法。他们可以很严肃地讨论组织是如何培养能力为投资者、员工和客户创造价值的。他们可以花时间去讨论组织变革的实施。在进行战略讨论的时候,让人力资源专业人员参与,并明确地表示,没有人力资源部门的合作,战略将只是一种希望而不是现实,只是一种承诺而不是行动,只是一种理念而不是结果。

第一部分

明确人力资源部门所应该做的,使其对结果负责。告诉人力资源部门应该对员工负责,并且设定具体的工作目标,比如说,设定目标使员工忠诚度百分比增加10%。一旦这样的目标设定后,就需要有一系列的举措来应对目标完不成的情况。

人力资源管理的新使命在这方面和其他企业活动极为相似。如果高级经理特别重视人力资源专家的建议,如采用跟踪、评估和绩效回报等管理措施,一个公司就会有很多好的机会实现其目标。

投资于创新性人力资源管理实践。和其他工作一样,人力资源也要参与新的技术和实践,高级经理也必须经常关注这些活动。研讨会和管理类书籍常常是发现人力资源新途径的好去处,但高级经理也必须意识到其他企业所采取的创新性人力资源管理实践,以及一些企业咨询人员所提倡的建议。

投资于人力资源是向组织显示人力资源价值的途径。也让他们认识到,实现人力资源新使命需要工具、信息和时间。

在了解了人力资源新实践以后,直线经理希望人力资源管理来适应这些新实践,而不是直接采取行动。人力资源管理者常常在接受和学习新理念之后,倾向于马上付诸实施。这样的努力常常以失败告终,花费了很大的情感。相反,投资于人力资源需要关注的是如何学习,不仅学习其他公司是如何做的,而且还包括学习在公司特定的竞争环境下,一个新的人力资源部门应该如何运作。

提高人力资源专业人员的水平。最后,高级经理推动人力资源管理的新使命过程中最难、可能也是最重要的是提高人力资源管理者自身的素质。很多人力资源管理者常常认为他们就像是计算机的一部分,各个部分独立可能会更有利于工作开展,但在一起的时候,却不一定。当赋予人力资源管理更多期望时,就需要有高素质的人力资源专业人员。公司需要懂业务、通晓理论与实践的人力资源专家,他们能够推动文化和管理变革,也有足够的自信。有时,这样的人才在人力资源部门中已经存在,但还需要锻炼。有时,需要从公司的其他部门引进,或者从公司外招聘。

不管怎样,人力资源管理不可能在缺乏必要专家的情况下扩展其角色。要想掌握战略伙伴具备的战略、市场和经济的知识,要想成为一个管理专家,就需要和直线经理一样掌握复杂的重组和再造知识。如果人力资源管理要真正作用于变革,需要一批自信、值得尊敬、高技能的专业人员。

未来的艰苦工作

为了满足组织越来越高的期望,人力资源管理者需要更加专业。他们必须更加专注于工作设计而不是一味从事具体工作。他们必须专注于他们创造的价值。他们必须建立一种机制,并快速应用于组织。他们必须关注企业竞争的有

第一部分

效性,而不只是员工的感受。必须领导文化变革,而不只是日常性的管理或裁员活动。

高级经理认识到智力资本和组织能力的经济价值和对客户的利益后,就需要更多的人力资源人员的参与,需要把人力资源管理视为一种业务进行投资。他们必须解雇老套的、跟不上时代步伐的人力资源管理人员。现在真的是破除旧体制、发挥人力资源所有潜力的时候了。

2. 公司的核心竞争力[①]

C.K.帕拉哈莱德　加里·哈梅尔

许多公司依然无法找到能够帮助他们在全球竞争中胜出的最有效的途径。20世纪80年代，评价高层管理者的标准是他们重组、调整和精简公司的能力。然而，20世纪90年代评价他们的标准将会是其辨认、培养和利用核心竞争力的能力。正是这种核心能力使企业的成长成为可能——的确，这些高层管理者将不得不重新思考公司这一概念的本质。

让我们以美国通用电话电子公司(GTE)和日本电器公司(NEC)为例，用其过去10多年的发展状况来说明公司这一概念的本质。早在20世纪80年代早期，美国通用电话电子公司凭其良好的定位，成为信息技术产业中的主要大厂商，在电子通信领域发挥着积极的作用，其业务扩展到诸如电话、交换与传输系统、数码专用自动交换分机、半导体、分

---

① 《哈佛商业评论》1990年5~6月。

第一部分

组交换、卫星、国防系统以及照明产品等各种商业领域。此外,美国通用电话电子公司下属的娱乐产品集团制造的喜万年(Sylvania)彩色电视机,在相关的显示器技术领域也占有一席之地。1980年,美国通用电话电子公司的销售额为99.8亿美元,净现金流17.3亿美元。相比之下,日本电器公司规模较小,销售收入仅为38亿美元,但是,该公司的技术和计算机业务可以与美国通用电话电子公司的相媲美。然而,日本电器公司却未能涉足电信领域,也无任何运作经验。

但是,到了1988年,两者的市场地位发生了变化。日本电器公司销售额达到218.9亿美元,远远高于美国通用电话电子公司的164.6亿美元。实际上,美国通用电话电子公司已经成为一家以经营电话为主业的公司,尽管它在国防和照明产品方面仍占有一席之地。从全球角度来看,美国通用电话电子公司的其他业务量已经变得很少了,影响甚微。该公司已经把喜万年电视机和因特网的业务剥离了出去,把交换机、传输设备和数码专用自动交换分机等产品下放给合资公司生产,并关闭其半导体业务。结果,美国通用电话电子公司的国际地位受到侵蚀,它在美国以外地区的销售收入从1980年占总收入的20％降到了1988年的15％。

日本电器公司却一跃成为世界半导体工业的领导者,并且在电信产品和计算机领域也发展成为一流的企业。它还巩固了自己在大型计算机方面的领先地位。它们除了拥有公用交换和传输业务,还将业务延伸到诸如手机、传真机和手提电脑等领域,来引导产品的消费时尚,使电信产业和办公自动化之间架起了桥梁。日本电器公司因此成为世界上唯一的一家在电信、半导体、大型计算机三个行业的收入均名列前五位的公司。为什么这两家起步时,业务组合类似的公司在几年后的绩效却如此悬殊?主要是因为日本电器公司能够从"核心竞争力"的角度思考其自身的问题,而美国通用电话电子公司却没能做到这一点。

对公司概念的再思考

经营业务多元化的公司曾经能够简单地将其业务部门定位在某个特定的终端产品市场,并希望这些业务部门成为其领域的世界领先者。但是,随着市场边界的变化越来越快,市场目标变得模糊不清。因而,对目标市场的占有率最高只是暂时性的。只有少数几家公司善于创造新市场,能够快速打入新兴市场,并且在业已成熟的市场中极大地改变着客户的选择。这些公司于是成为大家效仿的对象。对公司的管理层来说,关键任务就是创立一个组织。但是,这样的组织必须能够使其产品具有令人无法抗拒的功能。并且,这样的产品若是消费者所需要,却还未曾想到过的产品,那将更好。

然而,这项任务似乎很艰巨。最终,它需要从根本上改变公司的管理措施。首先,它意味着西方公司的高层领导要为其竞争力的下降承担责任。众所周知,影响竞争力的因素有许多,如高利率、日本的贸易保护主义、过时的反托拉斯法、固执的工会、没有耐心的投资者。但是,人们却难以认识到公司能够获得政治上或宏观经济上的救济措施。其实,西

第一部分

方的一些管理理论与实践曾经阻碍了我们前进的步伐。因此,真正需要改革的是管理原理与管理原则。

我们再以日本电器公司与美国通用电话电子公司为例,它们是我们分析的对照案例中唯一一组能够给我们带来启迪的案例。能帮助我们理解要夺取全球领先地位的基础正在发生怎样的变化。早在20世纪70年代初期,日本电器公司的管理层就清楚地阐明了其战略意图,即充分利用计算机与通信技术的融合,也就是所谓的"C & C"战略。[1] 公司的高层认为该战略意图的成功取决于获取能力,尤其是获取半导体产品的生产能力。为此,管理层采取了恰当的"战略构建",简言之即"C & C"战略,来实施该战略意图,并在70年代中期就该战略意图与所有组织成员以及外部有关人士展开了讨论。

于是,日本电器公司高层成立了"计算机与通信委员会"来监督核心产品和核心能力的开发,设立合理的协调工作组和委员会来协调各个业务部门之间的利益。与其战略构建的要求相一致,日本电器公司重新调整资源配置来强化其在元件和中央处理器产品上的地位。通过合作,其内部资源成倍地增长,并借此培养各方面的核心竞争力。

日本电器公司仔细地识别三种相互关联的技术和市场变革能力。高层认为计算技术将从大型主板向批处理技术方向发展,从简单的集成电路向超大规模集成电路发展。同时,通信技术将从机械跨杆交换器向复杂的数码系统发展,即我们所说的ISDN。随着事态的发展,日本电器公司推理后认为计算技术、通讯技术以及元件业务将会重叠和交织在一起，最后很难将它们区分开来。他们同时认为，任何具备了服务于这三个市场能力的公司，必能获得巨大的商机。

日本电器公司的高层领导将半导体产品视为最重要的"核心产品"，并随后与其他公司结成战略联盟。到1987年为止，其战略联盟数量已达到100多个。他们构建这些战略联盟的目的是以低成本来快速地构建企业的核心竞争力。其中霍尼韦尔公司(Honeywell)与布尔(Bull)公司是日本电器公司在大型主机领域中最著名的合作伙伴。在半导体元件领域中几乎所有的合作项目都是以获取技术为导向和目的的。在安排具体的合作事宜时，日本电器公司的运营经理非常明确其建立战略联盟的基本原则和目的——吸收和消化合作伙伴的技能。日本电器公司的研发总监总结其在20世纪70年代和80年代获取技能的经验时这样说："从投资角度分析，这种方式使我们能够以较低的成本快速掌握国外技术，并不需要我们自己去开发创新思路。"

然而，美国通用电话电子公司并没有如此明确的战略意图和战略架构。尽管该公司高层也曾讨论过信息技术产业的演变与发展及其影响，但是他们并没有达成普遍接受的观点，来确认他们到底需要何种能力以对付信息技术产业中的竞争。他们因而也就不可能在公司上下广泛沟通并确认其所需的能力。尽管公司做了大量工作来确认关键技术，但高层业务经理依然我行我素，就像他们经营独立业务部门一样。因而，分权变得很难，难以集中精力来培养核心竞争力。

第一部分

相反,各个业务部门越来越依靠外部公司的关键技能,于是,与外部的合作却成了他们分阶段退出的途径。今天,新的管理层上任后,美国通用电话电子公司重新确定其市场地位,要把自己的能力应用于电信服务领域这一新兴市场。

竞争优势的根本来源

我们观察到日本电器公司和美国通用电话电子公司的差别在于,前者把自己看成是一些能力的组合,而后者则把自己视为一些业务的组合。这种差异也同样经常出现在其他产业中的企业中。从1980年到1988年,日本的佳能公司(Canon)的业务增长了264%,本田公司(Honda)的业务增长了200%。相比之下,施乐公司(Xerox)与克莱斯勒公司(Chrysler)的业务增长却没有那么快。如果说西方的经理人以前曾经担心价廉质高的日本进口品的竞争,那么现在其对手在创造新市场、发明新产品以及改良与提高方面的速度令他们感叹,逼得他们喘不过气来。佳能公司开发了个人复印机,本田产品从摩托车延伸到四轮越野车,索尼公司(Sony)推出了8毫米镜头的摄像机,雅玛哈公司(Yamaha)研发出了数字钢琴,小松公司(Komatsu)研制了水下遥控推土机。卡西欧公司(Casio)推出的最新产品则是一种小屏幕彩色液晶电视机。谁能预料得到新市场带来的变革呢?

在已经成熟的市场中,日本公司的挑战也同样令人不安。它们掀起了一场改进产品特性和功能的风暴并把成熟的先进技术应用于日用品的生产。例如,日本汽车制造商首先尝试开发了四轮驱动、每缸四气阀的发动机,车内导航系统以及先进的电子引擎管理系统。佳能凭借其产品性能优势,成为传真机、台式激光打印机,甚至半导体生产设备等产品市场上的优秀企业。

在短期内,公司的竞争优势源于现有产品的性价比。但是经历过第一轮全球竞争而生存的企业,无论是西方公司还是日本公司,都已趋向于采用相似而严格的成本和质量标准,这些标准其实已经成为能继续和他人竞争的最低要求。但是,它们对于形成差异化优势的重要性已越来越小。长期看来,这种竞争优势来源于比竞争对手以更低的成本和更快的速度提供产品的核心竞争力。这种核心竞争力能帮助其开发出意想不到的产品。核心竞争力的真正来源是管理层整合整个企业内的生产和技术的能力。这些技术和技能整合后能够使得各个独立的业务部门迅速适应竞争,并把握处于不断变化中的机遇。

高层经理应当重新思考,尤其是那些声称无法培育核心竞争力的人应当意识到,他们的失败在于他们认为业务部门有神圣不可侵犯的自主权,或是季度预算束缚了他们的手脚。在很多西方企业中,问题并不是由于领导比日本同行在能力上逊色,也不是由于企业的技术能力与日本公司相差甚远,而是这些企业的管理层固守陈旧的公司理念。陈旧的观念制约了业务部门充分利用欧美公司所具有的技术宝藏。

多元化公司就好比一棵大树,树干和主要枝杈是核心产品,略细的树枝则是业务部门,叶、花和果实则是最终产品。

第一部分

为大树补给养分和起支撑、稳固作用的根系就是公司的核心竞争力。只看最终产品,你会误断竞争对手的实力,就如同只见树木,不见森林(参见图2-1)。

图2-1 核心能力:竞争力的根源

公司如同一棵大树,其根乃生长之源。竞争力创造出核心产品并创生了业务部门,而业务部门的成果就是最终产品。

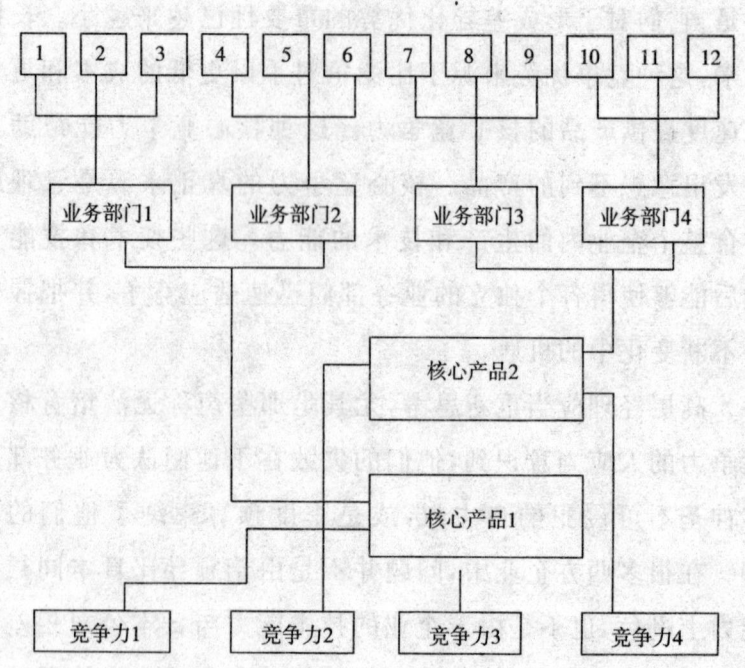

```
最终产品
[1][2][3] [4][5][6] [7][8][9] [10][11][12]
    │         │         │          │
 业务部门1  业务部门2  业务部门3   业务部门4

           核心产品2

           核心产品1

 竞争力1   竞争力2   竞争力3   竞争力4
```

核心竞争力是组织的集体学习的能力,尤其是如何协调多种生产技能并且把多种技术流派整合在一起的能力,如索尼的微型化能力和飞利浦的光介专长。然而,我们现有的理论知识能够让我们把收音机组装在一个芯片上,但实际并不能保证企业可以生产名片般大的微型收音机。为了付诸实践,卡西欧公司必须整合微型化、微处理器设计、材料科学和超薄精密封装等方面的技术,这些技术也应用在公司的微型名片式计算器、袖珍电视机以及数字手表中。

如果核心竞争力是各种技术的整合,那它也是工作的整合和价值提供的过程。微型化是索尼公司拥有的核心竞争力之一。为实现产品微型化,索尼还要确保技术人员、工程师和营销人员对客户需求和技术的可行性达成共识。核心竞争力不仅在制造业中起作用,同样在服务业中也发挥着明显的作用。花旗集团投资了一套运营系统,可以全天候地服务于国际市场,这一服务是领先于其他企业的。隐含该系统中的核心竞争力使花旗集团从很多金融服务公司中脱颖而出。

核心竞争力是沟通、是参与,同样也是员工对跨组织边界工作的庄严承诺。它涉及了各个职能部门和员工。例如,世界级研究项目——微光或陶瓷的研发,都是在公司的实验室中进行的,而不影响公司的业务。构成公司核心竞争力的各种技能聚集在思路开阔的人身上,因为他们不会错过机会把别人的特长以新颖有趣的方式与自己的专长结合起来。

核心竞争力并不会越用越少。不像有形资产会随着时间流逝而耗损,核心竞争力只会随着应用和分享而加强。然而,核心竞争力同样也需要培育,因为知识不用就会遗失。核心竞争力不仅是把现有业务黏合在一起的黏合剂,也是新

第一部分

业务开发的引擎。多元化经营和市场进入要以它们为指导方针,而不仅仅靠市场的吸引力。

例如3M公司的黏性胶带。该公司梦寐以求其产品多元化,包括公事贴、磁带、照相胶卷、压敏胶带和砂带等各种产品。公司在将其产品多元化过程中培养了能够共用在基底、涂层以及黏合剂等产品中的共享技术,并设计各种方法来综合这些技术。事实上,3M公司从未间断过对这些技术的投资。因此,看似纷繁复杂的业务背后隐藏着可共享的几种较少的核心竞争力。

相比之下,一些大公司也曾潜心打造核心竞争力,但成效未果。因为高层管理者只把公司看做独立的业务综合实体。美国的通用电气公司把很大一部分的电子消费品业务卖给法国的汤姆森公司(Thomson),并声称在该产业部门很难再继续保持竞争优势。确实如此,但具有讽刺意味的是,通用电气竟然将这几项关键业务售给了已是领袖的竞争对手——生产小型电机的百得公司(Black & Decker)和电子厂商汤姆森公司。汤姆森公司当时正急于在微电子领域内培养其核心竞争力,并最终从日本公司那里学到这样一种理念,即电子消费品的市场地位是应对培养核心竞争力挑战的关键。

陷入战略业务思维模式的管理者几乎都会发现,公司中的各项单独业务已经离不开外部供应商的关键元件,如发动机和压缩机。但这些产品不是普通元件,而是构成一系列最终具有竞争力的核心产品的关键元件。它们体现了产品的核心竞争。

怎能不去思考核心竞争力

各大公司如今竞相构筑决定全球领导地位的核心竞争力。成功的企业已不再视自身为生产产品的集合体。佳能、本田、卡西欧以及日本电器公司的各项业务似乎跨度很大，与客户、分销渠道以及营销策略等方面毫不相关。但其实它们拥有的业务组合是比较独特的，例如，日本电器公司是世界上唯一一家在计算机、电信和半导体三个领域中销售额均夺魁的公司，同时它的电子消费品业务也欣欣向荣。

但是，这些表面现象往往具有欺骗性。在日本电器公司，数字技术，特别是超大规模集成和系统集成技术是其基础。隐藏在技术背后的核心竞争力使分散的业务统一起来。本田公司在发动机和动力传动系统方面具有核心竞争力，因此它在汽车、摩托车、割草机以及发电机领域优势显著。佳能公司在光学、影像与微处理器控制领域的核心竞争力，使它顺利进入甚至垄断复印机、激光打印机、照相机以及图像扫描仪等多种市场。飞利浦公司花费了几乎15年的时间完善其光介质技术（激光视盘），而JVC也投入了大量的精力在录像机领域取得领先地位。其他内含核心竞争力的技术有机电工程技术（即机械工程与电子工程的结合）、视频显示技术、生物工程，以及微电子技术等。飞利浦在核心竞争力构建的初期，也未曾料到在光介质的核心竞争力上可以衍生出如此多的产品。同样，JVC在开发录像带技术上也没预计到

第一部分

会开发出其最终产品——微型摄像机。

品牌地位之争在世界各地的广播电视和平面媒体中随处可见，其目的是争夺全球性的"头脑份额"，而打造世界级的核心竞争力则不同，这是一场无形的战斗，因而人们不会故意地找寻它。西方公司的高层领导经常追踪调查竞争对手产品的成本与质量。然而，又有多少管理者能打破其日本对手，为了以低成本获得竞争优势而建立起联盟网络呢？有多少西方的董事会能清楚地明白和达成这样的共识——将公司的世界领导地位建立在核心竞争力上呢？的确，又有多少高层领导讨论过业务层次上的竞争力战略，和公司整体层次上的竞争力战略的区别是什么？

需要明确的是，培养核心竞争力并不是一定要在研发投入上超过对手。1983年，佳能复印机在全球上的市场份额超过了施乐，但它在复印技术上的研发预算却只占施乐的很小一部分。20年来，日本电器公司的研发费用占其销售收入的比例几乎比每个欧美对手都少。

核心竞争力也不是意味着要分摊成本，也就是说两个或两个以上的战略业务部门共用同一设施——工厂、服务设施或销售人员，或共享同一元件。分摊的利润是巨大的，但分摊成本是通过现存业务合理组织生产的事后行动，而不是事先培养竞争力，再开拓这些业务部门。

建立核心竞争力与纵向一体化不同，前者比后者目标更远大。经理们作生产与购买的决策总会考虑最终产品，并对上游的供应商、下游的分销渠道以及对客户进行分析。他们无须列出技能清单,也不希望以非传统的方式运用这些技能(当然,打造核心竞争力的确为纵向一体化提供了条件。佳能的复印机业务并没有达到一体化,但是他们在垂直供应链上却做得非常好)。

核心竞争力的确认与丧失

公司有至少可以通过三种检验方法来确定其核心竞争力。第一,核心竞争力为公司广泛进入多个市场提供潜在的条件。例如,显示系统方面的竞争力使公司能将业务范围拓展到计算器、微型电视机、笔记本电脑显示器,以及汽车仪表盘等领域。这就是卡西欧公司进入手提式电视机市场的原因。这一切也都在预料之中。第二,核心竞争力对最终产品为客户带来的可感知利益有重大贡献。显然,本田公司的发动机专长满足了这个条件。

最后,核心竞争力应当是竞争对手难以模仿的能力。如果核心竞争力是由各种独立技术和生产技能经过复杂地融合而形成的,那它将难以模仿。对手或许能够获得核心竞争力中的部分技术,但他想模仿内部协调与学习的整体模式却非常困难。20世纪60年代初期,JVC决定开发录像带技术方面的竞争力。该竞争力通过了我们上述的三项检验。但是,20世纪70年代末,美国RCA公司决心开发的以唱针为基础的视频转动式系统,则未能通过。

很少有公司能够开发出5到6种世界级的基础性的核心竞争力。如果一家公司列出20到30种能力,那么它列出的

第一部分

可能不是核心竞争力。当然,这样做并且把这些全部技能视为构建核心竞争力的材料也不失为一件好事。这种趋势促使企业通过许可协议和建立联盟以低成本来获得构建其核心竞争力所需要的技术。

几乎大多数西方企业从未考虑过这些方面的竞争力问题。是时候让这些公司认真研究它们所面临的风险了。如果公司主要靠最终产品的性价比来判断自己或者对手的竞争力,那会削弱自己的核心竞争力,或是说对于增强自己的核心竞争力几乎有百害而无一利。根植于核心竞争力中的技能有助于生产下一代有竞争力的产品。这样的技能是不能通过外包和贴牌生产实现的。我们认为,很多公司放弃"成本中心",削减内部投资而转向求助于外部供应商是不明智的。这等于是把自己的竞争力让给了别人。

与本田不同,克莱斯勒把它的发动机和动力传动系统仅看成是普通的元配件。现在它越来越依赖三菱公司和现代公司。1985~1987年,它外包的发动机从252 000台增加到了382 000台。很难想象,本田会轻易地把如此关键的汽车部件让给他人去生产,更不必说本田会让其他公司去设计生产整车了。这就是本田对一级方程式赛车投入巨资的原因了。本田自己能够综合与发动机相关的技术,并且将技术转化为公司的竞争力,开发出世界一流的产品,尽管它的研发预算少于通用汽车和丰田。

当然,企业在核心竞争力开发方面不如其他公司,但也会暂时拥有竞争力强的产品线,这是完全可能的。今天,如果一家公司欲进入复印机市场,它会发现十几家日本公司会迫不及待地要为它贴牌生产。然而,当基础技术发生变革或供应商决定自己直接进入市场从而成为它的对手,那么公司在生产线、市场营销和分销渠道上的投资可能会减少很多。外包能为较具竞争力的产品提供捷径,但对培养保持产品领先的人工技能却贡献不大。

公司如果没有决定在哪个方面打造领先竞争优势,那它就不能拥有明智的联盟或制定采购策略。很明显,日本公司得益于联盟。他们通过联盟从西方合作伙伴那里学到很多经验,而西方公司却没尽心保护自己的核心竞争力。正如我们在以前讨论过的那样,在联盟中学习需要投入资源——差旅费、联盟员工、实验设备、检验知识的人。[2] 如果一家公司没有打造竞争优势的明确目标,它就不会付出这样的努力。

失败的另外一个原因是放弃构建核心竞争力的机会。这种竞争力在当今的企业中正得到演化与发展。20世纪70年代和80年代,很多欧美公司,如通用电气、摩托罗拉、GTE、索恩,以及GEC公司等都选择退出彩电业务。它们认为这个市场已经"成熟"。如果他们认为"成熟"指的是全球竞争对手都瞄准进入彩电市场,欧美公司已无产品创意,那么我们可以说这个行业确实进入了"成熟"阶段。但是,如果"成熟"指的是公司已经没有机会再去提高应用基于视频技术的能力,那么市场当然并没有成熟。

在放弃彩电业务时,这些公司显然没有能够区分剥离业务与破坏基于视频媒介业务两者之间的核心竞争力的差别。

第一部分

它们放弃走出电视机业务,而且也关闭了通向未来广阔的基于视频技术的核心竞争力机会的大门。20世纪70年代,许多美国公司认为电视机业务已不再有吸引力,而如今人们对公共政策展开激烈争论,争论的焦点是20世纪90年代中期至后期,美国是否有能力受益于高清晰电视的发展将会带来的每年200亿美元的销售收入。具有讽刺意味的是,这些公司正在请求美国政府资助一个大规模的研发项目来弥补它们本来有机会保护自己的核心竞争力时,却因疏忽而遭受的损失。

相比而言,日本索尼公司(由于在录像机市场业绩不佳,而韩国公司目前威胁较大)逐渐把重心从该领域转移,但并没有减少自己在视频技术竞争力上的投入。这样做就明智得多。索尼的Betamax录像机销售业绩惨败,但它的视频录像能力却完好无损。凭借这一核心竞争力,索尼目前正以8毫米镜头摄像机挑战松下公司。

这里我们可学到两点教训。第一,我们事先仅能测算出丧失某项核心竞争力的部分代价,就如同"在倒洗澡水时把婴儿也一块儿倒掉了"。第二,核心竞争力是在持续的改进和提高过程中建立的,这个过程也许跨越10年或者更长的时间。如果公司没有投资培育核心竞争力,它就很难进入一个新兴市场,当然,除非它只简单地满足于做渠道分销商。

美国半导体公司,如摩托罗拉,就曾吸取过这方面的惨痛教训。当时,摩托罗拉决定不再直接参与256K动态随机存取芯片的开发。然而,在错过这一机遇后,摩托罗拉就像它的美国对手一样,需要从日本合作伙伴那获取大量的技术支持,以重新投身于开发1兆动态随机存取芯片的工作。对于核心竞争力,公司很难做到在中途下火车,然后步行至下一站,再上车。

从核心竞争力到核心产品

核心竞争力与最终产品之间的有形联系就是我们所称的核心产品。它是一种或多种核心竞争力的物化表现。比如,本田的发动机就是核心产品,它是一系列设计和开发能力之间的关键纽带,给公司带来了大量的最终产品。核心产品是元件或者装配部件,能够增加最终产品的价值。从核心产品的角度出发,核心产品有助于公司区分品牌份额与制造份额。品牌份额是指最终产品的市场份额(比如,美国冰箱市场40%的份额),而制造份额是指核心产品的市场份额(比如,世界压缩机总产量的5%)。

即使佳能公司的台式激光打印机在世界上的品牌份额微乎其微,但它在世界台式激光打印机"引擎"市场上却占有84%的份额。与此类似,松下公司的制造份额约占世界录像机重要元件市场的45%,远远超过了该公司20%的品牌(如松下、JVC以及其他品牌)份额。此外,松下的核心产品压缩机在全球的制造份额也非常大,估计达到40%,尽管其最终产品的品牌份额都非常小,包括空调、冰箱等都只占很少份额。

分清核心竞争力、核心产品以及最终产品非常重要。因

第一部分

为全球竞争在各方面要遵循的规则不同,争夺的利益也不同。为了建立或者巩固长期的优势地位,公司很可能要在各方面都成为胜者。就核心竞争力而言,公司的目标是在某个具体类别的产品功能的设计和开发方面处于世界领先地位,比如光盘数据的存储和检索,如飞利浦的光介质技术能力和操作的方便性,再如索尼的微型发动机和微处理器控制装置等优势。

为了保住自身的核心竞争力的优势,这些公司都力图最大化核心产品在世界市场上的份额。为各种各样的内外部顾客制造核心产品能够产生收益,并能获得市场反馈。这些收益和市场反馈的信息至少部分地决定了核心竞争力提升和延伸的速度。为此,JVC 在 20 世纪 70 年代中期就决定与欧美领先的电子消费品公司建立起录像机的供货关系。它在为法国的汤姆森公司、英国的索恩公司,德国的德律风根公司(Telefunken)以及美国的合作伙伴供货过程中获得了利润,并积累了多方面的市场经验。这使得 JVC 最终超过了竞争对手飞利浦与索尼(飞利浦与 JVC 同步开发了录像带技术,但由于它没有建立全球贴牌生产网络,所以无法通过销售核心产品来加快完善录像带技术的能力)。

JVC 的成功经验也体现在韩国企业的发展过程中。如金星、三星、起亚以及大宇等韩国制造商也是通过与欧美公司签订 OEM 供货合同来巩固自己在显示器、半导体以及汽车发动机等各种核心产品领域的领先地位。它们宣称的目标是与潜在竞争对手——多半是美国公司争夺投资项目。

这种做法使它们既能击败对手又能加快核心竞争力的建设。通过专注于核心竞争力并且把它们注入到核心产品中,亚洲公司已经在元件市场上积累了优势。接下来它们又利用优越的核心产品向下游延伸,争取品牌份额。它们不可能永远只停留在做低成本的供应商的阶段。随着品牌声誉的提升,产品的价格也可能会提升。本田的豪华车 Acura 就已经证明了这一点,其他的日本汽车制造商也在效仿。

还有其他原因使得控制核心产品成为关键之处。如果核心产品在市场上占据主导地位,它就能使公司的技术发生演变并塑造最终市场。像数据驱动器、激光器之类与 CD 相关的核心产品,就使得索尼和飞利浦能够影响计算机光存储设备的发展。公司拓展核心产品的应用范围之后,便能在新产品开发上不断降低成本、减少时间并降低风险。总之,定位准确的核心产品可以使企业实现规模经济和范围经济。

战略业务部门的专制

20 年前,多元化公司的竞争主要是来自美国国内(如通用电气与西屋间的竞争,通用汽车与福特之间的竞争等),所有的主要对手说的都是同一语言,它们的管理人员来自同一批商学院和咨询公司。现在,如果我们仍然使用 20 年前设计的这些管理工具进行分析,就无法理解竞争运作中出现的新概念、新术语。但是老药方同样隐藏着毒副作用。根据战略业务部门的观点,作为唯一组织形式的公司很明显需要新的思维方式。表 2-1 中总结了公司的两种概念。

第一部分

表2-1 两种公司概念:战略业务部门和核心竞争力

	战略业务部门	核心竞争力
竞争基础	目前产品的竞争力。	为构建核心竞争力而进行的公司间竞争。
公司结构	与产品市场相关联的业务组合。	竞争力、核心产品和业务部门组合。
业务部门的地位	战略业务部门的自治权神圣不可侵犯。它拥有除现金之外的一切资源的支配权。	战略业务部门是核心竞争力的潜在宝库。
资源分配	以各业务部门为分析单元,并分配资金。	以业务和核心竞争力为分析单位;高层管理层负责分配资金与人才。
最高管理层带来的增加值	在不同的业务部门间分配与平衡资金,从而使公司收益最优化。	阐明战略架构,构建核心竞争力,确保未来的成功。

多元化企业显然拥有一系列的产品组合和业务组合。然而,我们认为企业也应被看成是能力的组合。美国企业并不缺少打造核心竞争力所需的技术资源,但是他们的高级管理层常常缺乏打造核心竞争力的视野和有效的管理手段来整合散布在多个业务部门中的资源。管理重心的转变必然会影响多元化的模式、技能的调用、资源的分配以及联盟和外包的方式。

我们描述过全球竞争领先地位的三个层面:核心竞争力、核心产品以及最终产品。企业必须了解自己在每个层面上的优劣。如果单靠加大投资力度,某企业也许能在某些技术上领先对手,但仍然会在争夺核心竞争力领导地位的竞赛中败北。如果一家企业能够在构建核心竞争力方面取胜(而不是在少数几项技术上领先),那它很可能会在新业务开发上胜过对手。如果企业的核心产品在世界上的制造份额能够领先,它将在改进产品特色和性价比上超越对手。

judging最终产品之战的胜负更难,因为产品的市场份额不一定反映公司内在的各方面的竞争力。事实上,如果公司不能投资建立核心竞争力并确立新产品的龙头地位,而企图依靠他人的竞争力来获得市场份额,这种做法就好比踩在危险的流沙上。在全球品牌战中,3M、百得、佳能、本田、日本电器公司以及花旗集团等从核心竞争力中派生出来的各种产品,为自己撑起了全球性的品牌伞(brand umbrella)。这使它们的各种产品树立了品牌形象,赢得了客户的忠诚,并进入销售渠道。

当你重新思考公司的概念时,目前战略业务部门处于主导地位。这一组织理论的教条影响了一代人,现在显然已不合时宜。在战略业务部门已被奉为信条的地方,拒绝分权都会被视为异端。多数公司所实施的战略却折射出这样的内涵,即它的高层管理者只能看到全球竞争战的一个侧面——参与竞争的手段只是生产并销售具有竞争力的产品。这种曲解会付出怎样的代价呢?

核心竞争力和核心产品的开发与投入不足。 当组织被视为战略业务部门的集合时,任何一个业务部门都认为他们没有单独承担做强核心产品的职责,也不会提出充足的理由来获得必要的投资来构建世界领先的核心竞争力。由于缺乏公司管理层更为全面的建议,战略业务部门的管理者倾向

第一部分

于少投资。最近,柯达和飞利浦等公司已经意识到这个隐含问题,并开始寻找新的组织形式,以使它们能够为内外客户开发和生产核心产品。

战略业务部门的经理看待竞争对手的方式与看待自己的方式是一样的。通常,他们没有意识到亚洲企业重视谋取核心产品领先地位,或者不清楚在制造业中保持世界领先地位与维持核心竞争力的开发速度之间存在着重要联系。他们既没有把握贴牌生产的机会,也没有在自己的各生产部门之间寻找协调整合的机会。

资源受到监禁。随着战略业务部门的发展,它通常会开发出自己特有的能力。一般而言,拥有这些能力的员工会被看做该部门的独家资产。其他战略业务部门的经理如果想借用这些人员很可能会遭拒绝。战略业务部门的经理不仅不愿意把人才借出去,而且还要把他们藏起来,防止公司在开发新业务时他们离开。这好比不发达地区的居民把大部分现金藏到床垫下一样。核心竞争力的效用与货币一样,其大小取决于公司的存量以及其流通速度。

传统上,西方企业在技能储备方面都具有优势。但是,它们是否能够快速地重构这些技能以迎接新的机遇呢?佳能、日本电器和本田储备的能构成核心竞争力的技术和人才不及欧美企业,但是它们却能以更快的速度在战略业务部门间调度资源。佳能的研发支出不能完全反映佳能的核心竞争力储备规模,而且一般的观察者也根本无从判断佳能调动核心竞争力以把握机会的速度有多快。

如果能力被禁锢，一些令人感兴趣的机遇就无法分配给掌握关键能力的人。他们的技能也因此开始退化。只有充分利用核心竞争力，像佳能这样的小公司才能与施乐这样的行业巨头相竞争。奇怪的是，在制定公司预算时战略业务部门经理全力争夺资金，却不情愿争夺公司最宝贵的资产——人才。具有讽刺意味的是，公司的高层领导往往倾注大量的精力做资本预算，但是却没有精力来合理调配人力资源，而这些人力资源才是核心竞争力的真正体现。企业高管中几乎没人会到基层去挖掘具有关键能力的人才，并跨越组织界限来调配这些关键员工。

创新受到限制。如不认清竞争力，各个战略业务部门只会追求近在咫尺的创新机会，如产品线延伸或者地理扩张。只有当经理们摘掉他们战略业务部门的眼罩，那些属于混合业务的机会——如传真机、手提电脑、手提式电视机和便携式键盘乐器才会浮现出来。记住，当佳能准备进军复印机市场，并大展身手时，它给外界的印象是经营照相机业务的公司。从核心竞争力的角度对企业进行思考，能够拓宽创新的领域。

制定战略架构

如果一家多元化公司的信息系统、沟通模式、员工的职业发展道路、管理层报酬以及战略制定的流程等不能超越各个战略业务部门组织界限的约束，那么其核心竞争力就必然是支离

第一部分

破碎的。我们认为,高层管理人员必须花大量时间来制定公司战略架构,确定构建核心竞争力的目标。战略架构是通往未来的路线图,它能明确哪些是核心竞争力,及其技术构成。

战略架构能推动组织不断从联盟中学习新的知识和技能,集中组织内部的各种力量。最终能像日本电器公司的计算机与通信一样,大幅地减少获得未来市场领先地位所需的投资。如果一家公司不了解正在努力构建的核心竞争力,或者不知道哪些核心竞争力不应该被转移,它怎么可能明智地选择合作伙伴?

当然,所有这些问题都归结为要设计什么样的战略架构。答案因公司而异。让我们再回顾一下"核心能力树"的比喻,公司运营是围绕核心产品的,但最终是围绕核心竞争力的。为了根系足够强壮,公司必须回答一些最基本的问题:如果不能有效地控制这种核心竞争力,我们能够在多长时间内保持我们的竞争优势?这种核心竞争力对感知的客户利益有什么重大意义?假如失去这种很实用的核心竞争力,将来我们会失去哪些商机?

此外,战略架构为产品和市场的多元化提供了逻辑思路。战略业务部门经理会要回答这样的问题:新的市场机会是否会有助于实现公司的总体目标——成为世界一流企业?它是否利用或者增强了公司的核心竞争力?比如威格士公司(Vikers)作出多元化选择决策时,就考虑到该决策是否有助于其成为世界上最好的动力控制公司(参见"威格士公司学到了战略架构的价值")。

战略构架必须将资源的优先配置在组织内透明化。它为管理高层的配置决策提供范式并帮助下层经理明了优先配置的原因，并要求高级管理层保持决策的一致性。简言之，它界定了公司及其服务的市场。3M、威格士、日本电器公司、佳能和本田在这方面都做得相当成功。当本田进入汽车市场时，它知道自己在利用从摩托车业务中所学到的东西——如何制造转速高、运转顺畅、重量轻的发动机。制定战略架构的过程迫使组织认同和致力于开发业务部门间的联系，而正是这些联系才能为组织提供一种独特的竞争优势。

正是由于资源配置的一致和与之相应的管理体系的建立，战略架构具备活力，营造出良好的管理文化、团队合作精神、变革能力，共享资源意愿、保护专有技能和从长计议的氛围。这也就是为什么特定的战略架构不可能会轻易地或一夜之间被竞争对手模仿的原因。战略架构还是与客户、与其他外部组织沟通的工具。它为公司的发展指明大方向而不是亦步亦趋地明确具体的步骤。

威格士公司学到了战略架构的价值

高层管理者必须制定公司策略以获取和支配其核心竞争力，这个观念在许多美国公司尚属新鲜。但例外的是一家名为Trinova的公司，它引导了早期的变革。该公司的总部设在俄亥俄州托雷多，其动力和运动控制器以及工程塑料产品在全球市场上举足轻重。威格士公司是其最主要的事业部之一，生产

第一部分

一流产品包括阀门、泵、制动器以及过滤器等液压元件、器具,分别应用于航空、航海、国防、汽车以及机械等领域。

威格士公司认识到转变其传统业务的潜力,也就是把电子学科领域的应用技术与自己的传统技术相结合。公司的目标是"确保技术变革不会导致客户背弃威格士"。可见,这最初是一个自我防御的举措,威格士意识到,如果不获取新的技能就不能保住现有市场,也不能抓住新的增长机遇。威格士公司的经理尝试把重点放在以下三个方面的演化上:(1)与动力和运动控制业务相关的技术;(2)满足新客户对产品功能的需求;(3)开创性地管理"技术和客户需要"所需的核心竞争力。

尽管面临短期赢利的压力,管理高层还是制定了一个10～15年的长期规划,其中包含新的客户需求、不断变化的技术,以及衔接两者所需的核心竞争力。它的口号是"迈向21世纪"(威格士公司核心竞争力图展示了该公司总体战略架构简图)。威格士公司当前的专营业务是液压动力元件。其战略架构图中明确了另外两种核心竞争力:电力元件和电子控制。把硬件、软件以及服务结合起来的系统整合能力也是公司的开发目标。

威格士的战略架构并不具体预测某一产品或者技术,而是注重比较宏观的规划。它反映了客户对功能的要求、潜在技术与核心竞争力这三者之间不断发展的关系。这种战略架构假定未来的产品和系统是无法被明确定义的,但是要想优先占领新市场,竞争者必须提早一步建设核心竞争力。威格士公司所制定的战略架构既从竞争力角度描述了未来前景,又为眼前的各种决策奠定了基础,这些决策事关重点产品、收购、联盟和招聘。

从1986年起,威格士公司进行了10多次目标明确的收购,旨在获取构建其总体战略架构所缺少的元件或技术。该架构也是公司内部开发新的核心竞争力的基础。同时,威格士公司还进行了重组,融合以机械能力为基础的电子、电器能力。我们相信,再过两三年,威格士公司最终会建立起与该架构一致的管理系统,包括制定战略架构图,与员工、客户和投资者广泛沟通,并从中获得收益。

图2-2 威格士公司核心竞争力

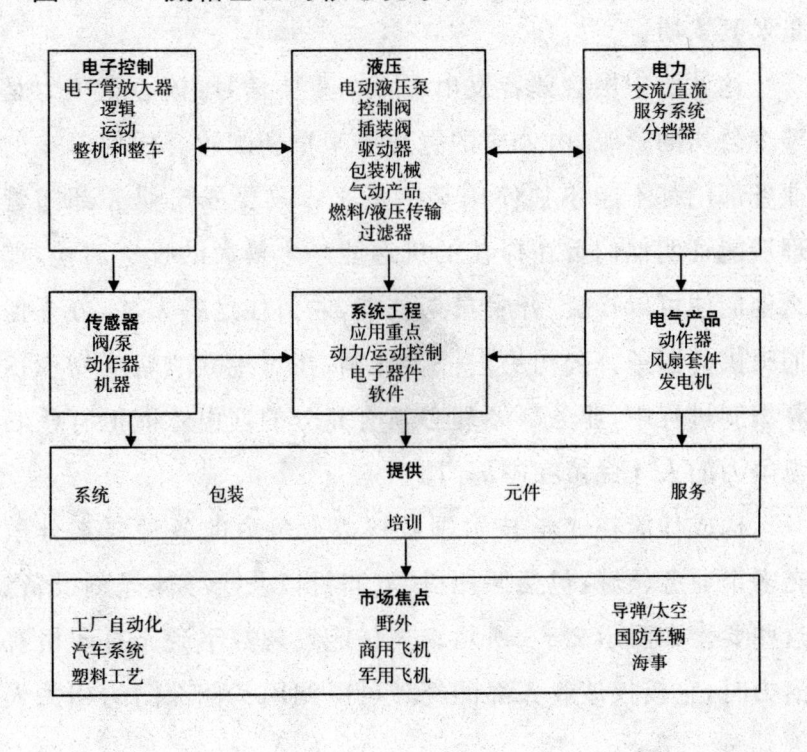

```
┌─────────────────┐    ┌─────────────────┐    ┌─────────────────┐
│    电子控制     │    │      液压       │    │      电力       │
│  电子管放大器   │◄──►│   电动液压泵    │◄──►│   交流/直流     │
│      逻辑       │    │    控制阀       │    │   服务系统      │
│      运动       │    │    插装阀       │    │    分档器       │
│  整机和整车     │    │    驱动器       │    │                 │
│                 │    │   包装机械      │    │                 │
│                 │    │   气动产品      │    │                 │
│                 │    │ 燃料/液压传输   │    │                 │
│                 │    │    过滤器       │    │                 │
└────────┬────────┘    └────────┬────────┘    └────────┬────────┘
         │                      │                      │
         ▼                      ▼                      ▼
┌─────────────────┐    ┌─────────────────┐    ┌─────────────────┐
│    传感器       │    │   系统工程      │    │   电气产品      │
│    阀/泵        │◄──►│  应用重点       │◄──►│   动作器        │
│   动作器        │    │ 动力/运动控制   │    │  风扇套件       │
│    机器         │    │  电子器件       │    │   发电机        │
│                 │    │    软件         │    │                 │
└─────────────────┘    └─────────────────┘    └─────────────────┘
```

		提供		
系统	包装	培训	元件	服务

	市场焦点	
工厂自动化	野外	导弹/太空
汽车系统	商用飞机	国防车辆
塑料工艺	军用飞机	海事

第一部分

重新配置资源，开发竞争力

如果公司的核心竞争力是关键资源，并且管理高层能使有核心竞争力的人才不受个别业务部门所控制，那么战略业务部门必须像争取资金一样来吸引有核心竞争能力的人才。这个问题我们在前文中略谈过，然而它却非常重要，值得深入探讨。

一旦最高管理层(在部门经理和战略业务部门经理的协助下)确认了超越各种能力之上的最重要的核心竞争力，高层领导就必须确定与该能力密切相关的项目和人员。企业管理者还应指导并审计拥有相关核心竞争力员工的配置、数量及其素质。

这就给中层管理者发出了一个重要信号：核心竞争力是整个公司的资源，由公司的管理层来重新配置。任何单一的业务部门都不能单独使用某些员工。只要战略业务部门管理层能证明他们旨在抓住的机遇能产生最大的投资回报，那么他们便可以投资、开发员工技能，并留住这些人才，分享他们提供的服务。公司更进一步强调：在每年的战略规划或预算编制过程中，业务部经理必须有充分的理由才能把有核心竞争力的人才保留在本部门。

构成佳能在光学技术领域核心竞争力的各种要素分散在多个业务领域，包括照相机、复印机以及半导体光刻设备。这些要素如图示 2-3 所示。当佳能发现数字激光打印机有潜力时，它授权该业务部的经理可以调用其他部门的相关人

公司的核心竞争力

才。当佳能的复印产品部着手开发由微处理器控制的复印机时,它又向照相产品部门求助,因为后者曾经开发了世界上第一台由微处理器控制的照相机。

图2-3 佳能的核心竞争力

每一种佳能产品至少是一种核心竞争力的产物。

	精密机械技术	精密光学技术	微电子技术
基本型照相机	■	■	
袖珍时尚照相机	■	■	
电子照相机	■	■	
EOS自动聚焦照相机	■	■	■
静止影像照相机	■	■	■
激光打印机	■		■
彩色视频打印机			■
喷墨打印机	■		■
基本型传真机	■		■
激光传真机	■		■
计算器			■
普通纸复印机	■	■	■
电磁型PPC	■		■
彩色复印机	■	■	■
激光复印机	■	■	■
彩色激光复印机	■	■	■
NAVI台式通讯设备	■		■
静止影像系统	■	■	■
激光影像仪	■	■	■
细胞分析仪	■	■	■
掩摸对准仪	■	■	■
步进对准仪	■	■	■
准分子激光对准仪	■	■	■

第一部分

另外,如果公司的奖金制度仅以产品的产量为依据,而且员工的职业生涯发展中很少能离开战略业务部门,那么各业务部经理就会产生破坏性的、彼此相互竞争的行为模式。在日本电器公司,部门经理聚在一起共同确定下一代的核心竞争力,决定需要投资多少来开发未来的每项核心竞争力,以及每个部门需要贡献的人力和财力。这就需要有一种公平交换意识。也许某个部门在这一进程中会比别的部门付出较多或者回报较少,但这种不平等只是短期的,长期看来终究会达成一种平衡。

战略业务部门经理的积极贡献偶尔也应当在公司内部广为宣传,公布于众。如果最终只有别的业务部门从人员调配中获益(或者其晋升对手即:其他部门经理从中受益),那么该业务单位经理是不可能让关键人才调出的。因此,具有合作精神的业务部经理应当像团队队员一样得到表扬。只要优先顺序明确,人才调动就不会被人们视为只是出于个人喜好或者政治动机的做法。

公司必须将这种为了构建核心竞争力而进行人员调动的做法给予赞赏,并载入公司的史册。我们有理由预料到,调出核心人员的部门会暂时丧失其竞争优势,但如果因为绩效下降而立即遭到批评,那么战略业务部门就不会同意再一次调出其关键技术人才。

最后,有几种方法可用来削弱骨干员工隶属于某一特定业务部门的观念。在职业生涯发展的早期,员工可以通过精心安排的轮岗计划接触多种不同的业务。在佳能,精英员工会定期在照相机部和复印机部和专业光学产品部之间轮岗调动。而在职业生涯发展的中期,有必要定期调动他们到跨业务部门的项目小组中工作,这样既可以扩散核心竞争力,也可以弱化员工与某个业务部门之间的联系,并且员工也许在其他地方有更光明的发展前景。那些拥有核心竞争力的员工应当知道,公司总部的人力资源专家在跟踪和指导他们的职业发展。在20世纪80年代初期,佳能所有30岁以下的工程师曾被邀请参加7人委员会。该委员会花两年的时间为佳能绘制未来的发展计划,包括制定战略构架。

具备核心竞争力的员工应当定期聚集,交流心得和体会,以便在他们之间建立一种强烈的集体归属感。更大程度地让他们忠诚于企业的核心竞争力,而不是某个业务部门。通过定期出差、与客户面谈以及与同事会面,核心人才也许会受到鼓励去发现新的商机。

核心竞争力是新业务开发的源泉。它们构成了公司总体战略重点。管理者必须在核心产品的制造方面赢得领先优势,并通过品牌建设计划实现范围经济,最终获得全球的市场份额。企业只有蕴涵着多层次的核心竞争力、核心产品和以市场为导向的业务部门时才善于竞争、善于战斗。

最高管理层不应只是财务中心,尽管在权力高度分散的组织中这种情况经常会出现。高级人员应当通过阐明指导谋求竞争力的战略架构来增加价值。我们相信,20世纪90年代在全球竞争中胜出的企业,其共同的特征是热衷于核心竞争力的建设。现在重新思考公司概念,已经来不及了。

3. 能力竞争：公司战略的新规则[①]

小乔治·斯托克

菲利普·埃文斯

劳伦斯·E.舒尔曼

20世纪80年代，公司发现时间是一种获得竞争优势的新源泉。而到了20世纪90年代，公司将认识到时间在竞争中只是影响更为深远的变革的一部分。

那些高效利用时间来参与竞争的公司，即那些快速将新产品推向市场、及时加工生产以及对客户的投诉快速反应的公司，往往在其他方面做得也比较好。如长期保持产品的高质量，对客户需求保持敏锐的洞察力，有开拓潜在市场的能力，能够进入新的行业领域，并产生新的想法，将它们应用于企业的改革创新中。但是所有这些品质都只是一种根本特性的外在表现，这种根本特性就是我们称之为"基于能力竞争"的一种公司战略的新观点。

为了粗略了解一下"基于能力竞争"是怎么一回事，我们

---

① 《哈佛商业评论》1992年3～4月。

第一部分

来看看卡玛特(Kmart)和沃尔玛(Wal-Mart)之间惊人的财富倒转。

1979年,卡玛特创立了折扣零售产业,并成为行业的领先者。卡玛特王国由1 891家商店组成,平均每家商店的收入为725万美元,卡玛特创造了巨大的市场优势。正如所有的管理教材所介绍的那样,对于一种低速增长的成熟产业来说,无论是在采购、分销,还是在营销等方面,这种巨大的规模经济效应对它们的成功竞争起着关键性的作用。相反,此时的沃尔玛是美国南部的一个只拥有229家商店、平均每家商店的收入只有卡玛特的一半的小地方零售厂商。所以,沃尔玛对卡玛特并不构成威胁。

但是,仅10年之后,沃尔玛改变了自己,与此同时也改变了折扣零售业。沃尔玛每年以将近提高25%的速度增长。它在所有折扣零售商中,每平方英尺销售额达到最高,库存周转最低,营运利润最高。1989年,它的税前销售收益率为8%,是卡玛特的两倍。

今天沃尔玛是世界上最大的、利润最高的零售商。这一绩效表现为它的32%的股权收益率和高出账面价值10多倍的企业市场价值。而且,沃尔玛的增长仅集中在美国的一半市场中,还有足够的市场开拓空间。如果沃尔玛以它历史增长速度的一半来继续获得市场份额,那么到1995年,它将排挤掉除卡玛特和Target公司以外的所有折扣零售产业的竞争者。

沃尔玛成功的秘密

沃尔玛如何取得如此惊人的成就呢？许多答案都会强调一些熟知的、非常明显的因素，如懂得激励员工并塑造一种服务至上的企业文化的天才创始人山姆·沃尔顿；在门口迎接顾客的迎宾员；允许员工拥有企业股权的激励制度；以及能提供给顾客更好的交易，并能降低销售和广告成本的"天天平价"的战略。经济学家们也指出，沃尔玛的发展主要基于其规模经济和对商品的多重选择。

但是这些解释只是重新定义了这一问题。为什么沃尔玛能够证实建造更大的商场是正确的？为什么沃尔玛独有一种足够低的成本结构来实现天天平价的战略呢？是什么促使沃尔玛保持持续增长以致超出创始人山姆·沃尔顿凭其人格魅力所创造的增长？沃尔玛成功的真正原因取决于公司的一系列战略决策，这些决策将公司转变成一个基于能力的竞争者。

满足客户的需要是沃尔玛永远的出发点。沃尔玛的目标容易定义但却难以执行。如提供给客户质量好的产品，能在客户需要产品的时间和地点及时供货，建立一种成本结构来增强价格的优势，创建和维持好的名声来获得完全的信任。实现这些目标的关键是使公司补充库存的方式成为其竞争战略的核心。

这种战略远景在一种被称之为"直接换装"的无形物流管理技术中得到充分体现。在直接换装系统中，货物被不停

第一部分

地输送到沃尔玛的仓库中,这些仓库对送来的货物进行精选、重新包装然后分发到沃尔玛的各大卖场,能够实现零库存。沃尔玛的货物在不到48小时就能从一个装货点输送到另一个装货点,而不在仓库中浪费大量的宝贵时间。

直接换装使得沃尔玛实现了可以大批进货却又节省了库存和处理成本的经济效益。与卡玛特50%的货物运转管理相比,沃尔玛通过它的仓储系统管理着高达85%的货物的运转。这使得沃尔玛的销售成本比行业平均水平低2%～3%。这种成本的差异使沃尔玛的"天天平价"战略成为可能。

但是不仅仅是这些,低廉的价格又意味着沃尔玛可以通过削减经常性的促销费用而节省更多的开支。稳定的价格使销售量更易于预测,这就可以减少库存不足和库存过量的现象。最后,天天平价能吸引更多的客户,从而使每平方英尺的销售量更高。这些经济学中所讲的优势使得利润分享更易于实现。

既然直接换装有这么多明显的益处,那为什么其他零售商不采用它呢?原因在于直接换装系统很难管理。为了使直接换装系统成功运作,沃尔玛不得不在大量相关的辅助支持系统方面开展战略投资,而这些投资远远不能按照常规的投资收益率来评判。

例如,直接换装系统要求沃尔玛的分发中心、供应商和每个卖场的销售点之间保持经常性的联系,以确保定单货物在几小时内顺畅送达。沃尔玛运行着自己独有的卫星通信系统,每天将销售点的数据直接传送给沃尔玛的4 000个零售网点。

沃尔玛的物流基础设施的另一关键组成部分是公司的快速反应运输系统。公司有将近2 000辆卡车为19个分发中心服务。这支专用的卡车队伍使沃尔玛能将货物在不到48小时内从仓库运送到商场,并能平均一周两次补充卖场货架。这与该行业平均两周一次形成了鲜明的对比。

为了充分利用直接换装系统,沃尔玛在管理控制方面也进行了根本的变革。根据零售行业的传统,销售规划、定价以及促销等方面的决策的制定都比较集中,是由公司高层制定的。然而,直接换装系统将这种命令和控制的逻辑交给基层,在顾客需要产品的时间和地点由顾客选择产品,而不是由零售商将产品直接投入系统中。沃尔玛的这种做法重视卖场、分发中心及供应商间的经常性的非正式合作,而不强调集中控制。

这样一来,沃尔玛的高层管理者的任务就是创造一种使每个卖场管理者能从市场中学习以及相互学习的环境,而不是告诉他们该做什么。比如,公司的信息系统提供给商场管理者们关于消费者行为的详细信息。与此同时,商场的管理者们也经常飞往公司的总部参加一些关于市场走向和销售规划的会议。

由于沃尔玛的成长和卖场的急剧增加,即便沃尔玛的管理层也难以协调足卖场管理者之间必要的关系。所以沃尔玛安装了一个连接各卖场与总部以及各卖场之间的视频

第一部分

链接。卖场管理者们经常开视频会议来交流业内的最新动态,如哪些产品畅销,哪些产品不畅销;哪些促销手段有效,哪些促销手段无效等。

这种能力体系的最后一部分是沃尔玛的人力资源系统。公司认识到它的一线员工在满足客户需要方面起着重要作用。所以公司开始采取一系列措施来提高它的协调能力。如通过股份所有权和利润共享激励员工更主动地服务于客户。卡玛特的每个卖场只有5个独立的商品部,而沃尔玛的每个卖场却有36个。这就意味着培训可以更加集中和高效,并且员工可以对顾客更加熟悉。

卡玛特并不是这样看待它的经营的。当沃尔玛正在调整它的企业流程和组织实践时,卡玛特仍在坚持它早期获得成功的经典做法。卡玛特的经营管理集中在一些以产品为中心的战略经营单位上,每个单位都是在集权直线管理下的利润中心。每个战略经营部门可以制定自己的产品选择、定价、促销等方面的战略。卡玛特的高级管理层花费大量的时间和资源来制定线性决策,而不是投资建设支持性的基础设施。

同样地,卡玛特会沿着价值链对每一阶段的竞争优势进行评估,并将那些其他公司可能会做得更好的业务进行外包。当沃尔玛致力于建立自己的地面运输系统时,卡玛特却将卡车运输业务进行外包,因为外包后更便宜;当沃尔玛努力创建与供应商的密切关系时,卡玛特却为了价格改进而不停地更换供应商;当沃尔玛竭尽全力来控制所有卖场的所有商区时,卡玛特却将自己的许多商区租给其他公司,因为它坚信将出租可以使单位面积的销售量更高。

这并不是说卡玛特的管理人员不关心他们的企业流程,毕竟他们也有质量计划等。当然也不是沃尔玛的管理人员忽视战略结构的维度,他们与卡玛特管理人员一样也强调顾客细分,并且还需要制定一些比如在哪里开设新店等传统的战略决策。不同的是,沃尔玛强调行动,这些行动根植于其中的组织实践和企业流程中,并将它作为企业战略的基本目标,所以沃尔玛将它的管理重心放在支持能力的基础设施上。这种微妙的不同就产生了优秀与一般的巨大差异。

基于能力竞争的四个原则

卡玛特和沃尔玛的故事是20世纪90年代竞争的新型范例。历览众多的产业,功成名就的竞争者正在被更为有魄力的竞争对手赶超。

- 第二次世界大战之后的几年里,本田公司(Honda)只是一家生产用在自行车上的一种50cc发动机的小型企业。时至今日,它已在全球汽车行业与通用和福特一争天下了。

- 施乐(Xerox)发明了静电复印技术,并开拓了办公复印机市场。但在1976~1982年间,佳能(Canon)引进了90余种新款办公复印机,这使施乐的中档复印机市场份额减半。今天的佳能不仅在中档复印机领域,

第一部分

而且在高档彩色复印机方面都是施乐公司强有力的竞争对手。

➤ 对于像梅西(Macy's)一样的百货商店巨头来说,最大的挑战不是来自其他大型百货商店,也不是来自小卖场,而是来自有限公司(The Limited)的挑战,该公司价值52.5亿美元,而且集设计、采购、运送和零售于一身,它具备小卖场的灵活性,从而还开发出十几个客户的细分市场。

➤ 就资产而论,花旗集团(Citicorp)可能仍是美国最大的银行。但是在美国的银行业中,第一银行(Banc One)一贯享有最高的资产回报率,其市场资本总额现已超过花旗集团。

上述例子告诉我们的不仅仅是个别公司的成功案例,它们展现出竞争逻辑的根本转变,即公司的战略变革。

当经济相对稳定时,可采取稳定的战略。在一个产品耐用、客户需求稳定、国家和区域市场易界定、竞争者易识别的环境中,竞争一场"定位战"。这时公司占领竞争空间就像在国际象棋棋盘上占领方格子一样,需要创建并维护清晰界定的市场份额。竞争优势的关键是公司选择在哪里竞争,如何去竞争,剩下的就是执行问题了。

很少有管理者需要去认识使这种传统方法过时的那些变化。随着市场的分裂和扩散,占有任何特殊的细分市场变得更加困难且没有任何意义。随着产品生命周期的缩短,能创造出新产品并能为之迅速开拓市场将比占领已有的产品细分更加重要。同时,由于全球化打破了国际和地区市场的壁垒,竞争者数量急剧增加,随之带来的将是国内市场份额的减少。

在今天这种更加动态的商业环境中,战略也必须相应变得更加有变化。今天的竞争是一种"运动战",其成功与否取决于对市场走向的预测和对客户需求变化的快速反应。成功的竞争者会更加快速地进入或退出新产品、市场,甚至是整个行业,这种过程更类似于交互式视频游戏。在这种环境中,战略的关键不是产品和市场的结构,而是企业本身行为的灵活性。同时战略的目标就是识别和形成在客户看来是有别于其他竞争者的难以模仿的组织能力。

像沃尔玛、本田、佳能、有限公司以及第一银行等已领悟到这一点。它们以及其他成功公司的经验都表明了基于能力竞争的四个基本原则:

1. 公司战略的构成要素不再是产品和市场,而是企业流程。

2. 竞争的成功依赖于将公司的关键流程转化为能给客户提供持久的、超值服务的战略能力。

3. 公司通过系统集成,以优于传统的 SUB 系统和功能的基础支持设施进行战略投资,形成这些能力。

4. 因为这些能力需要综合各种能力,所以基于能力的战略的核心人物应是公司的首席执行官。

第一部分

　　这种能力能创造一系列基于战略识别的企业流程。每个公司都有为客户提供价值的企业流程,但很少有公司将这些流程视为公司战略的主要目标。基于能力的竞争者会识别出他们关键的企业流程,集中进行管理,并对它们进行大量投资以取得长期回报。(如图3-1所示)

图3-1　沃尔玛绩效优于同行业其他公司的能力

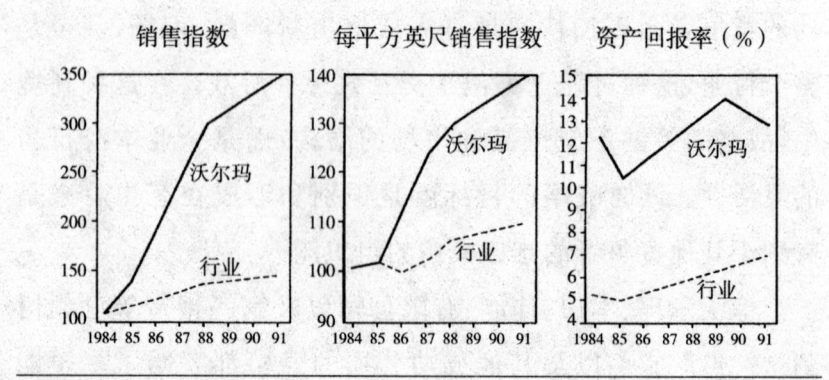

资料来源:波士顿咨询集团。

　　以沃尔玛的直接换装系统为例,直接换装系统并不是最便宜或最简单的仓库的方法。但是从沃尔玛的库存补充能力的整体来看,直接换装系统是保持零售货架商品充足,同时又使库存最小化,并能大量购货的整个流程中的重要部分。

　　是什么将像直接换装系统之类的一系列单个的企业流程转化为战略能力?关键是要把这些流程与客户的实际需要联系在一起。只有当一种能力以客户为出发点和归宿时,它才能成为战略性的能力。

当然，今天几乎所有的公司都声称要"贴近顾客"。但是以能力为驱动的客户中心政策是有质的不同的。这些公司认为组织是一个以识别客户的需要为起点，以满足客户的需要为终点的巨大的反馈系统。

管理者们已经充分认识到基于时间的竞争的重要性，他们比以往更加强调新产品的开发速度。但从整体上看，强调新产品的开发太片面了，这只是为了满足客户的需要而建立组织所必需的一部分。最好能从新产品开发的角度来考虑，能力不仅包括产品开发的方法，它还包括营销和服务。企业的流程越长越复杂，就越难将它们转化为能力，但这种能力一经形成就会带来更大的价值，因为竞争者很难模仿它。

用这种方式将企业流程编织成组织能力需要一种垂直整合的新逻辑。当成本的压力迫使许多公司将自己的业务外包时，基于能力的竞争者却进行垂直整合来保证他们自己控制企业关键流程的运作，而不是由供应商或经销商控制。别忘了在卡玛特准备将运输业务外包时，沃尔玛却决定建立自己的运输队伍。

即使公司实际上不拥有能力链中的每一环节，基于能力的竞争者努力将这些部分融入自己的经营系统中。看一下沃尔玛与其供应商的关系：沃尔玛为了使库存补充能力加强，迫使厂家们不得不改变自己的企业流程来适应其系统。与其他折扣零售厂商相比，这些厂家可以从与沃尔玛的交易中得到好得多的付款条件。沃尔玛的平均支付日，即收到供应商的发票和付款的时间间隔，是29天，而卡玛特的平均支

第一部分

付日是 45 天。

能力的另一特征是集合性和功能互补性，它是很多人工作的一小部分集合，而不是少数人工作的大部分集合。这也帮助解释了为什么大多数公司没有充分开拓基于能力的竞争的原因。由于能力是"无所不在却又无迹可寻"的，所以没有哪个管理者能完全控制它。并且，培养能力需要全面的跨系统和跨职能的战略投资，而这远远不能以传统的成本—收益尺度来衡量。传统的内部会计和控制系统经常忽视这类投资的战略本质。基于这些原因，建立战略能力不能被当做一桩运营的事情而交由运营经理、公司职员或项目负责人处理，它应该成为 CEO 的首要任务。

在建立基于能力竞争的过程中，只有 CEO 能集中整个公司的注意力来创建服务于客户的能力。只有 CEO 能识别战略能力所依靠的基础设施，并对其进行投资。也只有 CEO 才能使个别经理免受这些投资可能带来的损失而导致的任何短期处罚。

实际上，在 20 世纪 90 年代，CEO 能否建立和管理能力将成为测评他们管理技能的主要手段。成功的奖品就是使得公司从下列 5 个方面具备规模和弹性，从而在竞争中获胜：

> 速度。对客户和市场需要的快速反应能力，以及将新观点和技术快速融入产品的能力。

> 持久性。创造一种能够满足客户无限需要的产品的

能力。
- **敏锐性**。明察竞争环境并对客户逐渐变化的需求正确预测和及时反应,同时适应多种变化的环境的能力。
- **灵活性**。同时适应多种不同经营环境的能力。
- **创新**。产生新思想并结合已有的元素来创造新的价值源泉的能力。

成为一名具备能力的竞争者

极少有公司能幸运地从一开始就成为拥有能力的竞争者。对于大多数公司来说,面临的挑战是要成为一个拥有能力的竞争者。

首先,要让高级管理者从根本上转变观念,使他们从战略的角度来看待经营方式。其次,他们需要识别必要的企业流程,并把它们整合起来,以满足客户需求。最后,他们会重塑组织的管理角色和管理责任,以鼓励采取使基于能力的竞争得以实现的新行为。

我们以一家我们称之为美德设备(Medequip)的医疗设备公司的实例来说明这种变化的过程。作为一家已立足的竞争者,美德设备最近发现自己正力争夺回它丧失的市场份额。它的对手模仿该公司最受欢迎的产品推出了一种价格较低但性能也较差的产品。作为回应,美德设备也开发了一款相似的产品,但是高层管理者对于该产品何时上市却迟迟

第一部分

未决。

根据传统的竞争逻辑,他们的理由非常合理。在管理者看来,公司面临着一个典型的无利可图的局面。新产品的确价格更低,但利润也更少,如果公司迅速地将其推向市场以重夺市场份额,总体赢利将受影响。

但是,当美德设备的管理者开始更仔细地研究他们的竞争形势时,他们不再用静态的产品和市场来定义问题,而是越来越多地根据组织的企业流程来看待问题。

传统上,美德设备的各个职能部门都是独立运作的。生产制造是与销售相互独立的,而销售又与现场服务相分离。另外,美德设备按照大多数公司的方式管理现场服务,把它当做用来削减成本、使赢利最大化的一个利润中心。例如,美德设备只向那些购买足够多设备的客户指派专职的服务人员,这样才能使额外的成本分摊到设备成本中去。

然而,进一步看美德设备与这些稳定客户的关系,会产生新的认识:从那些安排了一个或更多的现场服务代表的客户那里,公司续签高利润的服务合同的比率是与其他客户续签合同比率的三倍。当这些客户需要新设备时,他们再次选择美德设备的概率是其他客户的两倍,而且这些客户也容易购买美德设备更多的产品组合。

原因很简单。美德设备现场的服务代表已经变成了其客户日常运营方面的专家。他们知道什么设备组合最适合客户以及客户需要什么附加设备。所以,他们已经和美德设备的销售人员组成了非正式的团队,成为了销售过程的一部分。因为服务代表是全天候在现场的,所以他们能够快速解决有关设备的问题。而且,每当竞争对手的设备出现了问题,美德设备代表可以随时指出产品的缺点。

服务传递动力学的新知识激发了高层管理者重新思考他们的公司应该如何参与竞争。具体而言,他们重新定义了现场服务的含义,将它从一个独立的职能扩展为整合后的销售和服务的一部分。他们通过三个关键的商业决策使这种新方法明朗化。

首先,美德设备决定启用他们的服务人员,这么做不是为了保持低成本,而是为了使目标客户在生命周期中赢利性最大化。这个决定以一种显著的承诺形式为挑选出来的客户安排至少一名现场服务代表,不论每位客户购买了多少产品。

保证现场服务的决定是很昂贵的,所以挑选什么样的目标客户是至关重要的,这些被选客户应该能够带来潜在的大量额外业务。公司将客户分成三类:公司可支配的客户、由一个单独的竞争对手支配的客户、多个竞争对手争取的客户。美德设备通过维持已有的高水平服务以及提供吸引人的续签服务合同的条款来留住那些由公司可支配的客户。公司忽略那些由一个单独的竞争者支配的客户,除非这个竞争对手出现了严重的问题。所有剩余的资源都集中在那些竞争者占据优势的客户身上。

其次,美德设备将他的销售、服务和订货部门整合成跨职能的团队,这个团队几乎能完全专注于目标客户的所有需

第一部分

求。公司培训服务代表掌握销售技能,以让他们能够承担促成新的销售机会的职责。这就解放了销售人员,让他们能够集中精力理解客户长期的战略性需求。最后,为强调美德设备对全面服务的新承诺,公司甚至教会服务代表如何修理竞争者的设备。

一旦这种新的组织结构准备好了,美德设备就推出他们新的低价产品。结果是,公司不仅停止了他们市场占有率的下滑,而且占有率几乎增长了50%。低价产品的推出降低了销售利润率,但是总体的产品组合仍旧包含许多高价产品,而且绝对利润比以前高多了。

这个故事说明了公司转变成为基于能力的竞争者的四个步骤。

改变战略架构以实现宏伟的目标。 在美德设备,管理者将过去好像要么失去占有率、要么损失利润的不利局势转化为一个取得较大竞争优势的机会。他们放弃了公司传统的职能、成本和利润中心的导向,他们能识别并管理那些将客户需求与客户满意度联系起来的能力。这种新的基于能力的战略主要表现在为目标客户提供现场服务代表,并创建跨职能的销售和服务团队。

企业确保员工具备必要的技能和资源来培养企业的能力。 已经确定了宏伟的竞争目标,美德设备的管理者接下来根据这个目标来重塑公司。并非保持原有的职能结构,也不是试图鼓励一些部门之间的合作,他们创造了一个全新的部门——客户销售服务部,并将它分成向具体客户负全责的具体部门。公司也提供必要的培训以让员工理解他们的新角色将如何帮助实现新的业务目标。最后,美德设备创造了支持员工新角色的系统。比如,一种使用只读光盘的信息系统能让现场服务人员可以快速获取有关美德设备产品线和竞争对手产品线的信息。

让进展看得见,并将评价和奖励结合起来。 美德设备还设计了公司的评价和奖励系统来反映新的竞争战略。和大多数公司一样,美德设备从来不清楚每个客户带来的赢利。传统上,公司依照全面的服务赢利评价现场服务人员。然而随着转向新的经营方式,公司不得不开发出一套新的评估方法,比如,美德设备的"客户—产品共同体"(share-by-customer-by-product)评估方法。它是指公司把服务于某一个特定客户的投资和该客户现在及其预期的终身赢利性相比较,以此来确定、计算团队成员的薪酬。

不要下放转变的领导权。 成为一个基于能力的竞争者需要巨大的改变。基于此,这是一个极难授权的过程。因为能力是跨职能的,这个变革的过程不是中层管理者可以完成的。它要求 CEO 的亲自指导和高层管理者的积极参与。在美德设备,销售、服务和订货部门的主管领导提出具体建议,但是最终由 CEO 来监督变革过程,评估他们的提议和最后

第一部分

决策。他的领导角色保证了高层管理者对所提的变革的承诺。

这种自上而下的变革过程促使商业决策的权限下放到那些直接参与关键流程的人员手中,比如,美德设备的销售和服务人员掌握了商业决策权。这使得公司的运作更加灵活,对外部的变化更加敏感。

一种新的增长逻辑:能力掠夺者

一旦管理者根据公司的潜在能力来重塑企业,那么他们可以靠这些能力来设计公司的成长路径。基于能力的竞争力的核心是一个新的增长逻辑。

19世纪60年代,大多数管理者认为当企业的业务增长缓慢时,企业应向多元化发展。这就是多种业务集聚的时代。然而在70年代和80年代,人们清楚地认识到通过多元化增长是十分困难的。于是管理者的思考再次摇摆不定。公司应当专注于它们的核心业务,识别利润来源,放弃其他非核心业务。企业的战略思维越来越窄。

基于能力的竞争为公司提供了一条集中和多元化都可以赢利的途径。换言之,集中在战略能力的公司可以在不同的地区、产品和业务上进行多元化经营,而且比典型的集团做得更好。这样的公司叫做"能力掠夺者",它可以半路杀出,从无到有地快速进入一个市场,并成为主要的竞争者,甚至是行业的领袖。

基于能力的公司靠转移他们核心的企业流程成长,首先是转到新的地理区域,然后是转到新的业务领域。沃尔玛的首席执行官戴维·格拉斯(David Glass)暗示了这种成长的方法,他将沃尔玛概括为"总是从内向外扩张,我们从不跳跃,也不走回头路"。

基于能力的战略优势比传统的竞争优势更容易进行地理位置上的转移。例如,本田相对来说并没有遇到过难题,就成为占有了欧洲和美国市场的汽车生产商。本田在美国生产的汽车质量很好,公司正将部分汽车返销回日本。

在许多方面,沃尔玛从南部的小镇迁移到较大的城镇和北方的城市,所跨越的文化鸿沟不亚于本田将业务迁移到日本以外的做法。然而,沃尔玛几乎毫不费力地就做到了这一点。尽管卖场变得更大,产品线也不尽相同,但它的核心能力还是一样的。培训新员工结束后,沃尔玛就简单地复制它以往的做法。公司估计他们每年可以培训足够多的新员工,使总员工数每年增长25%。

但是,能力成长的最大回报不是来自地理区域的扩张,而是通过快速地进入全新的业务领域。基于能力的公司至少有两种方式来发展壮大。其中之一就是"克隆"它们的核心企业流程。本田就是一个典型的例子。

大多数的人将本田的成功归功于产品的创新设计或是公司的生产方式。这些因素固然很重要,但是公司的成长一直是由一些看不见的能力驱动的。

例如,本田在摩托车领域初步成功的大部分原因是由于公司在"经销商管理"方面的特殊能力,这种管理模式抛弃了

第一部分

摩托车生产商和经销商之间的传统关系。本地的经销商大多是摩托车的爱好者,与做生意相比,他们更关心的是寻找一个支持他们个人爱好的途径。他们不太在乎市场营销、零件库存管理或是其他商业系统。

相比之下,本田管理他们的经销商以确保他们能够成为成功的生意人。公司提供交易、销售、场地布置和服务管理等的操作流程和政策。在这些新的管理系统下,本田培训它所有的经销商及其全部员工,并且通过一个计算机化的经销商管理信息系统来辅助他们。竞争对手的兼职经销商根本无法和准备得更好、有雄厚资金的本田经销商相竞争。

本田进入了新的业务领域,包括剪草机、尾挂发动机和汽车,每个新业务都依赖于重建这种相同的经销商管理能力。甚至在经销商通常更加关注的售后服务的豪华汽车领域,本田也改变了其服务于经销商的标准。在美国的汽车销售公司中,本田的经销商一直得到最高的客户满意率。原因之一是本田给予经销商更多的自主权来决定修理费用是否由质保来承担(见"能力与核心竞争力的区别:本田的案例")。

能力与核心竞争力的区别:本田的案例

C.K.帕拉哈拉德(C. K. Prahalad)和加里·哈梅尔(Gary Hamel)在1990年发表的一篇非常有影响力的文章中提出了"企业的核心竞争力"的观点,他们的观点挑战了传统战略。然而对于哈梅尔和帕拉哈拉德来说,建立企业竞争战略的关键是"核心竞争力"。核心竞争力究竟与能力有何不同,这两个概念之间又有何关系?

哈梅尔和帕拉哈拉德将核心竞争力定义为位于公司无数产品线之下的独特的技术和生产技能的集合。索尼在小型化方面的核心竞争力使其可以制造各种产品,比如从索尼随身听到摄像机再到笔记本电脑。佳能在光学、成像、微处理器方面的核心竞争力使其能够进入影像复印机、激光打印机、照相机和图像扫描仪这些看似各不相同的市场。

正如以上例子所提到的,哈梅尔和帕拉哈拉德利用核心竞争力来解释竞争者可以轻易成功地进入新的、且看似不相关的业务。但是,进一步的研究揭示了竞争力并不是全部。

看一下本田从摩托车领域进入其他业务,包括剪草机、尾挂发动机和汽车的生产。哈梅尔和帕拉哈拉德将本田的成功归功于其在发动机和动力传动系统方面的潜在竞争力。本田在发动机方面的竞争力固然很重要,但它不足以解释公司在过去20年成功进入更广的业务范围的速度。毕竟通用汽车也是一个有成就的发动机设计者和制造商。本田超越其竞争者的关键是它对能力的专注。

一个重要的但很大程度上看不到的是本田在"经销商管理"方面的独到能力,他们培训经销商,并以交易、销售、场地布置和服务管理等操作流程来服务于它的经销商网络。最初是为它的摩托车业务开发的这种流程现在能够被应用到每一种新业务中去了。

本田成功的另一个能力是其在"产品实现"方面的技能。

第一部分

传统的产品开发将计划、验证、执行分成三个连续的过程:评估市场需求,以及现有产品是否能满足需求;测试产品;然后制作一个原型。这个过程的最终结果是其他企业或组织推出新产品。这种传统方式既耗时又费钱。

本田则以不同方式安排这些活动。首先,计划和验证持续进行而且是并行的。第二,计划、验证过程明确地和执行分开。本田规定执行周期是,大的产品改进每四年一次,小改进每两年一次。比如,本田1990年推出的雅阁,是自1986年以来该车型的首次大的重新设计,还加入了两年前开发的并率先在1988年款的雅阁中使用的传动系统。最后,当新产品已准备好后,它将进入现有的工厂或组织,这大大缩短了推出新产品所需的时间。时间减少了,成本和风险也降低了。

看一下本田和通用汽车之间的如下比较。1984年,本田制造了讴歌;一年后,通用汽车创建了土星。本田选择将讴歌融入现有的组织和设备。例如,在欧洲,在讴歌里程和本田里程的销售方面投入了相同的力量。现在,讴歌有三种车型,分别是里程、英特格拉和活力,每年销售30万辆。1991年底,在讴歌问市7年后,总共生产了80万辆车。更重要的是,它已经引入了该产品线8种不同的新产品。

相比而言,通用为土星组建了一个独立的部门并配备了独立的设备。从1990年后期开始生产,1991年将是其完备车型的第一年。如果通用幸运的话,它将在接下来的一年或两年生产24万辆汽车,并且有两个车型推出。

正如本田的案例所揭示的,核心竞争力和能力代表了企业战略范例的两种不同、但互补的维度。相对于传统结构模型,两个概念都强调了战略的"行为"方面。但是核心竞争力强调在价值链中某个特殊点上的技术和生产方面的独特性。在这方面,能力可以以某种形式让客户看到,而核心竞争力让客户很少感觉到。

就像现代的物理学家正在寻找用来解释在亚原子水平和整个宇宙中的物理行为的"大统一理论"一样,核心竞争力和能力的结合在20世纪90年代及以后也许会成为定义企业战略的通用模型。

《哈佛商业评论》,1990,3:79—91。

但是,基于能力的企业的终极成长方式不是克隆企业流程,而是创造出灵活有效的能力,使其能够为多种不同的业务服务。这就是沃尔玛的情况。沃尔玛使用相同的库存—补货系统,促使其折扣店成功地进入到新的独特的零售部门。

以仓储式俱乐部为例,这种无装饰的批发店以较大的折扣大量销售商品。1983年,沃尔玛开设了山姆俱乐部来对抗行业的开创者Price俱乐部和卡玛特拥有的PACE会员仓储式商店。在4年内,山姆俱乐部的销售额已超过了Price俱乐部和PACE,成为全国最大的批发俱乐部。山姆俱乐部1990年的销售额是53亿美元,而Price是49亿美元,PACE是16亿美元。此外,沃尔玛已经在其他零售部门重复这种快速渗透战略,包括药房、欧式大型自选市场、被称做超级市场的大型无装饰的杂货店。

第一部分

当沃尔玛依靠快速进入这些新业务领域获得成长的时候,卡马特试图通过收购来壮大,但所获的成功是喜忧参半。在过去的10年,卡马特已经购买并出售了许多不相关的业务公司,像饭店和保险公司,这表明卡马特难以创造附加值。

这并不是说靠收购来壮大企业注定要失败。实际上,集中于能力的公司通常更能瞄准明智的收购业务,然后成功地整合它们。例如,沃尔玛最近已经开始收购企业来补充它的"自内向外"式的增长,比如它收购了一些运作可以融入沃尔玛系统的其他小型的仓储式俱乐部、零售店、杂货店。

图 3-2 能力掠取图

沃尔玛通过应用其核心业务能力,迅速渗透进入批发俱乐部市场,但是其业务部门山姆俱乐部仅仅在四年内就取代 Price 俱乐部成为行业领袖。

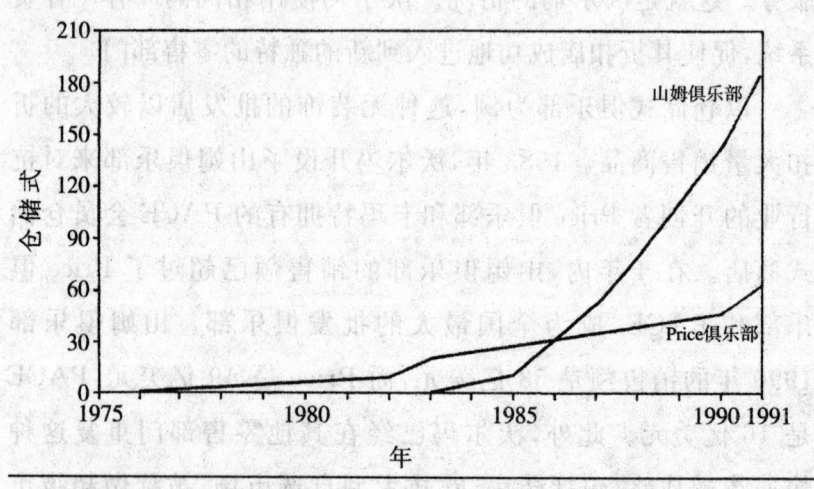

资源来源:波士顿咨询集团。

推测沃尔玛下一步将收购谁很有趣。在广阔的零售业内,沃尔玛的库存－补货能力是一项强大的竞争优势。在过去的10年中,沃尔玛出其不意地战胜了卡玛特。在未来的10年里,诸如反斗城(Toy "R" Us,沃尔玛已经控制了130亿美元的玩具市场的10%)和Circuit City公司等也许会发现他们已经成为能力掠夺者的目标。

基于能力竞争的未来

现在,基于能力的公司拥有战胜那些仍然以旧方式看待竞争环境的竞争对手的优势。但是这种局势不会永远持续下去。当越来越多的企业加入基于能力的竞争行列,能力上竞争的简单事实远不如公司选择建立具体能力重要。如果给管理者必要的长期投入,他们所做的战略选择最终将决定公司的命运。

如果沃尔玛和卡玛特是说明目前基于能力竞争的情况的好例子,那么两家快速成长的地方银行的故事则描绘了基于能力竞争的未来。总部分别位于北卡罗来纳州的温斯顿—塞勒姆和佐治亚州的亚特兰大市的Wachovia公司在两个州的核心市场中拥有较高的回报和不断增长的市场占有率。总部位于俄亥俄州哥伦布市的第一银行在美国的银行业内一直享有最高的资产回报率。

Wachovia公司能更好地理解和服务于个人客户的需求,这使得它可能拥有全国所有银行中最高的"交叉销售比率"——每个客户消费的平均产品数额。该能力的关键是公

第一部分

司大约有 600 个"个体银行业者",即那些一线员工,他们为公司的大众市场客户提供传统上只为私人银行客户提供的个性化服务。公司的特有的支持系统允许每位银行业者服务于大约 1 200 位客户。那些系统中包含一个整合的客户信息文档;简化的工作流程,使银行能在交易日当天将结束的时候答复几乎所有客户的请求;一套五年的个体银行业者的培训计划。

Wachovia 公司集中在满足个体客户需求方面,而第一银行独特的能力是理解和响应整个社区的需求。为了更有效地开展社区银行业务,各个银行不得不深入到当地社区。但是传统上讲,地方银行不可能拥有业务专长、最先进的产品和像花旗集团那样的大型国家银行才具有的高竞争性的成本结构。第一银行靠提供给客户这两种情况中的最好的服务来竞争。或者正如公司的一句口号所说,第一银行是"超越地方的国家银行和超越国家的地方银行"。

达到这种平衡要靠两个因素。一个是地方自治。第一银行商业系统的中心组织角色不是由一线员工来扮演的,而是由第一银行网络的 51 家分行的总裁来扮演的。分行总裁在他们各自分管的区域内拥有特权。他们选择产品,制定价格和市场营销战略,作信贷决策,制定内部管理政策。他们甚至可以拒绝第一银行集权化的直接营销的业务活动。但是即使第一银行各个分系统是高度分散的,它的成功依然依赖于精细的、高度集中的和持续的组织学习流程。分行总裁有权根据地方实际情况来规定银行的服务,但是他们也期望可以通过第一银行系统学到最好的经验以适应他们自己的经营。

第一银行收集各个分行内外部表现的大量详细的实时信息。例如,银行按时出版"名次表"来衡量各个银行的经营表现,表现最差的排在最前。这种做法鼓励了合作以提高最差的分行的业绩,而不是争当最好的分行。银行也不断地进行工作流程的再造和业务流程的简化。被称为"最好中的最好"的最成功的100个项目,被记录在案并在分行中传阅。

Wachovia和第一银行都在能力上竞争。两家银行都集中于它们的关键企业流程,并且授权直接负责业务流程的人制定关键决策。两家银行都通过一个涵盖了传统功能结构的支持系统来管理这些流程,高级管理者主要管理这个系统,而不是控制决策。两家银行都是既分散又集中的,业务既集中又灵活多便。

但二者的相似之处就上述那么多。Wachovia以类似于私营银行提供的个性化服务来满足大批的个人客户。第一银行则以传统社区银行特有的灵活和敏捷来服务于众多的地方市场。结果,它们集中在不同的企业流程:Wachovia集中在跨越大量客户联络点的客户特殊信息传输上,而第一银行则着眼于在各分行之间传递最好的经验。它们也在组织内权利不同:在Wachovia是个体银行业者,而在第一银行则是分行总裁。

最重要的是,它们的成长是不同的。因为Wachovia的大多数能力体现在培训个体银行业者,所以它已经不怎么进

第一部分

行收购,而且整合收购的速度也很慢。而第一银行的能力能特别容易地传递给新的收购对象。公司所要做的就是建立公司的管理信息系统,并大力培训银行高级官员,相对于 Wachovia 培训一支新的一线员工队伍所花费的更长的时间,这个过程可以在几个月内完成。因此第一银行已经使得收购成为一项独立的业务。

如果第一银行和 Wachovia 相互竞争,谁将获胜很难说。每家银行都有另一家无法匹敌的长处。Wachovia 通过交叉销售一系列银行产品来服务个体客户的能力可能将在长时间内使得它比第一银行从每位客户那里赚得更多的利润。另一方面,Wachovia 不能根据各个地方市场的具体情况制定产品、定价和促销策略,而第一银行可以。而且 Wachovia 的增长率受制于它培训新的个体银行业者所花的时间。

而且,两家银行的能力差异是根深蒂固的。这些差异以不易改变的方式界定了各自公司的经营战略。能力通常是相互排斥的,而战略的本质就是选择正确的能力。

第二部分 增强战略透明度,争当战略伙伴

DELIVERING RESULTS

新政

人力……

1. 何为战略?[①]

迈克尔·E.波特

运营效果并不是战略

近20年来,管理者一直在学习与管理相关的新规则。如公司必须对快速的竞争和市场变化作出灵活反馈,他们为达到最佳实践必须坚持标准化运作,积极地外包公司业务以寻求经营效率。他们也必须在竞争中培育一些所谓的核心能力并借以领先对手。

曾经作为战略重心的"定位",相对于今天的活跃市场和技术更新而言太过于固定而遭到否定。根据新的理论,对手可以很快地复制任何市场角色,因此竞争优势最多也只是暂时的。

然而这些信念不完全正确,并且也是危险的。他们会把

[①] 本篇文章的写作得到了很多公司和个人的大力帮助。作者特别要感谢一篇相关文章的作者 Jan Rivkin、Nicolaj Diggelkow、Dawn Sylvester 和 Lucia Marshall。Tarun Khanna、Roger Martin 和 Anita McGahan 提供了特别有深度的评论意见。

第二部分

越来越多的公司引导到相互破坏的、不健康的竞争道路上去。事实上，一些竞争壁垒在降低，比如说政策的宽松和市场的全球化。实际上，公司也投入了相当大的精力，使自己变得更精干、更敏捷。然而，在许多行业中，有些人称之为过度竞争的则是一种自残行为，它并不是竞争模式发生变化的必然结果。

以上问题出现的根源就是没有划清运营效果和战略的界限。企业对生产能力、质量和速度的追求催生了许多管理工具和技术：如全面质量管理、标杆管理、时效竞争、外包业务、战略伙伴、企业再造和管理变革。尽管这些都会导致运营效率的大幅增长，但很多公司却会以他们无法将这些优势带来的成果转化为持续赢利能力而感到沮丧。渐渐地，几乎是没有意识地，管理工具就取代了战略的地位。当管理者推动全面改革的时候，他们却离独特的竞争定位越来越远了。

运营效果：必要但不充分

运营效果和战略对公司的优异绩效都是很重要的，毕竟这是企业的首要目标。然而他们起作用的方式却不尽相同。

某个公司如果能建立并且保持差异化，就能比竞争对手更有优势。公司必须传递更多的价值给客户，或是用更低的成本提供具有可比性的价值，或者两者兼备。那么就可以算出接踵而来的赢利：创造更高的价值会使得公司的产品价格高于一般产品的平均价格;而创造更高的效率则会使产品成本低于平均成本。

最终,公司之间在成本或价格上的所有差别都会由数以百计的诸如创造、生产、销售、产品运送、客户访问、产品装配和员工培训等行为而产生。成本会在这些活动中产生,而企业的成本优势却是由企业优于竞争者的特定经营活动而引发的。同样,差异既来自对经营活动的选择又来自其具体经营情况。因此,这些经营活动是企业竞争优势的基本环节。而全面的竞争优势或劣势是所有经营活动的结果,并不是某一部分的结果。[1]

运营效果是指比竞争对手在相似的经营活动方面表现得更优秀,运营效果包括但不局限于效率。它指的是任何一种可以使公司更好地利用投入的运作方式,如减少产品缺陷,或更快发展新产品。相比而言,战略定位指执行与对手不同的企业经营活动,或是用不同的方法执行相同的企业经营活动(如图1—1)。

公司间的运营效果差异是可以观察到的。如有些公司比其他公司更能从投入中获得产出,其原因是无用工序的消除、员工的技术领先、对员工有效的激励,或是更能洞察特定的管理行为,或其具备一套特定的管理行为。这些运营效果的差别是公司间赢利能力差别的重要来源,因为它们直接影响公司相关成本的高低和相对差异水平。

第二部分

图1-1 运营效果与战略定位

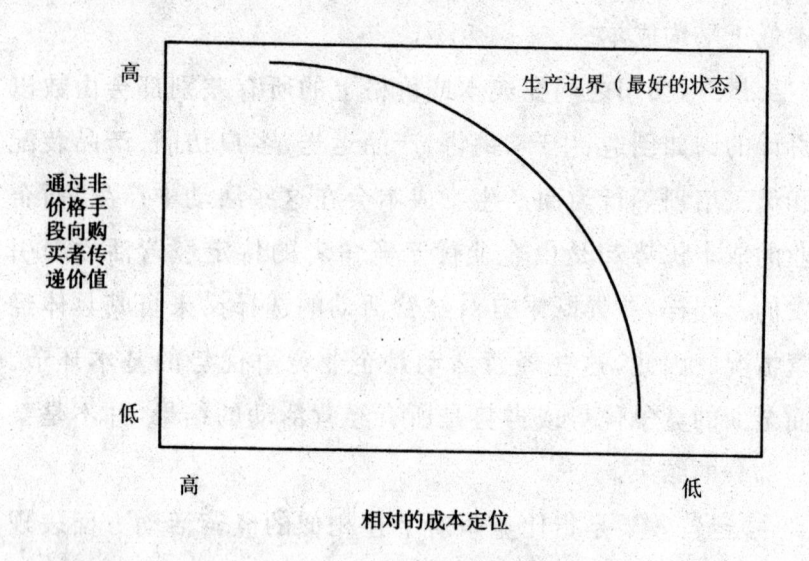

高
通过非
价格手
段向购
买者传
递价值
低

生产边界（最好的状态）

高　　　　　　　　　　　　　　低
相对的成本定位

　　运营效果的差异在20世纪80年代曾经是日本企业挑战西方企业的重点。日本人曾经因为能同时提供低成本和高质量而在运营效果方面遥遥领先于他们的对手。我们必须认真地研究这一问题，因为近来关于竞争的很多思想都是以其为基础。我们可以想象，公司能够运用最佳技术、技巧、管理工具和采购投入来使公司在特定的成本内提供的特定产品或服务的价值最大化。企业生产能力的边界可以被应用到个人行为中，也可以被应用到一群有联系行为（如订货过程和制造过程）的人群中，或者被应用到整个公司的经营活动中。当公司提高了运营效果，它就向生产率边界迈进了。这样做可能会需要资金投入、人员变动，或者简单地改变经营模式。

生产率边界总是在不断地向外移,因为企业总会开发出新的技术和新的管理方法,并且新的投入也成为可能。如笔记本电脑、无线通讯、因特网,还有如 Lotus Notes 这样的软件等重新定义了销售队伍的生产能力边界,并创造了大量的机会将签订订单过程与售后支持联系起来。同样,涉及众多经营活动的精益生产,也使得公司在制造生产率和资产利用方面有了很大程度的改善。

至少在最近 10 年来,管理者的时间一直被改良运营效果所占据。通过诸如全面质量管理、时效管理和标杆管理等,他们的行为方式现在已经转变为消除低效率、提高客户满意度和追求最佳管理方式上来。为试图跟上生产力边界的变化,管理者持续采用了更多的改良、分权、管理变革和所谓的学习型组织等手段。外包业务的盛行和虚拟公司反映了人们逐渐认识到企业难以同时发展好各方面的业务,专业化有利于提高生产力。

当公司向生产能力的边界靠近的时候,他们可以同时提高各个方面的绩效。例如,制造商采取日本在 20 世纪 80 年代使用的快速改变的方法后,既能够降低成本,又实现了差异化。比如说,成本和质量,曾经被认为是一对永远的矛盾,最后却被证实是由于较差的运营效果所导致的错觉。管理者从而学会了改变这些错误的认识。

持续的运营效果的改进对获取丰厚的利润是很有必要的,但是它却不是充分条件。很少有公司在一个相当长的时期内一直取得成功的运营效果,而领先于对手也是一天比一

第二部分

天困难。这其中最显著的原因就在于最佳做法会迅速传播开来。竞争者可以很快地模仿管理技巧、新型技术和满足顾客的需求的方式。解决方法越具通用性，就越可以在多种环境下使用，传播的速度就越快。人们可以看到，咨询公司的支持加速了经营有效性的扩散。

运营效果竞争使生产可能性边界向外移动，有效地抬高了人们要达到的专业水准。尽管这些竞争产生的运营效果绝对能提高，但是没有人有相对改善的优势。以产值超过50亿美元的美国商业印刷行业的主要公司为例，Donnelley & Sons公司、Quebecor、World Color出版社和Big Flower出版社，相互间都是竞争的对手。它们服务于相同的客户，提供类似的印刷技术，大量购买相同的设备，实行快速化管理并缩减员工数量。但是由此产生的主要收益都被客户和设备供应商所获得，而不是转化为丰厚的利润。甚至于行业领头羊Donnelley & Sons公司的边际利润80年代一直保持在7％以上，在1995年却下降到4.6％以下。这种模式反反复复地在各个行业内上演。甚至像日本这样的勇于展开竞争的领先者，同样长期受到低利润的影响。

日本公司很少有战略管理

日本在七八十年代发动了一场在运营效果方面的全球革命。率先执行了全面质量管理和持续改进。结果是，日本的制造业享有了多年的成本和质量优势。

但是日本的公司很少制定发展战略,就如上文讨论的一样。如索尼、佳能、世嘉等公司等只不过是例外而不是普遍现象。大多数日本公司都相互效仿。所有的竞争者都提供差不多的产品及服务,它们用所有的渠道雇用员工,也攀比相互间的企业模式。

日式竞争的危险现已很容易看出。20世纪80年代对手远离生产前沿的竞争,日本公司可以绝对获得成本和质量的优势。日本公司能够在一个扩张的国内市场中取得胜利,并向全球市场渗透。他们一直这样做下去,日本公司被自己所制造的陷阱困住。如果他们要逃离这场正损毁自己绩效的两败的战役,日本公司必须学习战略。

为此,他们要克服强大的文化障碍。日本公司以任何事情都要达成一致意见而名声狼藉,公司倾向于在个人间调停矛盾,而不是将其公诸于众。而战略不能允许任何事情都达成一种意见,因此需要艰难的抉择。此外,日本人有着根深蒂固的服务传统,很大程度上会因客户提出的需要而最大化地满足他们。以这种方式竞争的公司最终把它们清晰的定位弄模糊了,变成以所有商品服务所有的客户了。

第二个需要提高运营效果的原因是运营效果本身并不充分。竞争的趋同是不为人察觉的。公司间使用的目标越多,则它们越相像。竞争对手越趋向于将经营活动外包给高效的第三方,通常是同样结果——经营活动的通用性就越强。当对手之间相互模仿质量、周期时间,或是供应商伙伴

第二部分

关系、战略收缩和竞争等,这就像在一条无人能获胜的道路上赛跑。建立在单纯的运营效果上的竞争会导致相互破坏,也导致了只有限制竞争才能制止的消耗战。

新近的一浪行业兼并行为在运营效果理论上是可以理解的。由于顾及绩效而又缺乏战略远见,一家又一家的公司面临无法抉择而只好买下竞争对手以明哲保身。最终能生存的几个竞争者只是因为它们能持之以恒,而并非具有真正的优势。

在运营效果较为瞩目的近十年中,公司的回报越来越少。持续改进的概念已深深印入管理者的脑海。但是这些工具总是不知不觉地将各公司拉入模仿的境地。最终,管理者只好用运营效果代替了战略。结果是零和竞争、价格停滞或下跌以及成本压力等削弱了公司投资业务的长远发展。

战略源于独特经营活动

竞争战略是与差异相关的。它意味着精心挑选一系列经营活动以传递一个独特的价值混合体。

寻找新的定位:创业前沿

战略竞争可以被理解为以新市场定位吸引现有其他定位的客户或新客户进入本市场的过程。譬如,大型超市提供关于产品的多品种目录,以求从那些提供产品品种多而可选同类商品较少的百货公司中争得更多的市场份额。邮件订单目录吸引了热中方便的客户。原则上,现有企业和企业家面临同样的寻找新战略定位的局面。实践中,新入行者通常有优势。

战略定位通常不太明显,寻求定位通常要求有创造力和洞察力。新入者通常会发现特定的有效市场定位,而这些常常被现有的竞争者所忽略。如宜家,选定了被忽略的或是服务不足的客户群体。Circuit City 进入 CarMax 旧车市场也是基于以新的方式来实施那些早已熟悉的方式——轿车的装饰翻新、产品担保、不二价格、巧妙利用组织内部客户融资。

新入者可以占据有些竞争者曾经保有,但是却因为多年的模仿而丧失的地位。其他行业新进入者可以运用自己本行的独特性创造出新的定位。CarMax 借用了很多 Circuit City 的库存管理、信用管理和其他相关的客户电子零售经验。

最常见的是,变化产生新的定位:新客户群体或购买机会的出现,社会进步导致新需求出现,新分销系统的出现,新技术的形成,以及新机器或信息系统的应用。当这些变化出现时,新进入者常常可以很容易地用新办法竞争。与行业在位者不同,新入者因为他们的经营活动不与战略相矛盾而较为灵活。

第二部分

比如说,西南航空公司提供了中等城市间和大城市二级机场间的短途、低价、点对点服务。他们避开大机场,而且不飞长途。它的乘客包括商务旅行者、家庭成员和学生。它的频繁飞行和低价格吸引了那些对价格敏感的乘客(如果不因为价格低廉他们很可能改乘巴士或轿车)。而那些追求舒适的旅行者则愿意选择服务周到的其他航班。

大多数管理者在描述客户的战略定位时说:"西南航空服务的对象是对价格和服务敏感的乘客。"但是,战略的重点是在经营活动过程中,是用不同的方式开展相同的经营活动,或是选择不同于对手的经营活动。否则,战略只不过是一句市场口号,并不对竞争起作用。

全面服务的航空公司有能力将乘客从任何 A 点运送到任何 B 点。为了到达多个目的地和让乘客的航班能够接上,全面服务的航空公司需要以大机场为中心建立一个系统。为了吸引喜欢舒适服务的乘客,他们提供头等舱或商务舱的服务。为了满足要换乘的旅客,他们可以协调时刻表、检查手续和行李交接。因为一些乘客要持续飞行许多小时,全面服务的航空公司需要提供用餐服务。

西南航空,相反地,减少自己的经营活动以便在飞行途中实现低成本和便利服务。通过在停机坪只逗留 15 分钟就返航的举动,西南航空可以使它的飞机的飞行时间长于对手,从而能用少量的飞机频繁地起航。西南航空并不提供飞行用餐,不指定乘座,换乘乘客不用重复检查行李,没有头等服务。自动售票机设在机场入口以鼓励乘客避开旅行社直何为战略？

接订票,以避免西南航空向旅行社提供佣金。一个规范化的737飞行队伍对飞机进行了有效保养。

西南航空已经寻找出建立在削减自身经营活动之上的一个独特和有价值的战略定位。在西南航空服务的航线上,全面服务的航空公司是永远做不到如此便捷和低价的(见图1—2)。

图1—2 西南航空公司的经营活动系统图

经营活动要素：没有食物、没有行李转运、有限的客户服务、不能直接转道其他航空公司、无预定座位、很少用旅行社代理、短途、中等城市和二级机场之点对点飞行、频繁、可靠的起飞、登机口周转时间为15分钟、标准的737飞机、自动售票机、员工报酬高、精细、高效的地面、很低的票价、高的飞机使用率、灵活的工会合同、员工持股比率高、西南,低价的航线

宜家,全球家具的零售商,基地在瑞典,也有自己清晰的战略定位。宜家瞄准了年轻买主希望低价、好款式的心理。将这一营销概念转化为战略定位的则是那些针对特定客户群的经营活动,是这些经营活动使营销概念得以实施。就如

第二部分

西南航空一般，宜家也选择用不同于对手的方式执行企业经营活动。

在一个典型的家具店里，展示厅陈列着样品。一个展示区里可能放置着25张沙发，另一展示区可能排放了5张桌子。但是这些只代表了一部分可供客户选择的商品。纤维织物、木料或其他各种款式的样板被做成几十本样品目录，提供给客户数以千计的产品选择。销售人员通常陪伴客人的整个浏览过程，回答客人的问题和帮助他们在产品迷宫中找到自己的选择。一旦一个客户作了选择，订单马上传递到第三方制造商那里。所订购的家具一般在6~8周的时间内会被送到客户家中。这是一个高成本的客户最大化价值链的服务。

相比而言，宜家在服务和成本之间进行有效的选择，而不是让销售人员在客户身边跑遍整个店铺。宜家运用了一个清晰的、店内展示为主的自助模式。宜家设计了低成本、分体式、随时可装配的家具为其市场定位，而不是单一的依靠第三方制造商。在大型店铺中，宜家在一种类似房间的环境中展示它的每一件商品，因此客户不再需要装修工人帮忙构思如何将这些一块块的东西拼凑在一起。在用家具布置好的房间展示厅的旁边是一个大仓库，里面的产品用盒子包装好并放在货架上。客户可以自行提货或运输。宜家还会卖给你一个车货架，当你下次再来的时候可以退还并取得退款。

尽管很多关于宜家的低成本定位来自让客人自己动手，

宜家提供了一些对手没有提供的服务,在店内代替照看孩子是其中之一,延长营业时间是第二。这些服务都是单独地满足它的客户需求,他们是年轻人,并不富有,可能有小孩(但不是很多)。他们是为谋生而工作,在剩余时间才购物(见图1-3)。

图1-3 经营活动系统图

宜家这样的经营活动图显示了一个公司的战略定位是如何把一系列设计好的活动包括在内,并体现其产品定位的。在有明确战略定位的公司里,可以发现一系列高度秩序化的战略主题(用浅色标出),这些主题通过一组紧密联系的经营活动(用深色标出)得以实现。

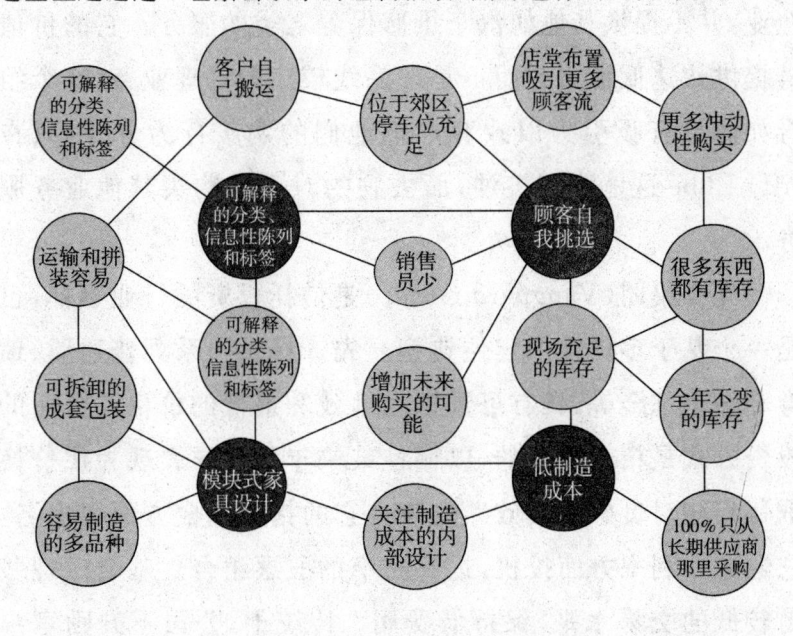

第二部分

战略定位的起源

战略定位产生于三个特定的根源,它们不相互排斥,通常还有交叉。第一,定位可以建立在本行业产品或服务的次一级产品和服务的基础上。我把这个称为基于多样性的定位(variety based position),因为它是建立在产品或服务变量而不是客户细分的基础上。当公司可以用一系列独特的经营活动产生特定的产品和服务,基于多样性的定位符合经济逻辑。

比方说Jiffy Lube国际公司,是专业生产汽车润滑油的企业,并不提供其他如汽车维修保养之类的服务。它的价值链提供快速低价服务而不是产品线较广的修理业务,这个组合如此具有吸引力以致客户把他们的购买行为分开:只在Jiffy Lube这里购买机油,而去它的对手处购买其他业务服务。

先锋集团(Vanguard Group)是信托投资的行业领袖,也是一个基于多样性的定位典型。先锋提供一系列普通股、债券和融资基金等,具有可预期的绩效和最低的价格。公司的投资方式是精心策划的,以牺牲某一年的优异表现为代价换取每年相对良好的绩效。先锋在它的指数基金方面很出名,它避免在利率方面投机,远离狭窄的股票组合。基金经理坚持较低的交易水平,保持低费用。传统上,公司不鼓励客户快速买卖,因为这样做会提升费用,也会驱使基金经理为了交易而一边部署交易资金,一边筹集现金进行补仓。先锋集团也用一贯的低成本方式管理分销、客户服务和市场营销。当从对手那里购买扩张或特殊基金时,很多投资者都在投资组合中持有一份或多份先锋基金。

人们选择先锋集团或 Jiffy Lube 是因为,这些公司在某一种特定的服务上提供优越的价值链。基于多样性的定位可以服务很多的客户,但是对于大多数客户来说,它只能满足部分需求(见图1—4)。

图1—4 先锋的经营活动图

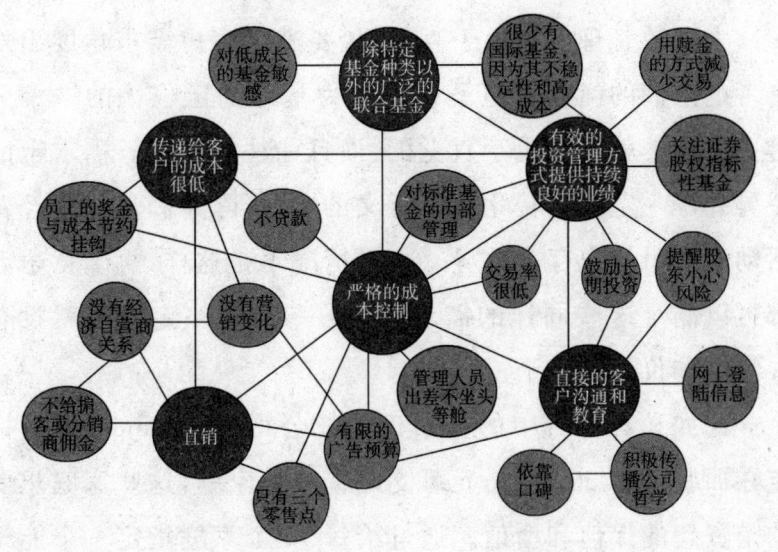

第二种定位的基础就是要服务特定客户群的所有需要。我把这称为以需求为基础的定位。这和传统意义上的目标客户细分的思想相近。当一群客户有不同需求,而同时一系列特定的经营活动可以最好地服务他们的时候,这种定位就

第二部分

起作用了。一些客户群比其他群体对价格更敏感,要求产品与众不同,需要大量不同的信息,需要获得支持和服务。宜家的客户群就是很好的例子。宜家寻求的是满足它的目标客户对于家具家私的所有需求,而不是他们的部分需求。

当一些客户在不同的时间产生不同的需求,或是要求不同类型的交易时,就产生了以需求为基础的定位。同一个人可能在商务旅行和家庭旅行时表现出的需求不同。采购商如饮料公司,对首选供应商的需求就和对次选供应商的需求不一样。

大多数管理者是出于直觉,从要满足客户需求角度出发来考虑他们的经营。但是以需求为基础的定位中的一个关键要素根本就不是出于直觉的,而且往往被忽视。需求上的差异并不一定就会转化为有意义的定位,除非满足这些经营活动最佳组合也存在差异。如果情况不是这样,每个竞争者都可以满足这些同样的需求,这样一来,战略定位也就没有独特性和价值可言了。

比如私有银行中的贝斯迈信托公司(Bessemer)把目标定在那些拥有500万美元可支配资产的家庭,这些家庭想要的是资金的保值和增值。通过给每14个家庭指定一个能干的账户经理,贝斯迈定义它的经营活动是个性化服务。如会议一般在客户的花园或是游艇上举行,而不是在公司内。贝斯迈提供很广泛的客户的服务,包括投资管理和地产经营、监管对石油天然气的投资,以及赛马和飞机的财务业务。贷款是大多数私人银行的主要业务,却不是贝斯迈客户的需要,它在客户的结余和收入中只占很小的一部分。尽管贝斯迈的客户经理的报酬最高,人员成本在营业费用中占的比重最大,但贝斯迈针对目标家庭的差异化服务还是使得它的股权回报比其他任何私有银行都高。

另一方面,花旗私有银行的服务对象是资产不低于25万美元的客户,他们与贝斯迈的客户正好相反,他们希望能够很方便地就借到贷款——从大宗抵押贷款到交易融资。花旗银行的客户经理主要是贷款人。当客户需要其他服务时,客户经理会把他们介绍给其他花旗银行的专家,每位专家都能提供预先设计好的组合服务。花旗银行比起贝斯迈来说少了点客户化服务,因此可以拥有较低的经理/客户比例,为1:125。两年一次的经理例会只对大客户开放。贝斯迈和花旗银行都对自己的经营活动进行调整以迎合不同的个人客户群体的要求。同样的价值链不能在同时满足两个客户群体的时候又都赢利。

第三个定位的基础是用不同的方式接近的客户,并对其进行细分。尽管他们的需求与其他客户的相似,但与最佳的接近他们的行为方式却有区别。我将其称为以接触为基础的定位。接触可以以客户的地理位置、客户规模为变量,或者是以最佳的方式研究客户而采取的必要行为。

以接触为定位的细分不常见,也比其他两个定位更难于理解。例如卡迈克影院(Carmike),只在20万人以下的小城镇经营电影院。卡迈克的市场不但小,而且不能像大城市那样卖高票价。它是如何赚钱的呢?它是通过安排一套导致

第二部分

成本结构非常精简的业务活动来实现的。卡迈克为小镇客户提供标准化、低成本的剧院设施，不需要像大城市剧院那样有很多荧幕和很高级的投影技术。公司专门的信息系统和管理程序使得当地管理人员只需要一个剧院经理。卡迈克也能从集中售票、低租金和低工资（因为地点原因），还有2%的公司总费用率（行业平均是5%）中获益。在小社区运营同样让卡迈克可以以高人际关系手段进行市场运营，经理们也借此通过私人关系认识了很多本地赞助商，成为本市场影院中的主要公司（如果不是唯一的话）。实际上，它的主要竞争对手往往是高中橄榄球队，卡迈克总是能得到它所挑选的电影，并且能够和发行商谈判以获得更好的条件。

农村/城镇的客户就是以接触为基础定位、实现差异化的例子。服务于少部分客户或是密集地居住的客户，则是另外一些特例。客户群体需求是相似的，但是为满足它们而配置的营销活动、订单过程、物流和售后服务等的最佳经营活动方式组合却是不同的。

定位不只需要刻画出一个利基市场。一个市场定位可以拓宽或缩小来源。一个有针对性的竞争者，如宜家，目标定位在部分客户的特殊需求上，并据此设计自身经营活动。有针对性的竞争者胜过了定位客户广泛目标的竞争者，因为后者过度地服务了一群客户，因此价格也是过高的。一个定位于广泛目标客户的竞争者，如先锋或是三角洲航空公司，服务的对象是很广的客户群，要履行一系列预先设计的经营活动以满足客户的平均需求。它忽略了或是只部分地符合了特定客户群体的特殊需求。(见"与一般性战略的联系")

不论定位的基础是什么——多样性、需求、路径,或这三者的结合,定位都要求实施一整套定制化的经营活动,因为定位总是供给差异(经营活动差异)的函数。换言之,定位也是定制化经营活动差异的函数。然而,定位不总是需求(客户的需求)差异的函数。特别是以多样性和接触为基础的定位不依赖任何客户的因素。然而,实践中,以多样性或接触为基础的差异通常会伴随不同的需求。比如说,卡迈克的小城镇客户看电影的口味(也就是需求)是要多放点喜剧片、西部片、动作片和家庭娱乐节目。卡迈克还从来没有播放过17岁以下不宜的片子。

与一般性战略的联系

在《竞争战略》(The Free Press,1985)一书中,我介绍了战略的概念:成本领先、差异化和集中战略,用于展示行业可选的战略定位。一般战略在最简单和广泛的意义上描述战略定位仍然有用。例如,先锋是一个成本领先战略的例子,而宜家,拥有较窄的客户群,它是一个基于成本领先的集中战略的例子。露得清公司(Neutrogenas)是集中差异化的。定位的三个基础,多样化、需求和接触,有助于更深刻具体地了解这些一般战略。例如,宜家和西南航空都是成本领先的集中战略者,而宜家的集中是建立在一个客户群体不同的需求上,西南航空则是建立在提供特定服务类型的基础上。

第二部分

在一般战略的框架内需要进行选择以避免被我所描述的不同战略的一贯矛盾所困。无效竞争定位的经营的两面性可以解释这些矛盾。轻大陆公司(Continental Lite)曾经同时试过两条道路却最终都失败,证明了以上观点。

既已界定战略定位,我们现在可以开始回答这个问题:"战略是什么?"战略创造独特的有价值的市场定位,它包括一系列有差异的经营活动。如果只有一个理想的定位,那也就不需要战略了。公司面临一个简单使命:就是赢得发现、占领定位的竞赛。战略定位的重要性在于采用不同于对手的经营方式。如果相同系列的经营活动能满足所有的多样性,迎合所有需求,并可以接近任何客户,那么公司可以很容易地在这些经营活动中选择,同时运营效果就成为绩效的决定性因素了。

可持续发展的战略定位需要取舍

然而,选择一个特有的定位,并不足以保证可持续的优势。有价值的定位会吸引行业其他企业的模仿,并有可能模仿以下两种方式中的一种。

首先,竞争者可以重新将自己定位为绩效优异者。比方说JC彭尼公司(JC Penney),从模仿西尔斯公司(Sears)到重新定位为更高档、更时尚的轻工业品零售商。第二种方式,也是最普通的模仿方式——夹叉战略。夹叉者寻找符合利益的成功定位,同时保留自己现有的竞争地位。它只是把新特点、服务、技术移植到现已执行的经营活动上来。

　　对于那些持任何市场定位都可以被竞争者复制的观点的人来说，航空业就是一个很好的例子。似乎所有的竞争对手都可以模仿任何其他航空公司的经营活动。可以买相同的飞机，租登机口，和其他航空公司提供一样的菜单、票务和行李服务。

　　大陆航空（Continental Airline）看到西南航空如此成功，决定尾随其做法。当保留它的全面航空服务的定位的时候，大陆也开始仿效西南航空开通了一些点对点的航线。大陆航空将新的业务发展成为子公司轻大陆。它取消了头等舱和机上用餐服务，提升了飞行频率，降低了票价，缩短了在登机口的转接时间。大陆在其他航线上提供全面的服务，它还使用旅行社和各种机型，提供行李检查和定座服务。

　　但是，如果没有与其他定位的比较，一个战略定位就不会持久。当经营活动发生矛盾时，就必须作出取舍。简言之，取舍是指选择做一些事，就要放弃另一些。航空公司可以选择是否提供用餐服务（增加成本，延长了在登机口的转接时间）。但是不能两者兼顾，忽视了这一点会导致低效率这个大问题。

　　取舍是要选择的，并且可以防止再定位者和夹叉者的介入。以露得清香皂为例，该公司以多样化为基础的定位是"皮肤友好型"，生产无渣香皂采用平和酸碱的配方。皮肤学家大量的细节访问，使露得清的市场战略看起来它更像一家药店的市场战略，而不是香皂生产商。它在药品期刊上做广

第二部分

告,寄信给医生,参与医学协会,在自己的实验室做关于皮肤保护的研究。为了加强它的定位,露得清一开始就专注于药店渠道,并避免价格促销。露得清使用了一个缓慢、较昂贵的制造过程以让它的易碎的香皂成型。

由于选择了这个定位,露得清拒绝在香皂内添加除臭剂和皮肤软化剂,即使许多客户期望如此。它放弃了通过超市的潜在大批量销售,拒绝使用价格促销。它牺牲了制造效率以达到香皂的期望特性。露得清在一开始的定位中就使用了取舍,从而保护了公司,不被人模仿。

以下三个原因导致了要取舍。一是形象和声誉的不一致。当一个公司已经被人知晓是传递一种价值的,假设他又提供另一种价值,或是试图同时传递两种不同的价值观,可信度就会降低,客户就会迷惑,声誉甚至会受到损害。比如说,Ivory香皂,定位在基本的、便宜的日用香皂,如果它模仿露得清的高级产品而对自身的产品进行重新形象的塑造,它绝不会有好日子过。在一个大行业中尝试去创造企业新形象一般都要花上千万美元,这是模仿者的强大壁垒。

第二,更重要的是,取舍通常从自身经营活动中产生。不同的定位要求不同的产品功能、不同的装备、不同的员工经营活动,不同的技巧和不同的管理系统。很多取舍的结果都反映在设备、人事,或是系统上的不够灵活。如宜家,通过让客户自行组装或运输以降低成本,就不能满足那些要求高端服务的客户的需求。

取舍还可以在更基本的层次上。一般说来,如果经营活动被过度设计或是设计不足时,价值就遭到破坏。例如,一个特定销售人员有能力给一位客户提供非常好的帮助而对另一位客户却不能,这个销售人员的才能(和他的部分成本)就会被浪费在第二个客户上。在经营活动类型受到限制时可以提高生产率。通过不断提供高层次的协助,销售人员和整个销售经营活动可以获得效率。

最后,由于内部协调和控制,会产生取舍。明确了选择一种方式而不是用其他方式竞争,高层管理者就可以很清楚组织的首要任务。相反,想成为所有客户的所有服务的提供商,员工在日常操作决策时就会因为没有明确的指示而引起混乱。

定位性取舍在竞争中具有渗透力,是战略的关键。它们明确了进行选择的需求,有目的地限制了公司的经营活动。它们阻止了夹叉和再定位,否则就会破坏自己的战略,降低他们现有经营活动的价值。

取舍问题最终让轻大陆公司一败涂地。公司损失了上亿美金,执行总裁丢掉了工作。它的飞机总是在堵塞的城市机场延迟起飞,或因为行李转移问题在停机口滞留。延迟或停飞导致每天上千个投诉。轻大陆公司也没有能力打价格战,还要付给旅行社正常的手续费,即便这样它的全面服务航线还是不能离开旅行社。航空公司只好以缩减所有大陆航空的股东佣金来妥协。相似地,它不能给那些买轻大陆公司低价机票的乘客提供同样频繁的航次。它又再次以降低大陆航空所有经常飞行者的回报来妥协。结果必然导致旅

第二部分

行社的愤怒和需要全面服务的乘客发脾气。

大陆航空尝试在两个方面同时展开竞争。在一些航线上采用低成本，另外的一些则用全面服务，大陆因为夹叉而遭到了巨大的惩罚。如果在两个定位间没有任何矛盾的话，大陆很有可能成功。但是对矛盾的忽视是管理者为自己找的托词。质量并不是免费的。西南的便捷（航空质量的一种）和低成本达到巧合地一致，因为它的频繁起飞是由许多低成本的实践活动（快速的往返和自动售票）支持的。而其他维度的航空质量（比方说定座服务、机上用餐、或行李转运）都要求成本的支出。

一般说来，成本和质量之间的矛盾主要发生在当有冗员和无效劳动、差的控制或准确度、协调不足的情况下。当公司远离生产力边界，或是生产力边界向外扩张的时候，同时实现差异化和降低成本是有可能的。当公司已经达到生产力边界，也就是实现了现有最佳经营活动时，成本和差异化之间的矛盾就很真实。

在享受了 10 年多的生产力优势后，本田和丰田公司最近达到了生产力边界。在 1995 年，面对客户对于高价汽车越来越多的抵抗，本田发现唯一能生产较便宜轿车的途径是减少特色。在美国，它用较便宜的鼓刹替换了 Civic 的后轮碟刹，后座也用上了较便宜的纤维布，并希望客户不会注意到这些变化。丰田则尝试销售一款在日本销路较好的花冠（Corolla），用上无油漆的保险杠和便宜座椅。在丰田的事例中，客户极为不满，公司很快就放弃了这款新车型。

何为战略?

在过去十几年中,经理大幅提高了运营效果,他们自然地认为放弃取舍是件好事。但是如果没有矛盾,公司就永远不能获得真正的持续优势。他们只好越跑越快,但最终还是停留在原有水平上。

当我们回答"战略是什么"这个问题的时候,我们看到矛盾取舍给它增加了一个答案。战略就是在竞争中制造矛盾取舍。战略的核心是决定不做什么。没有矛盾,就没有选择的必要,因此也就没有战略的必要。任何好的观念可以被,也将会被快速地复制,绩效就会又一次全部依赖于运营效果了。

匹配战略可以激发竞争优势和持续性

定位选择不仅决定了公司要执行哪些经营活动和如何设置每项经营活动,而且还决定了这些单个的经营活动是如何联系在一起的。运营效果能够体现单个经营活动或功能如何起效的,而战略则是把经营活动整合在一起的。

西南航空的快速往返策略,使频繁起飞和更高的飞机使用率成为可能。这对于它的便捷—低成本的定位很重要。但是西南航空是如何达到这个目的的呢?部分原因在于公司收入丰厚的地面后勤队伍,他们灵活的合作提高了周转率。更大部分的原因在于西南航空的其他的经营活动。没有机上用餐、没有预订座位、没有航班间的行李转运,西南航空回避了那些延缓其他航空公司发展的经营活动。它选择了避开因堵塞引起延迟的机场和航线。西南航空在飞行线

第二部分

路的类型和距离方面的严格限制使其可以使用同一型号的飞机:西南航空的每一个航班的班机都是波音737。

那么什么是西南航空的核心能力呢?什么是他们成功的关键呢?正确的答案是:所有一切都有关系。西南航空的战略包含一整个经营活动系统,而不只是其中某一部分。它的竞争优势在于它的经营活动彼此相关并相互加强。

通过形成一条紧密连接的链条将模仿者挡在门外。类似于大多数实施优秀战略的公司,西南航空的公司经营活动相互补充,创造了真正的经济价值。比如说,一项经营活动的成本,会因为其他经营活动的发生而下降。同样的,一项经营活动对于客户的价值可以通过公司其他经营活动得到价值的增长。这就是战略匹配产生竞争优势和赢利能力的方式。

匹配的类型

最早的战略理念之一是强调功能政策之间匹配的重要性。但是,渐渐地,这个观点在管理日程上被取消了。管理者不再将公司看做一个整体,而是转向关注其"核心能力"、"关键资源"和"关键成功要素"。实际上,"匹配"对于竞争优势的重要性比大部分人认识到的都重要。

匹配很重要,因为看起来不相关的经营活动经常会相互影响。比方说,当公司的产品包括先进的技术并强调客户支持的市场经营活动时,一支得力的销售队伍就可以提供更大的优势。模块化、多样化的产品线与能将产品库存降到最低的库存及订货系统相结合时就更有价值;一个被用来解释和鼓励"客户化"的销售过程与一个强调适应客户特殊需求的多样化产品的广告主题结合时,就会更有价值。在战略中,这种互补是无处不在的。尽管一些匹配在经营活动中是普遍的,可以运用到许多公司中,而最有价值的匹配是某些战略特有的,因为它提升了定位的独特性并扩大了取舍范围。[2]

有三种类型的匹配,他们相互间并不排斥。第一位的匹配是在每个经营活动(职能)之间和整体战略上的简单一致性。比方说,先锋公司把它所有的经营活动都与低成本战略挂钩。它减少资产的易手,也不需要高薪的资金经理。公司直接派送基金,避免了给经纪人的佣金。它也限制发行广告,依靠公共关系和口碑提升知名度。先锋把客户的红利和成本节约捆绑在一起。

一致性确保经营活动的竞争优势的积累,不会侵蚀或自我消失。这一战略更容易使客户、员工和股东沟通,它提高了在公司统一指挥的执行能力。

第二位的匹配发生在经营活动的巩固上,比方说露得清公司面向星级酒店做营销,向他们的客人提供皮肤学家推荐的香皂。酒店要求其他的香皂用酒店的名字,但是特别允许露得清使用它自己的客户套装系列。一旦客户尝试过了高级酒店里的露得清产品后,他们很有可能去药店或询问他们的医生是否可使用这种产品。这样,露得清的药品和酒店营销相互加强,降低了整个市场的成本。

在另外的一个例子里,必克公司(Bic)通过几乎所有的渠

第二部分

道向大众消费品市场（零售、商务、促销和赠品）销售一系列标准的、低价的钢笔。就像任何以多样化为基础的定位一样，服务较广的客户群，必克公司强调的是一个普遍的需求（低价的可用钢笔），运用广泛的营销途径（大型销售队伍和大量的电视广告投入）。必克公司因为在所有的经营活动中保持了一致性而获益，包括它的产品设计也强调简易制造、低成本厂房设施、大量采购使物料成本最小化和室内部件生产。它完全遵照经济行为的指示。

必克公司所做的不仅仅是简单一致性，而是不断增强经营活动。比方说，公司用售点展示和经常更换的产品包装以刺激冲动性购买。为了执行售点的任务，公司需要大批的销售人员队伍。必克公司的销售队伍在行业内是最大的，它的售点活动比任何对手好得多。此外，售点活动、大量的电视广告与产品包装的更换等手段的结合，获得了比单独销售行为更多的冲动购买。

第三位的匹配是超越了行为巩固而达到了我所称为的最优化尝试。休闲衣物的零售商盖普（Gap），其战略的重要构成是店内产品的多样选择性。盖普可以用保持店内存货或是在仓库再存货的手段保证产品的供应。盖普的这些活动优化了它的经营努力，它选择的服装每天要向三个主要仓库里补充存货，因此减少了大量的店内存货。策略的重点是补充存货，因为盖普的商品战略坚持在较少色调的基本商品上。其他零售商每年库存周转3～4次，而盖普一年库存周转7.5次。快速的补充库存，加上削减运营成本形成了盖普的短循环模式,周期只有6~8周长的时间。[3]

协作和互换信息以消除冗员和无用功是最普通的优化方法,但是还有更高层次的优化方法。比方说产品设计选择,可以消除很多售后服务的需要,或是使客户自己能找到问题解决办法。相似地,供应商或是分销商的协作可以减少一些店内活动,如可以减少对最终使用者的培训。

在所有三种匹配状况中,整体匹配比任何单一部分都重要。竞争的优势从全面经营活动系统中产生。经营活动的匹配潜在地减少了费用并提高了差异。在此之上,单个经营活动的竞争价值(或是相关技巧、能力、资源)不能与系统或战略价值相分割。这样,就会误导竞争者,以为成功是特定的单个长处、核心能力或关键资源。优势具备很多功能,一个长处通常与其他优势相关联。思考贯穿着很多经营活动的主题(如低成本、客户服务方面的一个观念,或是价值提供的一个特定概念)会更有用,这些主题都贯穿在严密的经营活动之中。

匹配和可持续发展

经营活动的战略匹配程度是竞争优势和可持续发展的基础。对手想模仿一系列的相关联的经营活动比起单纯仿效一个特定的销售方式、模仿一个技术过程,或复制一套产品特点更困难。系统的市场定位比在个体经营活动定位要持久得多。

做个简单的练习。竞争者仿效任何活动的成功的概率

第二部分

小于100%,这种可能性很快地叠加起来,使得仿效全部系统的可能性几乎不存在。($0.9 \times 0.9 = 0.81$;$0.9 \times 0.9 \times 0.9 \times 0.9 = 0.66$,依此类推)。现有的公司试图重新定位或夹叉将会被迫重新界定很多经营活动方式。新入者尽管没有面临竞争者的两面性矛盾,仍然面临强大的模仿壁垒。

公司的定位越多地依靠第二或第三种匹配系统,就会越多地具备可持续优势。这些系统,从根本上说,通常在公司的外部无法使用,因此很难模仿。甚至当对手了解了这些相关的内部关系,他们也会在仿制上存在很多困难。获得匹配是困难的,因为它要求在很多相互独立的子单位之间的决策和行动相互联系。

竞争者谋求仿效系统的经营活动几乎不能获得任何效果,只有部分经营活动有效。这种情况下,绩效得不到改进,还可能倒退。轻大陆公司模仿西南航空导致的灾难性后果就是个很好的例子。

最终,公司经营活动的匹配对提高运营效果会产生压力和刺激,这使得模仿更加困难。匹配意味着一个经营活动的不良绩效会降低其他经营活动的绩效,因此缺陷很快会暴露并得到关注。反之,提高一个经营活动的绩效会给其他经营活动带来好处。匹配很好的公司几乎不会成为模仿的目标。他们的战略上和执行上的领先地位加强了他们的优势,使模仿更加困难。

另类眼光看战略

过去 10 年的隐含战略模型

- 一个理想的行业竞争定位
- 所有经营活动的标准化管理和获取最佳实践方式
- 积极的外包和战略伙伴经营活动以获得效果
- 优势依靠一些关键因素、重要资源和核心能力
- 对于所有竞争和市场变化的灵活和快速反应

可持续竞争优势

- 独特竞争定位
- 为战略量身定做的经营活动
- 相对于竞争对手而言清晰的矛盾取舍
- 竞争优势从经营活动匹配中来
- 可持续性从整体经营活动系统中来,而非来自部分经营活动
- 运营效果是结果

当公司经营活动间互补时,竞争对手几乎不可能从模仿中获得任何东西,除非成功地模仿这一套系统。这种情况倾向于促使赢者一直能赢。建立了最佳经营活动系统的公司,

第二部分

如反斗城赢了，而有相似战略的对手孩子世界公司（Child World）和莱昂内尔（Lionel Leisure）远远落后。所以寻求一个新的战略定位通常比在已占领的定位上充当第二或第三模仿者要有用得多。

最可行的定位是那些在取舍中建立无法企及的优势。战略定位设定取舍原则，界定单个活动如何被规范和联系起来。从经营活动系统的视角看战略会使之更清晰：为什么组织结构、系统和过程需要战略引导。企业可以根据战略裁定组织经营活动，反过来，更可以实现互补和可持续发展。

战略定位的一个含义是战略的执行过程要有10年的跨度或更长，而不是一个简单的规划循环。持续推动单个经营活动的进步和跨经营活动间的匹配，会使组织建立独特的能力和技术以适应它的战略，持续性同样能维护公司的形象。

相反地，在战略定位方面频繁变动是很耗资的。一个公司不但要重新界定单个经营活动，还要重新衔接所有的系统。一些经营活动可能永远赶不上摇摆不定的战略。战略上的频繁变动或是不能在一开始选择一个独特的定位，否则会造成不可避免的结果："我也一样"的定位或固定的经营活动模式、功能之间脱钩、企业不和谐。

什么是战略？我们现在可以完成这个问题的答案了。战略是在公司经营活动中产生匹配。战略的成功依赖做好很多事情（不只是一两件），并且把这些事情整合起来。如果在经营活动中没有匹配，就没有独特的战略和可持续发展能力。管理活动就回归到监视独立功能的简单任务上了，这样,运营效果就决定了公司的相对绩效。

重新发现战略

选择的失败

为什么这么多的公司无法拥有战略?为什么管理者避免作战略选择?或者曾经作过战略选择但总是使战略失色或模糊?(见"与战略再联系")

与战略再联系

大多数公司将它们初期的成功归功于有明确取舍的独特的战略定位。将经营行为和定位联系起来。但是,随着时间的流逝和压力的增加,导致了妥协。这些妥协在最初几乎是不被觉察的。由于一系列的在当时看起来较为合理的变化,很多公司都妥协了,并和对手越来越一致了。

这里不是指那些过去的定位不再可行的公司,对于那些公司而言,它们需要做的是重新开始,就如一个新入者一样。这里讨论的是一个更普遍的现象:现有公司获得一般的回报,但缺乏清晰的战略。通过不断增加新产品、增加服务于新的客户群和效仿对手的经营活动,现有的公司丧失了他们的清晰竞争定位。通常公司开始学习他的很多竞争者的供应和经营活动,尝试去服务更多的客户群。

一系列的方法可以帮助一个公司重新建立战略。首先

第二部分

要仔细观察它已经做了什么。在很多优秀的公司里,这是独特的核心,它可以通过回答下列问题得到答案。

> 我们的哪些产品或服务是最独特的?
> 我们的哪些产品或服务是最赢利的?
> 我们的顾客中哪些是最满意的?
> 哪些顾客、渠道或购买机会是最赚钱的?
> 在我们的价值链中哪些经营活动是最独特的和最有效的?

随时间推移包围着这独特核心的是一层外衣,必须脱掉这层外衣,以真正揭示战略定位的基础。一小部分的客户可能成为大多数公司的销售和赢利对象。那么,挑战就在集中于核心竞争力和将与公司经营活动相关的战略方面。边缘的客户和其他产品可以不需要过分注意的售卖,或通过价格提升使其消失。

公司的历史应该是有远见的。公司的创始人的远见是什么?该公司需要的产品和客户是什么?我们可以重新检测最初的战略,看看是否在今天仍然可行?历史的定位用今天的办法是否还可执行?这样的思维方法可以帮助公司重新投入续用战略,使公司恢复它原有的独特性。这样的挑战很刺激,可以注入足够的自信来让公司作出必要的取舍。

一般来说,因为技术的变化或对手的变化产生公司外部的战略威胁。尽管外部的变化能造成威胁,更大的威胁通常来自内部。一个很好的战略会由于错误的竞争观、组织失误和(特别是)对成长的期望而遭到破坏。

管理者对于作取舍的必要性很迷茫。当公司远离生产力边界的时候,取舍显得不那么必要。似乎运营得好的公司应该有能力在各方面同时击败低效的对手。普通战略家教导我们不需要取舍,管理者也底气十足地认为这样做是一种弱势的表现。

由于预测到竞争而紧张的管理者开始增加他们模仿对手。管理者被告诫要从变革的角度去思考,为自己的利益追求新技术。

对运营效果的追求是很吸引人的,因为它是可预见的也是可执行的。在过去的十年中,管理者一直处于可观的提高业绩的压力之中。运营效果确认了这些进步(尽管优越的赢利能力仍然很难获得)。经济出版物和顾问专家们用其他公司的做法等信息充斥了整个市场,加强了对最佳经营活动的认知。许多管理者加入到运营效果的追逐赛中,但就是不知道他们对战略的需要。

公司避开或模糊选择战略也有其他的原因。行业里的传统思维方式通常是很强大,使竞争同化。一些管理者错误地把"客户中心"当作他们服务于所有客户的所有需求的宗旨,或是对分销商的任何要求都有回应。其他的管理者则表达了对灵活运营企业的渴望。

第二部分

　　组织现状也反对采用战略。取舍听起来很吓人。通常不去作任何决策比冒险去作一项坏决策更受管理者欢迎。公司间的相互模仿就如动物群体行为一样，每个公司都假设对手知道一些他们自己不知道的东西。得到新授权的员工，很着急地寻找每一个可能改进的机会，但通常缺乏整体视角或没有认识到需要作出取舍。有时，无法作出选择会形成一种不情愿的情绪——不愿聘用有价值的管理者和有价值的员工。

增长的陷阱

　　在所有的影响中，成长预期对于战略的破坏力可能最大。取舍和限制看起来会限制成长。例如服务一群客户而排除了其他客户，会对销售增长起了一个真实却预先的限制。广泛目标的战略强调低价，结果失去了对特性和服务敏感的客户，差异化则失去价格敏感的客户。

　　管理者常常试图逐步跨越这些限制，但是却混淆了公司的战略。最终，成长的压力或目标市场的明显饱和状态将管理者引向拓宽定位、延长产品线、增加新的产品特性、模仿对手的服务，加强了对手的仿效，甚至将自己收购。很多年来，美塔格公司（Maytag）成功的基础在于将精力集中在可靠耐用的洗衣机和干衣机上。但是，行业中产生一种传统思维模式却支持这样的一种理念——销售全套生产线的产品。因为行业发展的缓慢和来自全面产品生产的竞争对手的竞争，美塔格受经销商的压力和客户的影响而延长了自己的产品线。美塔格仍然使用美塔格的品牌拓展进入了电冰箱和厨具设备,并且收购其他不同品牌,如 Jenn-Air、Hardwick Stove、Hoover、Admiral 和 Magic Chef 等。美塔格的销售从 1985 年的 6.84 亿美元成长到最高峰时期 1994 年的 34 亿美元,但是在 70 年代和 80 年代销售利润率下降了 8%~12%,1989~1995 年,平均利润率少于 1%。成本削减提高了其绩效,但是干衣机和洗碗机产品仍然是美塔格的主要赢利产品。

露得清公司也曾经差点步入同样的陷阱。在 20 世纪 90 年代早期,它的美国分销渠道扩展到大众零售商如沃尔玛。公司扩展了露得清品牌的一条很广的产品线。比方说,眼部卸妆产品和洗发水,这些都不是特有产品,模糊了它的品牌形象,后来就只好转向价格促销。

在追求成长时的妥协和不一致将改变公司原有产品类型,并定位错误目标客户,进而丧失竞争优势。尝试去在多方面同时竞争造成迷惑,并且破坏组织的注意力。利润下降了,但是人们往往把更高的销售额作为理由。管理者无法作抉择,于是公司又走上了新一轮的扩大产品线和妥协。经常对手们继续相互仿效,直至绝望打破了这个循环,结果就是一场收购或是退回到原有的定位。

利润的增长

许多公司,经历了 10 多年的再建和成本削减后,都将他们的注意力放在成长上。经常成长的努力使独特性变得模

第二部分

糊不清,产生了妥协,减少了匹配,最终破坏竞争优势。实际上,对成长作出的仓促的决策对于战略来说是有害的。

什么样的增长方式可以留住和加强战略呢?最普遍的方法是把注意力集中在深化战略定位,而不是扩大战略或妥协方面。一种方法就是寻求战略的外延,可以通过提供产品特性和服务而平衡现有经营活动,对手发现要在单一基础上模仿起来非常耗费资金甚至不可能。换句话说,管理者可以问问自己:哪些经营活动、特征或竞争形式是可行的能为他们公司提供互补的经营活动,或者相对成本较低。

深化定位包括:使公司的经营活动更加独特、加强匹配程度以及和有可能认同公司战略的客户加强沟通。但是许多公司屈服于对成长的简单追求,在产品或服务中增添一些时髦的特征,而没有对它们进行筛选或是将它们进行调整以适应战略。他们或者将目标锁定于新客户和新市场,然而公司却并无特别的产品或服务可以提供。如果能更好地渗透客户独特的需求、满足他们多样化的需要,公司通常可以更快地成长,赢利更多。但是如果公司强行进入它无法生产的特殊产品的市场,其成长速度会减慢,赢利更少。现在卡迈克是美国最大的影院连锁。它的快速成长归因于严格聚焦的小型市场。公司在收购任何大城市剧院后很快就会把它卖掉。

全球化通常提供了与战略一致的公司成长条件,用集中的战略打开更大的市场。不像在国内的扩张,国际扩张有可能平衡和加强公司的独特定位和形象。

公司通过在行业内扩大一个又一个独立的业务单元而追求成长,这样的做法对战略来说是有威胁的。每个业务单元都有自己的品牌名称和固定的经营活动。美塔格曾经为这个问题挣扎了好久。一方面,它运用不同的战略定位将自己最优秀和最有价值的品牌分散到不同的业务单元。另一方面,它将公司所有品牌以伞状分布销售来获取大量客户。通过共享设计、制造、分销和客户服务,它很难避免同一化。如果某个特定的业务单元想要为不同的产品或客户提供不同的定位而竞争,妥协几乎是不可避免的。

领导的角色

发展或重建清晰战略经常是对组织的挑战,这需要依靠领导力。组织内有很多股力量反对作出取舍,建立清晰的引导战略是必要的。此外,领导对作抉择的强烈意愿是关键。

很多公司中,领导退化成为改善运营的指挥者和交易者。但是领导的角色比这更广泛、更重要。总经理不只是发挥个人能量的管家。领导的核心是战略:定义和沟通公司的独特定位、作出取舍、在企业经营活动中形成匹配。领导必须提供原则,以决定公司将对哪些行业变化和客户需求作出反应,同时避免组织分散其核心能力和保持公司的差异化。低层管理者缺乏洞察力和信心去坚持战略。妥协、放弃取舍和模仿对手的压力会持续而来,领导的工作之一就是学会拒绝,并教会组织中的其他人什么是战略。

战略赋予选择"不要做什么"和选择"要做些什么"同样

第二部分

的重要性。实际上,设置限定是领导的另一个功能。决定哪些客户群体、产品类型和需要是公司服务的对象,是发展战略的根本。但是,决定不去服务哪些客户或需求,或不提供哪些特性和服务也同样重要。这样,战略就要求有持续的原则和清晰的沟通。实际上,一个明晰、沟通良好的战略的一个重要功能是要引导员工对他们个体活动和日常决策中的矛盾作出抉择。

　　提升运营效果是管理的必要部分,但不是战略。对于两者的混淆,使得经理们不自觉地回到竞争的思路上来,即将许多行业竞争趋于同一化。这对任何人都不是最好的,而且也并非不可避免的。

　　管理者必须把运营效果和战略区分开来。两者都是重要的,但他们的要点却不一样。

　　运营过程包括不断改善取舍矛盾的环节。否则,即使有好的战略,公司也会很脆弱。运营过程是一个持续改变和实现最佳实践的不息努力的合适方法。反过来,战略过程是一个界定独特经营活动,作出明确取舍和加强匹配的正确手段。它涉及持续不断地寻找各种方法来强化和扩展公司定位。战略过程要求有规范性和持续性,它的大忌是不专心和妥协。

　　战略的持续性意味着不以静止的眼光看待竞争。公司必须持续改进它的运营效果,并积极地尝试将生产力边界向外推进;同时也需要持续地努力,以扩展它的独特性,并增强经营活动之间的协作。实际上,战略的持续性可以使公司的持续改进更为有效。

当行业结构发生重大变化时,公司可能必须改变自己的战略。实际上,新战略定位经常会由于行业的变化而出现。新入者由于没有经营历史的阻碍,通常可以很容易发现这些定位。然而,公司必须有能力找到新的需要作出取舍的机遇,并且能够建立一个平衡且互补的经营活动系统,最终将它们发展成为持续的优势。只有这样,公司才能驱动新的战略定位。

新兴行业和技术

在新兴行业或是正在进行技术革新的行业开发战略,一般会让人举棋不定。在这种情况下,经理面对高度的不确定性:客户需求、需要哪些产品和服务、哪些经营活动和技术组合最佳。因为这些不确定性,模仿和固定行为盛行;因为不愿冒着错误或是落后的风险,公司就效仿所有的特点,提供所有新的服务,运用所有的技术。

在行业发展中的这个时期,企业需要建立或再次建立生产力边界。爆发性的成长可以使很多公司极具赢利性。但是利润只能是暂时的,因为模仿和战略趋同最终会毁坏行业的赢利性。那些成功的公司将会是那些尽可能早地定义和包含他们的经营活动于一个特定的战略定位之中。对于新出现的行业,模仿阶段是不可避免的,它反映了不确定性的程度,而不是一个需要的状态。

第二部分

在高科技行业中,这种模仿阶段通常比较长。出于对技术变化的狂喜,公司把更多的特性打包,大多数从未被使用过,投入到产品中,同时产品价格大幅下降。几乎没有人考虑取舍,对满足市场压力的成长动力使得公司进入了每个产品领域。尽管只有几家有基础优势的公司成功了,大多数公司的命运陷入了注定没有赢家的你死我活的竞争中。

具有讽刺意味的是,最受欢迎的商业刊物,专注于热门的、新出现的行业,倾向于展示这些特殊的案例,以证明我们已经进入了一个竞争的新时代,在这个时代中,没有一条旧规则是有效的。而实际上,旧规则才是正确的。

2. 高层管理者的角色转变：
超越战略，实现目标[①]

克里斯托弗·A.巴特利特
苏曼德拉·戈沙尔

结构追随战略，系统支持结构。像这样如此深刻地渗透到西方商业理念中的至理名言，并不多见。它们不但影响了今天大公司的结构体系，而且还界定了那些公司高层管理者的角色。

然而，这些名言和管理学说已经不再非常有效了。它们为高管所指定的工作不再是他们必须做的工作。现在，大企业的高管必须超越战略、结构和制度而去建立一个以目标、过程和人员为基础的框架。

当今，规范着大多数高管管理角色的概念框架建立于20世纪20年代。当时通用汽车的艾尔弗雷德·斯隆（Alfred Sloan）和他的一些同时代人正在构建一项新战略：多元化。

---

① 《哈佛商业评论》1994年11~12月。

第二部分

那些先驱者发现多元化获益于部门化的结构,周密的计划和控制体系进一步支持这个结构。于是,战略—结构—系统链成了约定俗成的 MBA 课程计划,在咨询报告中得到加强,在全球经理人的行动和理念中得到证实。高管把自己看做战略的设计者、结构的建筑师、指引和驱动企业的制度的管理者。

几十年以来,这些哲学恰当地指导着企业经营。它支持着企业一波又一波的成长:20 世纪 50 年代企业横向整合,60 年代的多元化,以及 70 年代和 80 年代早期的全球市场扩展。

但是在过去的 10 年里,科技、竞争以及市场的变化逐渐侵蚀了它的有效性。追溯像美国的通用汽车(GM)和 IBM、欧洲的飞利浦(Philips)和戴姆勒—奔驰(Daimler-Benz),日本的松下(Matsushita)和日立(Hitachi)这些不同企业所遇的问题,就会发现问题的根源至少部分是由于高级经理长时间顽固坚持这个哲学。

战略—结构—系统框架的巨大力量和致命缺点在于它的目的:创造一个能够将人类行为的特性减少到最小的管理系统。确实,这种学说认为,如果这三个要素得到适当地设计并且有效地执行,大而复杂的组织可以让适当的人员来管理。随着时间的流逝,企业规模和多元化的扩展,战略、结构以及报告和计划系统变得越来越复杂。员工的日常工作渐渐变得分散和系统化。

从好的方面讲,二次世界大战后高速成长的环境,为战略、结构、系统提供了所需的规则、焦点和控制。今天的经济环境不同于以往,在大多数全球性企业中,生产能力过剩和激烈的竞争越来越常见。随着技术和市场的汇聚,不同企业的边界已经变得模糊。于是,在传统企业的交叉领域里出现了许多新的成长机会。再者,高管能够控制的稀缺的资源并不是资金,而是一线人员的知识和专有技术。

研究人员对这些挑战已提出许多解决方法,管理者也迫不及待地采用了它们:从集中于战略到颠覆组织金字塔,从公司流程再造到员工授权。然而,在我们对20家大型的、充满生机的欧洲、美国和日本的企业进行了5年的研究之后,我们认为这些方法解决的只是问题的表象,不是根本原因,而且集中在局部的、可操作的方案。但是,管理者所需要的是一个在学说方面的根本改变。

考虑几个例子,3M公司超过30%的销售额来自于最近5年引进的产品。尽管它的销售额高达140亿美元,但是3M公司怎样管理才能保持它的创新能力和企业家精神?在世界市场处于不景气的时候,是什么使得ABB公司把两家衰退破败的企业变成全球动力设备行业的领导者?佳能公司是如何成长并且更新自己的?是如何从照相机扩展到了计数器、复印机,又到计算机的呢?又是什么使得其他庞杂的公司如美国电话电报公司(AT&T)、荷兰皇家壳牌公司(Royal Dutch/Shell)、英特尔(Intel)公司、安达信(Andersen)咨询公司、花王(Kao)公司,和科宁(Corning)公司没有陷入所谓的大公司不可避免的衰落周期。

尽管这些公司的战略、结构和系统没有多少共同点,但

第二部分

是,他们的领导者共享了一条惊人一致的哲学。首先,他们更多强调的是建立一个丰富的、动人的公司目标而不是追随一个清晰的战略计划;其次,他们更多强调的是有效的管理过程而不是正式的结构设计;最后,他们更多关心的是发展员工的能力和扩展他们的视野而不是控制他们的行为。总之,他们已经超越了旧的战略、结构和系统的学说,在目标、过程、人员发展上,采取更加软性的、有效的模式。在这篇文章中,我们研究高管角色的第一个要素:塑造组织目标。

这样的改革只从高管开始。在高管重新调整全公司的行为和信念之前,他们需要改变他们自己的喜好和思考问题的方法。

从制定战略到界定目标

制定战略长期以来都是高级经理人的职责。从艾尔弗雷德·斯隆到李·亚科卡(Lee Iacocca),作为无所不知战略家的首席执行官强大的,甚至是英雄的形象,在企业历史和民间传说中是根深蒂固的。

当企业比较小且多元化程度不高时,设定战略还是一件简单明了的任务。但是,随着企业变得越来越大和越来越复杂,高级经理需要精确的系统和专门的队伍以保证总部能够评价、影响和批准特定业务部门的战略计划。随着时间的流逝,战略计划形成过程越来越正式,这使得计划本身产生的效果黯然失色:对于毫无结果的一般性原则,一线经理人员感到没有吸引力。

具有讽刺意味的是,随着高管不再授权给部门经理,并且把注意力转移到了构思整个公司的框架和条理上,不满也随之而来。这种转变导致高管探索业务协同这个难捉摸的概念、设法进行平衡交叉投资战略组合。而且,最近几年他们又要清晰地界定诸如远大的战略愿景或者高度集约的战略意图的理念。同时,那些实际经营企业业务部门的人,却对自己的角色越来越感到困惑。业务部门的战略与公司的整体理念相符合所需的调整往往使他们有挫折感。把他们复杂的业务拆分成简单的投资组合角色使得他们失去了动力。并且,看上去似乎含糊的战略愿景或过分限制的战略意图使得他们玩世不恭。总而言之,高管提供战略领导的努力经常弄巧成拙。

问题不在于首席执行官,而在于这样的假设:即首席执行官应当是公司的首席战略家,完全控制着公司目标的确定以及执行。在知识和专业技术快速发展,并且决策所需的知识只能由一线经理所掌握的情况下,这样的假设是站不住脚的。战略性信息无法在没有减少、扭曲和延误的情况下传达到高层。

例如,首席执行官安迪·格罗夫(Andy Grove)认为,长期以来既不是他,也不是英特尔公司其他高层,愿意或者能够看到竞争环境破坏了作为存储芯片和微处理机方面起主要角色的公司战略的。然而,在高层接受这个事实前的整整两年里,各个项目领导、营销经理,以及工厂主管都忙于通过把内部资源转到微处理机上,而重新集中英特尔的战略。格罗

第二部分

夫承认,也许我们已经被浮夸的战略的言辞愚弄了,但是那些一线人员能够看到我们必须从记忆芯片中撤退……人们随便就可以制定战略。我们最重要的战略决策不是针对一些清晰的公司愿景作出的反应。相反,我们的战略决策取决于熟知实际情况的一线管理者所做的营销与投资决策。

然而,高级经理承认了自己局限性的同时,他们也认识到那些能够"随便就可制定战略"的人是心怀叵测的。无论是绝大多数计划和控制过程所使用的毫无价值的定量术语还是杠杆激励制度所用的机械的公式都不能激励员工,不能培养他们对组织的承诺。事实上,连这脆弱的关系也随着一系列的重组、减少层级和缩小规模的浪潮而受到了侵蚀,更不用说员工的忠诚了。

今天,在大多数公司内,人们不再知道,也不再关心他们的公司是什么或为什么是这样。在这样的环境下,领导者起着非常重要的作用。显然,他们必须对构成公司战略优先的过程进行控制,但是,只有当战略瞄准一个更加广泛的组织目标的时候,才能产生强大的、持久的情感依赖。

这意味着创建了一个员工能够认同、共享自豪感、并且愿意作出承诺的组织。简言之,高管必须把经济型实体中合同关系的员工转变为目的型组织的具有高承诺的员工。

植入公司的雄心

传统上,高管企图通过战略分析和有说服力的逻辑吸引雇员,但是极度客观的框架和基于合同关系不会激发持续高效所要求的、非凡的努力和持续的投入,因此公司需要那些关心公司并且对公司有强烈的感情的员工。

培养这些感情的方法很多,目前流行一种方法是建立一种禅宗似的战略聚焦,以挑战并且最终战胜缺乏这一能力的竞争对手。为了培养一种对成功的执著,高级经理确定一个具体的、弹性的目标(一般用竞争性术语表达),并且通过一系列执行措施驱动组织实现目标。

但是,这种技术轻率的一面在于战略上的短视,并且缺乏灵活性,因为快速地聚焦风险很大。例如小松公司(Komatsu),在20世纪80年代中期至后期,它的公司战略意图成功的例子被广泛引用,甚至当西方管理专业的学生也在赞赏公司对击败市场领导者卡特皮勒公司(Caterpillar)时,小松的领导层已经认为Maru-C计划(围绕卡特皮勒)已经导致了公司的停滞和思考的僵化。在最近的4年中,总裁Tetsuya Katacla对小松公司进行了新的定位,反映于公司新的口号为"发展、全球化、集团化",简称为"3G"。Tetsuya Katacla描述新的口号是"比追上并超过卡特皮勒要抽象得多的挑战",但它将刺激人们创造性的思考,并讨论小松可以是什么(见"从战略意图到公司目标:小松的再造")。

从战略意图到公司目标:小松的再造

1964年,当罗奇卡维(Ryoich Kawai)继承他父亲成为小松的总裁时,他明确地阐述了公司要用20多年为目标奋斗。

第二部分

卡维宣布小松的战略意图为"追上并超过卡特皮勒"。

卡维采取完成这个目标的管理方法在西方成了一个得到充分研究和受到广泛仿效的样板。每年卡维将会确定一个清晰和具体的运作重点。例如,改善质量、降低成本或扩大出口。这样,使用卡特皮勒的业绩作为标准并且引用卡特皮勒本身作为竞争目标。然后,每年的重点将通过PDCA(计划、执行、检查、行动)和紧密控制的管理体系转换成详细的行动计划。

卡维的战略运作良好,到1982年,当他选择继任者时,小松公司已经从一家微不足道的、质量不怎么样的当地竞争者成为卡特皮勒公司在建筑设备市场最大的全球挑战者。但是,市场是会变化的。1989年,当Tetsuya Katada成为罗奇卡维后的第三任总裁时,全球对建筑设备的需求下降了,竞争却加剧了,小松公司的利润开始不断下降。

正如Katada看到的那样,小松的管理层一味追求赶上卡特皮勒以至于不再考虑其他的战略选择了。例如,它的产品发展努力偏向了卡特皮勒的高端推土机而不再开发水压开凿机这类市场正在成长的小型、低价产品。Katada担心小松的高管已经不再质疑公司所从事的业务了。更进一步,他担心那种已经根植于小松的僵化的、自上而下的风格粉碎了中层和一线经理的"企业家精神"。

Katada决定,管理者"不再在界定好的目标范围内运作",他们需要走出去,去了解市场需求与机会,用创造性和革新的方法运作,始终要鼓励来自一线员工的创新精神。换句话说,他告诉公司人员"我要每个人停止把注意力集中在追赶上卡特皮勒的做法"。

在会议与讨论中,Katada 向不同层次的管理者提出了去为公司找出到 20 世纪 90 年代中期使销售额翻一番方法的挑战,从这些以及随后的讨论中,界定了公司的新命运。管理层不再把小松作为一个试图追赶卡特皮勒的建筑设备公司,而是开始把公司描述为一个"实施全面技术的企业",该企业可以充分利用现有的资源,专长于电子、机器人和整形外科。

在新的"发展、全球化、集团化"旗帜下,Katada 鼓励各个层面的管理人员通过地理上的扩展和能力的巧妙使用去发现新的成长机会,20 世纪 90 年代他任命了一个委员会来决定小松怎样才能够丰富它的公司哲学,扩展它的社会贡献,并且使人力资源产生新的活力。他的目的是要创建一个能够吸引和激励最优秀人才的组织。Katada 认为:"与我们的旧目标相比,3G 的口号也许显得抽象,但是正是它的抽象性激发人们去询问,他们能够做什么以及如何作出创造性的事情。"

小松现在有一个新目标:超越战略。对于这个目标,它的管理者能够投入并且起作用。在 Katada 清晰地阐述了 3G 以后的头三年中,小松公司自从 1982 年来一直下降的销售额,又重新振作增长起来了,而这次销售额增长几乎全是非建筑设备业务增长的 40% 所导致的。

很显然,战略愿景如此宏伟以至于那些深陷于组织的人们难以理解它的意图或受它的指引。安迪·格罗夫(Andy

第二部分

Grove)直率地认为大多数战略愿景有"模糊"的特点。然而，战略意图和战略愿景体现了格罗夫和其他高管一直的努力，即努力避免充当令他们不舒服和越来越不合适的战略权威的角色。他们的目标既不是强加一项紧密的战略给他们的一线管理者，也不是鼓励他们为一些不可言喻的目标而奋斗。然而，当让每个人自由地、创造性地解释公司宽广的目标时，他们将努力把一个清楚、明晰的界定好的思维方式植入每个人的思想。

这种方法与以前实践有三个不同的特点：我们观察到主管人员不是用与战略或财务目标相关的术语，而是用设计好的能够吸引员工注意和引起兴趣的术语清晰地阐述公司的目标；他们使整个组织投入到不断地发展、提炼和更新目标之中；并且，他们确保把目标转换为可度量的行动，使它成为衡量成绩以及驱动情感的标准。

抓住员工的注意力与兴趣。界定公司的目标，确保它们对员工个人有意义是困难的。大多数目标表述太含糊，对一线管理者是没有用的，而且经常由于太脱离实际而不可信。在美国电话电报公司的鲍勃·艾伦(Bob Allen)任职的高管，他必须不断地改变想法和行动，这些改变常常伴随着行业的剧烈动荡。当装载更多的通信数据以满足出现的信息通讯业务的需要时，正式的计划过程就能界定关键的战略任务。但是，艾伦决定不以这种理性的分析术语来谈论美国电话电报公司的目标，他也不选择一种竞争性的聚焦战略意图，例如报复北方电信公司对美国电话电报公司领地的入侵,或者宏伟的未来信息高速公路、虚拟世界等愿景。取而代之,艾伦选择了非常人性化的术语,声明公司"致力于成为全世界最好的人员聚集地,使人们在任何时间、任何地点互相沟通,并且能够获得他们想要和需要的信息"。

这个简单的陈述不仅表明了美国电话电报公司提供网络连接以及信息和服务的目标,而且使用了简单的、任何人都能够理解的人性化语言。同样重要的是员工能够与公司使命紧密联系在一起,并且以此而自豪。

其他公司通过集中发展核心竞争能力而获得相似的效果。例如,在科宁公司的首席执行官杰米·霍顿(Jamie Houghton)认为高超的技术能力再加上对产品质量的承诺才能使公司成为真正一流的公司。对于一个正感到失去动力甚至受到挫折的组织而言,这种对质量的承诺可以使企业重拾自信,同时促进企业战略能力的形成。

使组织参与。 陈述公司的愿望仅仅是获得组织承诺这个过程的一块试金石。陈述的目标必须足够宏伟以使(事实上的确需要)组织参与解释、重新定义并使目标能够运作。在实践中,这意味着要进入到广泛渗透在整个企业的知识和专门技术库之中。正如安迪·格罗夫观察到的,有关英特尔公司外包其存储器业务以及引起组织讨论与争议的重要性:"我们作为一家微处理企业越成功,要成为其他类型企业就越困难……我们需要弱化那些顶端的战略,以便能够在组织

第二部分

内部开展创新。"

对于许多高级经理而言,弱化战略焦点是不容易的。他们担心组织将此认为是模糊了战略,更甚认为这是优柔寡断。但是,当高级经理认识到他们没有放弃对战略方向的责任,而是提高战略的质量并增加了战略执行的机会时,这些担心就随之消失了。

例如,在美国电话电报公司,鲍勃·艾伦向他的整个组织提出了这样的挑战,去说明和运作那个深思熟虑的宏伟的"任何时间,任何地方"的想法;他也创设了一个战略论坛,并邀请公司的60名高管参加为期两三天的会议,这样的会议一年举行5次,会议期间,他们讨论和重新界定美国电话电报公司的整个目标和方向。

创造动力。高层经理的第三个目的是建立和保持对组织已有的目标和承诺。每个人需要相信清楚表达的目标是合理的、可能的,绝不只是为了改善公共关系的花言巧语或者激励性的宣传。通过实现切实的对界定的目标的承诺,高管要使这样的信念具体化。他们给组织里的员工提供动力,这些动力来源于不断获得的、看得见的进步。

杰米·霍顿通过安排公司最有能力和最受尊敬的高管负责科宁公司质量改革,这表明他对这个任务的重视。更进一步,尽管存在着严重的财务危机,霍顿还是分配了500万美元来创建一个新的质量部门,以执行这个重大的教育和组织发展计划。他也承诺每个员工的培训时间增加到全部工作时间的5%。科宁公司的质量计划很快达到了霍顿的目标。正如一位高级经理委员会成员所说："它不仅仅提高了质量，它使我们的员工重拾了自尊和自信。"

鲍勃·艾伦也用切实的承诺来支持公司的目标陈述。战略论坛讨论得出了这样的结论："在任何时间、任何地点让人们在一起"的目标，使得人们在可能成为新的通信高速公路领域、至关重要的几个互补的信息技术方面进行主要投资。要求对NCR投资75亿美元，HCCaw蜂窝投资126亿美元的最终投资决定是个强有力的证据。

灌输组织价值观

界定和测量业绩最能说明企业的立场。大多数公司几乎全部集中于财务绩效：成为行业中数一数二的战略目标合理地解释了实现销售额15%的预期增加的压力。这个目标又对公司到年中期达成它总的20%的净资产回报是至关重要的。

如果管理者表现出对此定量化的目标感兴趣，或如果组织枯竭的信号出现，高管对此作出的反应经常是将该战略目标描述得非常紧迫。比如说把它与杠杆激励计划相联系，或与某种危机（真正面临的危机或者是杜撰出来的危机）相联系。

但是，公司领导经常只是持续地更加详细地解释目标的合理性，希望员工理解后能接受。通用电气的杰克·韦尔奇(Jack Wedch)希望他对高利润目标详尽的解释能使员工相

第二部分

信承诺,但是,这并没有起作用。在1988年,韦尔奇向高管作了一场高度精简的演讲,在演讲中,他把公司描述为通过平衡获得和使用资金来推动的一个"成长发动机"。尽管他有超凡魅力,但是韦尔奇没有创造他所希望的兴趣和承诺。相反他动人的但急于表白的形象,增加了一线管理者对公司的失望和疏远。演讲证实了他们的感觉,他们不过是永动的挣钱机器中的齿轮。

尽管完成合意的财务目标对公司生存而言是非常重要的,如果投资回报率(ROI)很低,就会激励组织更加努力。如果要人们付出实现公司目标必须的额外努力,那么他们必须能够认同这些目标,正如一位不满的管理者所说的:"强调我们必须争取的目标是好的,但是也需要知道我们的目标是什么。"

识别、沟通和塑造组织的价值观比清楚地陈述战略愿景要更困难,因为它不取决于分析和逻辑,而取决于情感与直觉。此外,尽管每一个成功的企业的运作都有一系列的信念和哲学,但它们常常不是显而易见的。一些企业甚至压制它们,以便不使员工从业务上转移,或冒犯有其他观点的人。财务目标是流行的业绩测量标准,部分原因是因为它们是"安全"的,人们并不会怀疑它们。

勇于表明他们目标的公司一般吸引和保留着这样的员工:他们认同组织的价值观并且更加忠诚于体现着此价值观的组织。ABB集团负责公司动力传输和分配业务的执行副总裁戈兰·林达尔(Goran Lindahl)评述道:"最终,管理者不是忠诚于某个特定的老板、某个公司,而是忠诚于他们信仰的、令人满意的一系列价值观。"

这种在公司和员工信仰之间的强有力结盟在美体小铺(The Body Shop)最明显,这是家英国的美容产品零售商。创始人奥塔·罗迪斯克(Autia Roddsck)已经明确地表达了一种强力的清晰的企业哲学,她称之为"奇想"。于是,她所创造的价值已经吸引了一群员工(和客户追随者),他们认同公司对环境的承诺,认同公司能成为社会变迁的代言人这一信念。当罗迪斯克描述她的方法时说:"大多数企业把所有时间集中于利润上,我想这是非常令人厌烦的,我想创造一种联结员工和公司的情感。特别是那些年轻人,你必须发现抓住他们想象力的方法,你要他们感到他们正在做一些重要的事情,如果我们只是销售洗发水和沐浴露,我们将永远不会获得这种动力。"

社会利他主义不是使员工和公司建立一种强烈的情感联系的唯一方法,问一下林肯电器(Lincoln Electric)的管理者,他们的小公司怎么会比西屋电器(Westinghouse)和Airco这类巨人更长久地占据着激烈竞争的焊接设备和供应业务市场呢?林肯电器管理者把他们公司的大多数成功归因于一条哲学,即他们培养了行业中最具生产率的劳动力。基于对自由资本主义力量的信仰,公司受到了激励计划的驱动,这个计划保留了19世纪计件工资系统的许多特点。公司吸引了那些强烈认同林肯公司价值观的员工,因此计划生存下来了。

第二部分

对那些目标不明和言行不一致的企业而言,这样的挑战是严峻的但仍然可以完成。再一次给出我们研究中的经验,我们为高层经理总结出了三条经验。首先,围绕着公司现存的价值观和信仰建立新的哲学;第二,保持高水平的、长时间的个人参与;第三,把宽泛的哲学目标转变成可见的、可测量的目标。

塑造公司核心价值观。 今天,公司的文化——价值观的具体表达影响着管理者的决策与选择,这一点是毋庸置疑的。于是,一些首席执行官正使用同样的说教方法来改变着他们公司的价值观,而这些价值观曾经用来驱动利润目标。可是,他们与修订预算目标同样经常地运用这些新的价值观,结果导致组织表现出玩世不恭的态度,而这种玩世不恭的态度拒绝了"文化月"所培育出的任何新的进取心。

新的价值观不能通过剧烈的行为灌输进来,现存的信仰系统也不应当被抛弃或者在没有仔细考虑到对组织与其成员之间关系的影响就被推翻。事实上,大多数公司的目标应当建立在优势和修改现存价值观系统的局限性上,而不是在价值观上作出激进的变革,即使在必要价值冲突的领域,也要仔细观察,而不是全面进攻。

1983年当霍顿担任领导时,科宁正经历着一个困难的时期,一次较大的改组使得它全球的员工由45 000人减到30 000人,它的核心业务受到了来自国外的竞争者的进攻,这些核心业务大部分处于成熟的细分市场。更糟的是,全球性的不景气似乎说明了科宁在财务业绩上的长期下降会导致公司持续低迷。在公司内部,观望与失去自信正侵蚀着那种长期以来一直包围着员工与科宁公司的家庭式的氛围。

霍顿知道,他必须消除在科宁公司多少年以来的那种持续不变的乡村俱乐部式的家长式作风,但是他也能理解公司目前现存、大部分是隐含的价值观体系有些值得保留。例如,对个人的尊重以及对正直的承诺。他想突出那些价值观的要点。

霍顿也想增加他认为将对科宁公司未来的发展很重要的其他价值观,于是,他开始谈论公司领导和绩效的重要性,不仅仅是因为这在逐渐形成的竞争环境中是关键的,而且因为这样的观点反映了他所希望吸引的科宁公司新一代员工的信仰体系。逐渐地,霍顿用这些新的价值观覆盖了旧的价值观。

传播信息。培育新的价值观不仅仅需要鼓舞人心的演讲,演讲至多只能巩固高管日常行为所传递出的信息,管理是一种信息,演讲只是引起注意的形式。

霍顿给自己制定了每个季度拜访公司的十个不同部门的任务,去"谈论、倾听、感受气氛"。在他的这些拜访中,他反复阐述科宁的新价值观,并且讲述反映这些价值观的故事。但是,这些绝不仅仅是呼吁,霍顿把这些抽象的陈述转化成行动,使得它们对所有成员而言都是真实的并与每个人密切相关。例如,他终止了任何没有达到公司目标的预算来

第二部分

表明他对绩效的说明是认真的,对不满足公司目标的任何预算他都会终止。此外,他把宽泛的理想主义价值观整合到行动计划中去。例如,为公司妇女和非美裔员工解除了重重限制。最后,他确保公司的战略与它的核心价值观相一致,他抽资或剥离了与公司所称的作为市场和技术领袖身份不一致的业务。

测量过程。 尽管作了最大努力,许多公司仍发现战略上的和运作上的规则违背或侵蚀了他们努力建立起的价值观。原因在于这样的目标不可避免要被量化,而价值观陈述通常提供的既没有清楚地界定目标,也没有满意的方法来测定它们。不可避免地,硬性可衡量的指标要排斥软的模糊的指标。

像许多公司一样,科宁长期以来一直让财务目标主导着企业的目标,因而根据成长性、收益性和投资回报来评估它的绩效,霍顿认识到科宁公司需要一种同等重要的方法来对新文化取得的进程进行追踪。

在他对科宁公司的设想的描述中,霍顿重复地使用了"一个世界一流的公司"这些词,为了保证这不是个空洞的说教,他确立了公司目标:到20世纪90年代中期,科宁要被公认为是全世界最值得尊敬的企业之一,如得到包括每年《财富》杂志对首席执行官进行的"美国最值得尊敬的公司"的调查的认可。这个标准包括杰出的财务状况,但也包括在诸如质量、创新和公司责任这些方面杰出的绩效。同样重要的是，员工能够确认标准，并且以完成它而感到自豪。

赋予员工工作以意义

最后，每个个体都从个人作为组织一部分的满足中获得了对目标的最基本理解。当高管努力创建一种充满活力的公司目标时，创造那种满足感是高级经理努力塑造公司目标过程中面临的第三个挑战。像教会、社团甚至家庭这样的机构正逐渐消失，而这些机构曾提供给个人身份认同、归属关系、意义和支持。于是，工作场所成了满足个人需求的主要地点。员工不是只想为公司工作，他们也想对组织有归属感，管理者需要认可并作出反应。公司不只是提供工作，也能够给出人们生活的意义。

认识到了忠诚的员工的价值，组织必须把它的伟大思想和大胆的首创精神带给个人，高管必须建立和维持公司与每一个员工之间的联系，这不是说北美的企业必须从它们非人性化特点的合同关系转向终生雇用的日本模式。但是，联系正意味着互相的承诺，在这种承诺中，雇主把员工不是看做要控制的成本，而是要发展的资产。从员工的角度而言，他们不仅投入时间而且还投入精力，尽可能地使企业有效率并有竞争力。简而言之，目标是把那种员工感到是为公司在工作的关系转变为使他们认识到自己属于组织。这正是为利益工作和为自己工作的差异。

在我们研究的这种新型的关系的公司中，高级管理人员集中于三方面的活动。他们认识到了员工的贡献并把他们

第二部分

视为有价值的资产；他们承诺为个人成长和发展创造最大机会；他们保证每个人理解自己的角色，学会适应公司的整个组织目标，而且理解自己为达到组织目标而作出怎样的贡献。

赏识个人成就。随着公司越来越大和越来越复杂化，员工可能会逐渐感到自己不是团队中的成员而更像是机器中的齿轮。为了保留住某些人性化的感觉，公司也许会出版内部刊物，组织社交活动，或者实施便服着装规范。但是，这些措施的影响很少有显著意义，或者影响不能够持久。事实上，正是它们的存在改变了组织的管理水平低下和缺乏人情味的局面，它们对员工的需要只是作出机械的反应。

进一步，当大多数高管理解需要去赞赏和表扬得力执行者的主要贡献时，很少有人认识到答谢员工们持续不断的努力的重要性。宜家是一个例外，它是世界最大的家具设备制造商和零售商。即使在20多个国家公司发展到了差不多达5万员工后，创始人英格瓦·坎普拉（Ingrar Kamprod）仍然努力拜访75家连锁店的每一家，并且会见每位员工。在商店闭店后，他经常邀请商店员工留下来在内部的食堂吃饭。首先一线员工去吃，然后是管理人员去吃，最后是坎普拉，这成了一种约定俗成的习惯。他向为他工作的人们传播和提供赞赏、鼓励和建议。

赞赏必须反映出真正的尊敬感，否则一线员工很快会认识到那空洞的公关手势或操作的企图。80年代中期，库存产品大量消耗，当安迪·格罗夫采取特殊措施来留住员工，他建立起了一个巨大的信用蓄水池。对那些为英特尔的发展作出了自己的贡献的人,格罗夫尽可能地留住他们,把他们作为真正的公司资产。为了避免裁员,他首先选择把在英特尔的20%的股份卖给IBM,以帮助公司渡过危机;接着,他请求员工每个星期义务工作10个小时以上,实施了"125%方案";然后,他进行了"90%方案",一个10%的全面工资缩减以使裁员减小到最少。当做了这些以后,格罗夫才采取了临时解雇的措施,以面对2亿美元的损失。

这些行动表现出了对员工真正的关心和尊敬,高管为承诺打下了基础。然后,在此基础上表达了对所有员工的成长和发展同样关心。

承诺培养员工。 随着企业减少层级、重组和缩减规模,那些已经感到疏远的和分离的员工变得更加失望,甚至玩世不恭。那些承诺个人机会的宏伟的公司愿景带来的结果往往是被解雇。公司吹捧与公司成员之间是"伙伴关系",然后,当头给的却是解雇通知。这不奇怪,员工不可能接受新的目标或价值观,除非他们深信未来他们有新的机会。

高管必须采取一种更宽广的视角来看待员工的培训和发展,并且要向它作出前所未有的、强有力的承诺。不只是培训员工的工作技巧,公司必须培养他们的个人能力。安妮塔·罗迪克(Antia Roddick)用她丰富多彩地方式解释了美体小铺建立一个教育中心的决定,这个中心不仅提供公司产品、皮肤护理和客户服务的课题讨论,而且也提供如社会学、

第二部分

艾滋病、衰老、城市生存方面的课程。罗迪克说:"人人都可以接受培训,我们想教育我们的员工并帮助他们认识到他们的全部潜力。"

波尔·安德烈森(Poul Ardreassen)是丹麦 ISS 的首席执行官,他认为他的保洁企业发展到 20 亿美元、在 16 个国家的员工规模达到 114 000 的一个原因就是他尊重员工,他通过投资于工人的培训来实现这一点。尽管存在强烈的分权思想,总部只有 50 个人,但对培训 ISS 仍然集中管理。安德烈森认为,要把员工转变成专业人员,培训是关键。超越基本的工作技巧,他用培训作为鼓励、联结、给人自信的"一种关心的证明"。例如,对保洁队伍的主管,五阶段的培训计划包含了基本的技能和广泛的主题,如财务知识、人际技巧、问题解决和客户关系。那些曾经被认为只不过是工作伙伴的这群人,已经成长为有效地队伍建设者和新的企业创造者。ISS 的员工流动率为 40%,远远低于行业的平均水平,它的保洁员已经成为公司创新实践和企业家思想的一个重要来源。

安达信咨询公司把员工发展作为目标,并且对员工拥有的技能和知识没有作出独占的要求。它的招聘宣传册承诺:"和我们一起培训后,你可以为任何人在任何地方工作,或为你自己工作。"结果培养了一些得到非常好的教育和特别忠诚的员工。

培养个人进取心。在一些公司中,个人的努力和贡献仍然是组织进步的基础,3M 是其中之一。自从 20 世纪 20 年代以来,当公司的财富围绕着防水沙纸和黏合胶带转的时候,3M 的管理人员已经重视起了公司内部存在的巨大的潜力。管理层发展了一种认可个人首创精神作为公司成长源泉的企业文化,并通过政策和程序,加强了强烈的信念,并将企业文化制度化。例如"15％规则"允许员工花费他们 15％ 的时间在他们相信对公司有潜力的项目上。随着革新发展,公司内部充满着企业家的故事,他们的影响是直接的和真实的。通过故事和组织的基础结构部门,3M 保留这样一个高度激励人的信仰,即个人努力是重要的,对公司的绩效有着实际的影响。

　　同样地,在花王公司,这个东京的品牌包装品公司,首席执行官吉雄(Yoshio Maruta)已经发展出了一种以各种方法拒绝独断专行、培养个人首创精神的组织文化与管理哲学。首先,公司共享其信息,每个人都能知道别人知道的信息,并且每个人能使用信息更有效地做他的工作。进一步,花王公司的内部环境鼓励合作,教与学的成对任务彻底地成为每个员工的主要责任。最后,决策过程是开放的并且是透明的。确切地,公司在一个开放的空间范围内作决策,以便那些具有相关知识和专门技术的人员不被关在门外,参加到这个过程中来。通过把他的哲学转化为规范与实践,吉雄建立起了这样的一个组织环境,在这个环境中,所有员工都知道他们与整个公司目标紧密相连,并为此作着贡献。

第二部分

从经济实体到社会机构

那些把自己看做是公司战略设计者的高层管理者与那些界定他们的任务为更广泛地塑造组织目标的高管之间的不同之处在于他们的价值观。战略制定者把他们领导的公司作为利润最大化的实体,狭隘地界定了公司在一个庞大和复杂的社会环境中充当的角色。根据他们的观点,公司只不过是一个广大市场中的经济交换体,他们依靠他们的股东、客户、员工和更大的共同体,战略目标是管理这些经常冲突又相互依赖的各方,以便使他们所服务的公司的利益最大化。

这些要求较低、被动的、自我服务的人所提出的设想低估了实际情况。公司即使不是现代社会唯一重要的机构,也是最重要的机构之一。作为重要的资源和知识的储藏库,公司担负着持续地改善他们的生产率和竞争力,以创造财富的巨大责任。更进一步,它们界定、创造和创造价值的责任使得公司成为社会变化中的主要代表之一。在微观水平,企业是社会交往和个人需求满足的重要场所。

目标是一个组织认知的具体体现,所谓组织认知是不同利益相关者建立互相依赖关系的基础。简言之,目标是公司对其广泛界定的责任的道义反映的一种陈述,而不是对商业机会加以利用的、与道德无关的计划。

在建立公司目标过程中,高管任务的三个方面其实是互相依赖和相互强化的。如果公司的目标开始于公司狭隘的自我利益，公司员工会失去激情、支持和承诺。而这些激情、支持和承诺只有在公司目标与更广泛人类抱负和期待相联系时才会产生。当组织价值变得只是自我服务时，公司很快会失去认同感和自豪感，这些认同与自豪感使他们不仅仅对员工有吸引力，而且对客户和其他人也有吸引力。当管理层对员工的想法和努力的尊重减弱的时候，员工激励和承诺也会枯萎。

目标，而非战略，是组织存在的理由，它的定义与表述必须是高管的首要责任。

3. 构建企业愿景[①]

詹姆斯·C.柯林斯

杰里·I.波拉斯

> 追求无止境,
> 当我们完成探索的时候,
> 我们将回到我们出发的地方,
> 那时,我们才真正认识那个地方。
> ——T.S.艾略特《四重奏》

但凡获得持续成功的企业,都会不停地调整它们的商业策略和行为,以适应不断变化的外界环境,但其核心的价值观和核心的目标却始终保持不变。这种激励进步与保持核心的动态过程正是一些公司,诸如惠普、3M、强生、宝洁、默克、索尼、摩托罗拉和诺斯通能够成为行业中的精英,具备不断更新自我的能力并取得长期卓越业绩的原因。惠普公司的员工长期以来一直认为,运营模式、文化和商业策略的根本改变并不意味着惠普精神(即惠普的核心原则)的丧失。

[①] 《哈佛商业评论》1996年9~10月。

第二部分

强生公司虽然会不断对其公司结构提出质疑,并对其流程进行再造,但却始终坚持根植于信仰的理念。1996 年,3M 公司采取了一个让商界十分震惊的重大举措,它出售了几个大型的成熟业务,而重新致力于公司长久以来的核心使命,那就是创造性地解决存在的难题。在《基业长青》(Built to Last)中,我们对上述公司的研究表明,自 1925 年起,这些公司在证券市场的业绩都比普通公司高出 12 个百分点。

真正优秀的公司能够分辨什么是永远不能改变的,什么是应该经常改变的。这种在连续性和变动性中保持平衡的能力是难能可贵的,需要经过一种有意识的实践,即这种能力要与创建愿景的能力密不可分。愿景能够指引我们,保持何种核心竞争力,创造怎样的未来。然而,愿景已经成为滥用程度最高和最难解释的一个词汇,对不同人来说它包含了不同含义:严格遵守的价值观、杰出的成就、社会纽带、远大的理想、前进动力或者存在理由。我们建议对愿景这个词应有一个定义,对围绕这个常用词汇出现的一些模糊混淆的概念应加以澄清,使组织内部能够清楚地树立一个一致的愿景。这个指导性概念的提出是基于 6 年的调查研究,并经过了我们与世界各地多个组织的管理者们的共同提炼和检验的结果。

一个缜密的愿景包含两个主要部分:核心理念和未来愿景(见图 3—1)。核心理念,代表图中浅色的部分,说明企业目标是什么以及企业为何存在。这部分是不可改变的。浅色部分对深色部分,即可对预见未来,起到辅助的作用。愿景是我们期望成为、达到或创造的目标,是需要我们通过不断的改变和努力才能实现的。

图 3-1 清楚的愿景图

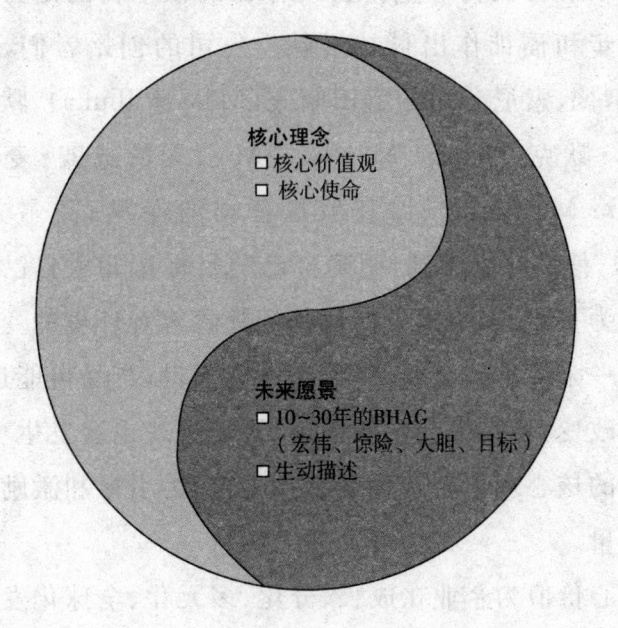

核心理念
☐ 核心价值观
☐ 核心使命

未来愿景
☐ 10~30年的BHAG
（宏伟、惊险、大胆、目标）
☐ 生动描述

核心理念

核心价值是一个组织持久的特性——一种连续性的标志,凌驾于产品或市场的生命周期、技术突破、管理模式或领导行为之上的。事实上,核心理念是公司构建愿景成果最持久和最显著的贡献。正如比尔·休利特（Bill Hewlett）在提及其不久前过世的老友兼商业伙伴戴维·帕卡德（David Pack-ard）时说的那样:"就公司而言,能够留下的最宝贵的财产是一种道德规范,也就是人们所知的惠普之道。"惠普公司的核

第二部分

心理念,早在 50 多年前公司组建时起,就一直引领着公司,其中包括对以人为本、质量为本和诚信经营、社会责任的承诺(帕卡德将他本人拥有的价值 43 亿美元的惠普公司股份捐献给了慈善机构),坚持公司存在的根本目的是为人类社会的进步和福祉作出科技贡献。公司的创始者们,例如戴维·帕卡德、索尼公司的盛田昭夫(Masary Ibuka)、默克公司的乔治·默克(George Merck)、3M 公司的威廉·麦克奈特(William Mcknight)、摩托罗拉公司的保罗·高尔文(Paul Galvin),他们都意识到,明确自己的目标比知道自己将何去何从更为重要,因为何去何从是会随着客观环境的变化而变化的。一个优秀的企业,领导者可能去世,产品可能过时,市场可能改变,新技术会不断涌现,管理模式也会发生变化,但是企业的核心理念会永远延续下去,作为引导和激励企业的精神力量。

核心价值为企业在成长、分化、多元化、全球化发展的过程中提供了一种凝聚力。这种理念可以与犹太教义相比拟,虽然几百年来犹太人没有自己的祖国,他们分散在世界各地,但犹太教却把散居在各地的犹太人紧密地团结在一起。这种理念就像独立宣言中不言而喻的真理,或者科学领域所普遍接受的观点,即全世界的科学家为了人类知识进步的共同目标团结在一起。一个有效的愿景应该使企业的核心理念得以具体化,它包含两个部分:其一是核心价值观,代表一系列的指导原则和信念;其二是核心目标,它是企业存在的根本原因。

核心价值观。 核心价值观是一个企业的根本和持久的信念。核心价值观是一系列不会因时而变的指导原则，不需要外界的认可，但对企业内部人员来说却具有内在的价值和重要性。沃特·迪士尼公司的核心价值观是，想象力及有益健康并非来源于市场的需求，而是来自创始者们内心的信念，他们认为应该提倡想象力及健康。威廉·普罗克特（William Procter）和詹姆斯·宝洁（James Gamble）在宝洁企业文化中提倡注重产品品质，也并非仅仅出于成功策略的考虑，而是作为一种近乎神圣的信条。而且这种价值观已被宝洁人代代相传了150余年之久。服务于客户，甚至是取悦客户自1901年起便是诺斯通公司（Nordstorm）的生存之道，而直到20世纪80年后，客户服务的理念才开始风靡世界。对比尔·休利特和戴维·帕卡德来说，以人为本是他们最初的也是最主要的个人观点，这个观点并非来自书本，也非来自某个管理大师。强生公司总裁拉尔夫·S. 劳森（Ralph S. Larsen）这样解释核心价值观："我们所拥有的核心价值观可能是一种竞争优势，但这并不是我们坚信它的原因。我们坚持核心价值观是因为它代表了企业的本质，即使在某种情况下，核心价值观成为一种竞争劣势，我们也依然会坚持它。"

一个优秀的企业在决定何种价值观成为其核心价值观时，很大程度上与当时的环境、竞争需求或者管理模式并没有必然联系。很显然，对核心价值观也没有统一的标准。一个企业没有必要将客户服务（索尼就没有这样做）、以人为本

第二部分

(迪士尼就没有这样做)、质量为本(沃尔玛就没有这样做)、市场为本(惠普就没有这样做)或团队精神(诺斯通就没有这样做)作为其核心价值观。企业可能有与上述特点相关的运作和商业策略,但并不以此作为企业生存之必然。而且,优秀的企业也并非一定要拥有类似的或人性化的核心价值观,尽管很多企业的确有那样的价值观。重要的不是拥有什么样的核心价值观,而是确实拥有自己的核心价值观。

企业一般会有几个核心价值观,通常是3～5个。事实上,本书所探讨的拥有愿景的企业中没有一个企业的核心价值观超过5个;多数只有3～4个(详见"核心价值观是企业的本质信条")。事实也应该如此,因为只有少数价值观才能成为真正的核心,它们是最基本的,被企业严格遵守且很少改变的。

核心价值观是企业的本质信条

默克公司

- ➢ 社会责任感
- ➢ 公司各方面的全面完善
- ➢ 科学基础上的创新
- ➢ 诚实和正直
- ➢ 利润,但必须源于造福人类的工作

诺斯通公司
- 客户服务至上
- 努力工作和个人创造
- 永不满足
- 良好的信誉及与众不同

菲利普·莫里斯公司
- 自由选择的权利
- 战胜对手
- 鼓励个人创造性
- 才能决定机遇,公平竞争
- 勤奋工作及不断自我完善

索尼公司
- 提高日本文化及国家的地位
- 成为先驱者——不跟从他人做不可能的事
- 鼓励个人的能力及创造性

沃特·迪士尼
- 不愤世嫉俗
- 提倡和推广"健康的美国价值观"
- 创造性、梦想和想象力
- 极其关注连续性和细节
- 保持和控制迪士尼的魔力

第二部分

在确定公司的核心价值观时,应本着非常诚实的态度找出真正重要的价值观。如果你列举了多于五个或六个价值观,很有可能你混淆了核心价值观(永不改变的)与运营方式、商业策略或者文化理念(应该随着时间改变)。要切记这些价值观必须经得起时间的考验。在起草了一个初步的候选价值观后,要问每个人这样一个问题:"如果随着时间的推移,环境变化了,坚持这种观点会使我们自己蒙受损失,我们还要继续坚持吗?"如果对这个问题不能真正地给予肯定的回答。那么这个价值观就不是核心的,就应该从考虑的名单中剔除。

一个高科技公司曾经很犹豫:是否应将质量列入其核心价值观,公司的CEO问道:"假设10年后质量不再是市场的决定性因素,唯一重要的只是速度和效率,而不是质量,我们还愿意将质量列入我们的核心价值观吗?"管理团队的成员们面面相觑,最终的回答都是否定的。提高产品质量仍然是公司的策略之一,提高质量也仍然作为激励进步的机制存在,但质量没有被列入核心价值观。

同一个管理团队为了是否将"引导创新"作为核心价值观而争论,公司的CEO问道:"无论我们周围的世界怎样变化,我们都将坚持创新这个价值观吗?"这一次,管理团队给予了肯定的回答。管理者们这样解释他们的观点:"我们不断引导创新,这是我们的本质,无论现在还是将来这对我们都是至关重要的。即使目前的市场并不重视这一点,我们也必将找到一个重视它的市场。"引导创新进入了公司核心价值观的名单而且将被保留下去。一个公司不应为了顺应市场的需求而改变其核心价值观,相反地,必要时应改变市场使之适应其核心价值观。

应该由谁来提出核心价值观?这可以因公司的规模、成立年限和地域分布而有所不同,但大多数情况下,我们建议成立一个我们称之为"火星小组"的组织,这个组织是这样工作的:假设你受命在另一个星球上为你的企业建立一个很好的分支机构,而你的运送火箭飞船只能容纳5~7人,你会将哪些人送上去呢?最可能的情况,你会选择那些最能深刻体会你们核心价值观的人、在同事中信誉最好的人和能力最强的人。我们经常让核心价值观工作组的工作人员提名一个5~7人的"火星小组"(不一定都是工作组的成员),他们无一例外都会最终选择那些信誉良好的人为代表,这些人能够准确地提出核心价值观,因为他们本身就体现了这些价值观,即公司的本质。

即使是由不同文化背景的人组成的全球性公司也可以制定一套共同的核心价值观。秘诀就是从个人观点中提炼公司的观点。提出核心价值观的人需要回答以下几个问题:你个人带入工作中的核心价值观是什么(它们必须是非常重要的,无论是否有回报你都会坚持)?哪些是你会告诉你的孩子你在工作中坚持的,并希望他们以后在工作中也同样坚持的价值观?如果你明天早晨醒来发现你有足够下半辈子花的钱,你还会坚持这些核心价值观吗?100年后,你还会像今天一样认为它们有效吗?即使在某个时候,这些核心价值观中的一个或几个成为了竞争劣势你还会坚持吗?如果你

第二部分

明天要在一个不同的领域开设一个新的机构,哪些核心价值观是你想灌输到这个新机构中的?后三个问题是至关重要的,因为它们反映了永恒不变的核心价值观与与时俱进的决策之间的差别。

核心目标。 核心理念的第二个组成部分是核心目标,它决定了企业存在的理由。有效的核心目标反映了促使人们工作的理想原动力。它并非仅仅指企业的产出或目标客户,它是企业的灵魂(参见"核心目标是企业存在的理由")。正如1960年,戴维·帕卡德在对惠普员工们发表的演讲中指出的那样:"使命为公司提供了赢利以外的更深层次的存在理由。"

"首先我想探讨一下公司为何存在的问题,换言之,就是我们为什么会在这里?我想,很多人都错误地认为,公司存在就是为了赚钱。当然这也是公司存在的一个重要原因,但是我们应该深入思考,并寻找我们存在的真正原因。当我们深入探讨时必然会得到这样的结论:一群人走到一起建立了一个我们称之为公司的组织,是为了共同完成一些个人无法完成的使命——为社会作贡献,这句话听起来老套但确实是不可缺少的。大家可以环顾周围(商品社会),虽然人们好像除了金钱对其他的都不感兴趣,但隐藏在这个现象背后的驱动力,却很大程度上来自于对做某件事情的渴望:开发一种产品,提供一种服务,而这些工作基本上都是有意义的事。"

使命(至少应该坚持100年)不应与某些具体的目标或商业决策(在100年中应该多次改变)混淆起来。我们可以达到一个目标或实施一个决策,但永远不可能完成使命。它就像天边指引我们的一颗星——永远追求但永远不可能到达。虽然使命本身不会改变,但却能推动变革。事实上,使命永远不可能完全实现,这意味着一个企业永远不会停止变革和前进的步伐。

核心目标是企业存在的理由

3M:创造性地解决他人未能解决的问题

康吉:提高全世界人民的生活质量

范尼·梅公司:通过不断促进住房所有权的民主化而强化社会关系

惠普:为人类进步与福祉作出技术贡献

迷箭公司:成为社会变革的榜样和工具

太平洋剧院:为个人提供发展和造福社会的舞台

玫琳凯化妆品:为妇女提供无限的机会

麦肯锡:帮助先进团体和政府部门取得更大进步

默克公司:保护和改善人类生活

耐克公司:体会竞争、胜利和战胜对手的心情

索尼公司:体验进步的喜悦,运用科技致力于大众利益

远程关怀公司:帮助精神障碍人士意识到他们的潜质

沃尔玛公司:使普通人有和有钱人购买相同物品的机会

迪士尼:让人们快乐

第二部分

在确定目标时,有些公司错误地将目标简单描述为公司当前的产品生产或要服务于消费群体。我们认为以下的陈述不能反映一个有效的目标:"我们的存在是为了完成政府赋予的使命,通过将抵押组合的证券投资方式参与二级抵押市场。"这个陈述仅仅是描述性的,而美国联邦抵押贷款协会的执行官范尼·梅(Fannie Mae)的表述更能反映一个有效的使命:"通过不断促进住房所有权的民主化而强化社会关系"。正如我们所知,二级抵押市场是不可能存在100年以上的,而无论世界如何变幻,不断促进住房所有权的民主化而强化社会关系却能成为永恒的使命。在这个使命的指引和激励下,20世纪90年代初就开展了一系列大胆的创举,其中包括开发一个在5年内将抵押保证金降低40%的新体系;减少借贷过程中的不平等待遇的计划(用50亿美金支持保证金试验);制定一个宏伟的计划,即在2000年,为1 000万过去被排除在住房拥有权之外的家庭、移民和低收入家庭提供1万亿美金的援助。

无独有偶,3M公司定义的使命并不是关于黏接或摩擦产品方面,而是要求自己不断地创造性地解决他人未能解决的问题。这个使命不断带领公司进入崭新的领域。麦肯锡公司的使命不是提供管理咨询服务,而是帮助企业和政府取得更大的成功:因为100年内,公司可能采取咨询以外的其他方式为客户服务。惠普公司存在的目的不是进行电子测试设备制造,而是为了提高人们的生活质量提供技术支持,这个使命引领公司进入了与公司最初涉及的电子设备相距甚远的其他领域。设想一下,如果迪士尼公司当初的使命只是制作卡通,而不是让人们快乐,那么我们现在可能就看不到米老鼠、迪士尼乐园、EPCOT 中心或者 Anaheim 巨鸭奇兵曲棍球队。

确定使命的一个有效方法是提出"五个为什么"。首先描述一下我们生产的某种产品或提供的某项服务,然后问自己,为什么它们是重要的?连续问 5 次,几次过后你会发现公司存在最基本的目的。

当我们与一家市场调查公司合作时,我们用这种方法对这家公司的使命进行了更深入和广泛的讨论。决策小组首先通过几个小时的讨论提出了以下表述,作为公司的使命:"提供最优的市场调查数据"。我们于是提出了以下问题:为什么提供最优的市场调查数据很重要?在讨论之后,决策者们回答了我们的问题,反映了公司使命更深层次的意义:"通过向我们的客户提供最优的市场调查数据,可以使他们更加了解自己的市场。"更进一步的讨论使得决策小组的成员们意识到,他们自我价值的实现不仅来源于帮助客户更好地了解自己的市场,更来源于为他们的客户的成功作出了贡献。这些思索最终使这家公司明确了自己的使命:通过帮助客户了解自己的市场,来帮助他们获得成功。有了这样一个使命,现在这家公司在进行产品决策时,不再专注于产品是否能够销售出去,而是考虑它们是否能够有助于客户取得成功。

这五个"为什么"能够帮助处于任何行业的公司从一个

第二部分

更具意义的角度来规划他们的工作。一家生产沥青沙砾的公司通常会以"我们生产沙砾和沥青产品"为开头来介绍自己。但在思考了几个"为什么"问题之后,他们得出结论,生产沙砾和沥青非常重要,因为基础设施的质量在人们的安全和生活中扮演着至关重要的角色:在一条坑坑洼洼的路上行驶很恼人并且危险;747客机不能安全的降落在由低劣工艺和劣质混凝土建造的跑道上;劣质材料建造的建筑物会在时间和地震里变得不堪一击。从这样的思考中,可以得出以下使命:通过提高建筑物的质量使人们生活得更好。正是因为有了这样的使命,加利福尼亚州沃森维尔的花岗岩石业公司(Granite Rock)荣获了马尔科姆·鲍德里奇国家质量奖,这对于一家小型岩石开采和沥青生产公司而言是一个十分不易的成绩。并且,这家公司已经成为我们所见过的领域中发展最为迅猛、最令人振奋的公司之一。

需要注意的是,没有一家公司的核心使命是为了追求"股东财富最大化"。核心使命的主要作用是引导和激励。股东财富最大化并不能激励公司中各阶层的人,而且它的引导作用也微乎其微。对于那些还没有明确真正核心使命的企业而言,股东财富最大化是一种流行的使命,但它只是一个替代品,一个很差劲的替代品。

优秀企业的员工在谈论他们的成就时,很少会提到每股收益的多少。摩托罗拉的员工谈论的是如何提高产品质量,及他们的产品对世界的巨大贡献。惠普的员工谈论的是他们对市场的技术贡献。诺斯通的员工谈论的是卓越的客户服务和明星售货员出色的业绩。当一位波音工程师谈到推出一款激动人心的新型飞机时,她不会说:"我倾注了极大的心血是因为这个项目能使公司股票的每股收益增加37美分。"

要获得存在于股东财富最大化背后的真正使命,可以采用一种"随机企业连环杀手"的游戏。它是这样进行的:假设你要出售一个公司,出售的价格在所有人看来都是十分合理的(甚至对公司预期的未来现金流也作出了十分乐观的假设);进一步假设,买家承诺继续按原来的薪水雇用所有的员工,但不保证工作仍属于原来的行业范畴;最后,假设买主计划在收购公司之后解散它,不再继续它的产品生产和服务,停止它的运作,永久性搁置它的品牌等等。公司将彻头彻尾地不复存在。你是否接受他的报价?为什么接受,或者为什么不接受?如果公司不复存在的话,将会失去什么?为什么公司的继续存在非常重要?我们发现这个方法可以有效地帮助那些固执地坚持以经济利益为主导的执行总裁们反思企业存在的更深层次的原因。

另一种办法是询问"火星小组"中的每一位成员:我们如何确定这个企业的使命,使得员工们即使第二天早晨醒来发现自己在银行的户头里有了足够多的钱养老,也会毫不犹豫地继续留在公司工作?哪些更深层次的使命会激励你继续把自己宝贵的创造能力贡献给公司?

进入21世纪,公司需要激发员工全部的创造力和潜能。但是有什么理由要求员工必须竭尽所能地付出呢?彼得·德

第二部分

鲁克曾指出,最优秀的、最具奉献精神的员工,是完完全全的志愿者,因为在他们的生命里,他们有机会做些别的事情。面对人员流动性日益增强的社会、对公司环境的不满,以及企业在社会经济中地位的不断增强,企业比过去更需要明确自己的使命,以使工作更有意义,从而吸引、激励和留住出色的员工。

发现核心理念

核心理念不是我们创造或者制定出来的,而是我们发现的。我们不是通过外部环境的观察而作出推断,而是通过内部观察来理解核心理念。理念必须是真实的,不能有虚假的成分。发现核心理念并不是一个智力游戏,不要问"我们应该拥有什么样的核心理念",而要问"什么样的核心理念会让我们真正发自内心地拥护"。不要将组织应该拥有(而实际上却没有拥有)的核心价值观与真实存在的核心价值观混为一谈。这样做只会在公司内部引起一些怀疑情绪。("他们在哄骗谁?我们都知道那不是这里的核心理念!")目标作为未来愿景或经营战略的一部分或许更为恰当,但不应该作为核心理念的一部分。然而一些因时间而淡化的真正的价值观可以被认为是核心理念合理的组成部分,只要你能承诺努力让这些价值观重新获得认可。

还需要说明的是,核心理念的作用在于引导和激励,而不是分化。两家公司可以拥有相同的核心价值观或目标。许多公司都可能以促进科技进步作为其使命,但很少有公司能像惠普那样强烈的拥护它;许多公司都可能以保护和改善人类生活为使命,但几乎没有一家公司会像默克那样深入贯彻;许多公司提倡以卓越的客户服务作为核心价值观,但极少有能像诺斯通那样创造一个强大的以客户服务为中心的企业文化;许多公司以创新作为核心价值观,但几乎没有哪个可以像3M公司那样形成了一整套激发创新的强大机制。怀有愿景的公司与其他公司的区别,不是理念的具体内容,而是理念赖以存在的真实性、约束性和持久性。

核心理念只需对组织内部人员具有意义和激励作用,而无须让外部人员觉得激动人心。为什么呢?因为只有组织内部人员才会长期对组织理念负有责任。核心理念还可以在区分公司内外部人员方面起到作用。一个阐述清晰完整的核心理念,会将那些个人价值观与公司的核心理念相一致的人吸引到公司中来,相反也会排斥那些价值观与此不符的人。你既无法将新的核心价值观或使命强加于人,价值观或使命也不是任何人用钱就可以买到的。CEO经常问:如何能让其他人认同我们的核心理念?你不要那么做,也不可能做到。相反,应该去寻找那些跟你的核心价值观和使命相同的人,吸引并留住他们,而让那些核心价值观和使命与你不同的人另谋他就。的确,清晰阐述核心理念这一过程本身,会使得一些意识到自己与公司的核心价值观不相适应的人离去,应当欢迎这样的结果。但是,在享有相同核心理念的同时,留住人才和观念多样化也是当然必要的。拥有相同核心价值观和使命的人,未必想事情、看问题的角度都一样。

第二部分

不要将核心理念本身和对核心理念的阐述混为一谈。一个公司可以拥有非常强有力的核心理念,但却没有对它进行正式的阐述。例如,耐克公司(据我们所知)就没有关于其核心使命的正式阐述。但是,根据我们的观察,耐克公司有一个强有力的核心使命渗透于整个公司之中:体验竞争、获胜和击败对手的感觉。耐克公司的办公场所更像一个竞技精神的朝圣地,而不像一个公司的办公大楼。在那里,耐克英雄的巨幅照片布满了墙壁,铜质奖章挂满了荣誉走廊,耐克运动员的塑像树立在环绕校园的跑道两旁。耐克的建筑物以冠军的名字命名,如奥运会马拉松选手琼·贝努瓦、篮球巨星迈克尔·乔丹、网坛宿将约翰·麦肯罗。无法感应竞争精神激励和鼓舞的员工,是不会在这种企业文化的氛围中坚持太长时间的。甚至公司的名字都反映了一种竞争意识:耐克是古希腊的胜利女神。因此,尽管耐克没有正式阐述其核心使命,但很明显,它实实在在拥有一个强有力的核心使命。

因此,确定核心价值观和使命并不是一项遣词造句的练习。事实上,一个公司在不同的时期,对其核心理念可以有不同的描述。从惠普公司的档案中我们可以发现由戴维·帕卡德在1956~1972年间起草的、超过六个版本的"惠普之道",所有的版本都描述了相同的理念,只是由于时代和环境变迁,使用了不同的词汇。同样,在索尼公司的历史上,也使用了很多不同的方式阐述其核心理念。在创立初期,出井伸之描述了索尼公司理念中的两大要点:"我们应当欢迎技术难题的挑战,并且不管投入多少,着眼于那些对社会有重大价值的高精尖技术产品。我们应当重视能力、工作绩效和个人品质,使每个人都能发挥出最大的能力和技术水平。"40年后,相同的理念出现在了被称为"索尼先锋精神"的核心理念的阐述之中:"索尼是时代的先锋,永远不追随别人。通过不断发展,索尼要为整个世界服务。索尼应该总是未知世界的探索者……索尼的原则是尊重和鼓励个人的能力……不断尝试激发出人的最大潜能。这是索尼的关键力量。"同样的核心价值观,不同的语言表达。

　　因此,你应该着眼于抓住核心价值观和使命的正确内涵上。它的关键不在于多么精彩的阐述,而在于对你公司的核心价值观和使命的深入理解,然后,可以用多种不同的方式加以表述。事实上,我们经常建议,在确定了公司的核心理念之后,管理层应当对核心价值观和使命形成自己的理解,并和团队中的其他人共同分享。

　　最后,不要把核心理念与核心竞争力两个概念混淆起来。核心竞争力是一个战略上的概念,用于界定你公司的能力,说明你特别擅长什么;而核心理念把握的是你主张什么,以及你为什么存在。核心竞争力应该与核心理念的定位相一致,并常建立在核心理念的基础之上,但二者不是同一回事。例如,索尼公司具备微型化的核心竞争力,从战略角度上看,这种优势可以应用于广泛的产品和市场中,但索尼公司的核心理念并不是微型化。索尼公司也许在100年之内都不把微型化作为其战略的一部分。但是,要想保持优秀大公司的地位,它依然需要拥有"索尼先锋精神"中所描述的核

第二部分

心价值观，以及公司存在的根本原因——促进技术进步，造福大众。像索尼这样具有远见卓识的公司，核心竞争力在几十年时间中会有所变化，但其核心理念却不会改变。

一旦你明确了核心理念之后，你就应该对那些不属于其中的内容进行大胆的改变。从此以后，如果再听到有人说某事不应该改变，因为"这不是我们文化的一部分"，或"我们一直是按照那种方式来做的"等诸如此类的借口时，提出以下这条简单原则："如果它不是核心理念，就应该要改变。"这一原则的增强版本是："如果它不是核心理念，那就改变它！"但是，清晰阐述核心理念仅仅是起点，你还需要决定你鼓励何种进步。

未来愿景

愿景规划框架中的第二个主要部分是愿景。它包括两个部分：一是通过10～30年实现的大胆目标，二是对实现目标后的情况进行生动描述。我们意识到，"愿景"的表达有一点儿似是而非。一方面，它传递了具体有形的信息：一些可见的、生动的、真实的东西；另一方面，它又包括了还没有实现的时间，以及对它的梦想、希望和渴求。

愿景层面的BHAG。我们在研究中发现，具有远见卓识的公司常常拥有大胆的使命，或是我们称之为BHAG（宏伟、冒险、创造性、目标的缩写），是促进公司发展的有力手段。所有的公司都有目标，但差异存在于是只有一个目标，还是有着面对重大、令人胆怯的挑战的责任感——就像攀登珠穆朗玛峰。真正的BHAG应该是清楚、明确而引人注目的，它是一个共同努力的瞄准点，是团队精神的催化剂。它有着明确的终点线，因此，公司能够知道什么时候自己达到了目标。人们都喜欢瞄准终点线冲刺。BHAG引起了人们的极大兴趣，它打动并吸引着人们。它是有形的、激动人心的、相当有针对性。人们很容易理解它，无须任何解释。例如，美国国家航空航天局(NASA)1960年的登月使命，并不需要一个语言大师委员会耗费无休无尽的时间，把这一目标转换成冗长、而不可能记得住的任务宣言。目标本身很容易被理解，是非常引人撞目的，它能用100种不同的方式来表达，但仍然能很容易地被每个人所理解。我们发现，许多公司的任务宣言缺乏激励作用，原因在于其中没有包括BHAG的强大机制。

尽管在同一时间里，公司可能会有许多BHAG在不同层级运作，但愿景规划需要的是一种特殊类型的BHAG。建立在愿景基础上的BHAG，可以应用于整个公司，并需要经过10～30年的努力才能完成。在为公司的长远未来设计BHAG时，所需考虑的应该超越现有经营能力和现有环境层面。的确，制定这种目标需要决策小组具有远见卓识，而不仅仅是在战略或战术上考虑。BHAG不应该是一种赌博，它可能只有50%～70%的成功可能性，但公司必须坚信自己无论如何都能实现目标。实现BHAG需要付出极大的努力，同时可能还需要有一点运气。我们在帮助企业设计愿景基

第二部分

础上的 BHAG 时,建议他们从 4 个大方面来思考:目标的 BHAG,共同敌人的 BHAG,角色榜样的 BHAG,内部转型的 BHAG(见"宏伟、惊险、大胆的目标有助于长期的愿景规划")。

生动的描述。 除去愿景基础上的 BHAG 之外,未来愿景还需要"生动的描述",即用一种形象鲜明、引人入胜和具体明确的描述,来说明实现 BHAG 时的情况。可以把它看做是对愿景规划从文字到图画的阐释,是一种人们可以装载自己头脑中随处携带的图像。这就需要你用自己的话来描绘这幅图画。对于一个需在 10~30 年时间来实现的、人们头脑中的 BHAG,描绘这幅图画至关重要。

宏伟、惊险、大胆的目标有助于长期的愿景规划

目标的 BHAG 是能够定量或是定性的

> 到 2000 年,成为一家 1 250 亿美元的公司(沃尔玛,1990 年)

> 大众化汽车(福特汽车公司,20 世纪早期)

> 成为世界范围内改变日本产品低劣形象而闻名的公司(索尼,20 世纪 50 年代早期)

> 成为最有实力、最持久、最有影响力的世界金融机构(花旗银行,花旗集团前身,1915 年)

> 成为在商用飞机领域最主要的生产商,并带领世界进入飞机时代(波音,1950年)

共同敌人的 BHAG 需要大卫与歌利亚对决式思考

> 将歌利亚·雷诺赶下世界第一烟草公司的位置(菲利普·默里斯,20世纪50年代)
> 粉碎阿迪达斯的神话(耐克,20世纪60年代)
> 雅马哈!我们会摧毁雅马哈!(本田,20世纪70年代)

角色榜样的 BHAG 适合积极进取型的公司

> 成为自行车行业中的耐克(杰罗运动设计,1986年)
> 在20年内成为像现在惠普那样受人尊敬的公司(霍金斯·强生,1996年)
> 成为西部的哈佛(斯坦福大学,20世纪40年代)

内部转型的 BHAG 适合大型的、已确立地位的公司

> 成为我们进入的每一个市场上数一数二的承包商,并且改革这家公司使它拥有大公司的实力和小公司的灵活(通用电气公司,20世纪80年代)
> 将这家公司从防守型公司改变成为世界上最多元化的高科技公司(洛克威尔,1995年)
> 将这个部门从卑微的内部产品供应机构改变成全公司最受尊敬的、最激动人心的、最受欢迎的部门之一(一个电脑产品公司的元件供应部门,1989年)

第二部分

例如,亨利·福特实现了汽车生活大众化的目标,生动描述为:"我将为大众制造汽车……它的价格非常低,没有高工资的人也将拥有一辆,并且与他的家人在上帝保佑的巨大空间中享受几个钟头的天伦之乐……当我实现了这个理想时,每个人都能买起一辆,每个人都将拥有一辆。马将从我们的公路上消失,汽车将被视为理所当然的交通工具(并且我们将)给予很多人提供高薪的工作。"

一家电脑产品公司的元件供应部门曾有一位总经理,他生动描述了在该公司成为最受欢迎部门的目标:"我们将被我们的同辈尊敬和羡慕……我们的方案将被最终产品部门使用,由于我们的技术贡献,他们将使得重要产品大大'击中'市场的目标……我们将对我们自己感到自豪……公司里最能崭露头角的人将到我们部门来找工作……人们将自觉地反馈他们热爱并在做的工作……(我们自己的)人员将干活更卖力……(他们)将非常愿意在这里努力工作,因为他们想这样做……员工与客户都会觉得我们部门的积极的方式为他们的生活更有意义。"

20世纪30年代,拥有BHAG的默克已经将其自身从一个化工制造商转变成为一家世界卓越的制药公司,具有与一些大学媲美的研究能力。1933年,乔治·默克在默克研究中心的开业典礼上谈到远大构想的未来时说:"我们相信耐心持久的研究工作将为工业和商业带来新生,我们坚信在这个提供工具的新型实验室里,科学会发达,知识会增长,人的生命将从痛苦和疾病中解脱,不断获得更伟大的自由……我们保证我们每次获得了更多的企业信念。那些追求真理的人，那些辛劳跋涉想将所居住的世界变得更加美好的人，那些高举科学与知识的火炬穿过这些社会与经济黑暗年代的人，应当鼓起新的勇气，并且感觉到他们的手被有力地支撑着。"

　　激情、情感和信念是能生动描述出来的。一些经理在表达关于他们梦想的情感时感到不安，但是这激励了其他的人。丘吉尔在1940年描述BHAG时表达了这些。他并没有只是说"打倒希特勒"；他说："希特勒知道他将必须打败我们，或者输掉战争。如果我们能够站起来对付他，整个欧洲也许就会自由，世界也许就会充满阳光。但是如果我们不能，整个世界，包括美国，包括我们所知道以及所关心的一切，将掉进一个新的黑暗的深渊，步入歧途的科学将变得更加凶险。因此让我们对自己负责，振作起来，并让自己负起重任。希望英国发展了1 000年后，人们仍会说：'那是他们最美好的时光。'"

　　一些要点。不要将核心理念与愿景混为一谈。具体来说，不要混淆核心目标与BHAG。管理者经常以此作彼，将二者混淆，或者不能将二者分别表达清楚。核心目标而非某个具体目标是组织存在的原因。BHAG是一个清晰地明确表达的目标。核心目标永远不能被完成，而BHAG可以在10～30年内达成。设想核心目标好比在天际永远被追逐的星，而BHAG是可被攀登的山。一旦你已到达它的顶峰，你就继续向其他山峰前进。

第二部分

确定核心理念是一个发现过程,而未来愿景是一个创造过程。我们发现决策者经常在构想一个令人兴奋的 BHAG 方面会有一大堆困难。他们想分析他们未来的道路。因此我们发现,一些决策者们取得了更大的进步,他们在刚开始就对未来有生动的描述,以此支持他们完成 BHAG。这就有的疑问,例如,我们坐在这里 20 年,我们愿意看到什么?这个公司看起来应该是什么样?员工对它是什么样的感觉?它应该会有怎样的成就?如果有人为一本主要商业杂志写一篇关于这家公司 20 年来发展的文章,会写些什么?与我们合作的一家生物技术公司在构想其未来上有过麻烦。决策小组的一名成员说:"每一次我们为整个公司想出的新创意,总是太宽泛而不能激励人心,平庸得像世界生物繁衍一样。"当被要求画一幅公司 20 年来的蓝图时,决策者提到了这些事,像"以一个成功故事的典范出现在《商业周刊》的封面……《财富》最受瞩目前 10 名……最杰出的科学与商业毕业生想在这里工作……飞机上的乘客对邻座的人说出我们其中的一种产品……20 年连续不断的利润增长……从其中产生了许多新的企业文化……管理大师们将我们视为卓越管理与先进思想的典范"等等。从这里看出,他们能够将目标设定在成为向默克或强生一样在生物技术领域被尊敬的公司学习。

分析一个未来前景展望是否正确是没有意义的。拥有创造力,任务就是创造一个未来,而不是预言,这样是不会有正确答案的。贝多芬创作了正确的第九交响曲吗?莎士比亚创作了正确的《哈姆雷特》吗？我们无法回答这些问题，这毫无价值。未来前景展望涉及到这些基本问题，比如，它使我们的血液流动起来了吗？我们发现它有促进作用了吗？它激励员工向前冲了吗？它使人们动起来了吗？愿景应当是本身非常振奋人心的，即便制定目标的领导人已不存在，它仍能持续激发该组织。花旗银行，花旗公司的先驱，"成为有史以来最强大、服务最好、分布最广的世界金融机构"是BHAG的一个多年来不断发展的振奋人心的目标，直到它最终实现。同样地，虽然总统约翰·F.肯尼迪在美国国家航空航天局的登月使命完成许多年前就已死去，该使命仍旧继续激励着人们。

创造一个有效的未来前景展望需要一种不寻常的信心和献身精神。在心中铭记BHAG不只是一个宏伟、惊险、大胆的目标。对于一家地区性的小银行来说，把目标定为像花旗银行在1915年的"有史以来最强大，服务最好世界金融机构"，这是不合理的。BHAG也不是一种冷淡的主张，像亨利·福特曾说过："我们将使汽车大众化"。对于当时的菲利普·莫里斯几乎让人耻笑，它作为19世纪50年代只有9%市场份额的排名第六的公司，把目标确立在打败歌利亚·雷诺烟草公司，成为世界排名第一。索尼公司当时仅是一个很小的而且资金严重缺乏的企业，却宣称它的目标是改变日本产品在世界上的劣质形象，真是不够谦逊（见"把它们都放在一起：50年代的索尼公司"）。当然，在设置目标时不仅要大胆，还要有对目标的承诺。波音公司不仅

第二部分

仅是展望了其民用喷气式飞机所统领的范畴;它还在707飞机上进行了一番拼搏,后来才有了747飞机。耐克人不仅讨论击败阿迪达斯的想法,他们还把实现这个梦想作为一种事业而为之奋斗。的确,未来前景展望中应该有一点"气吞山河"的因素,以使人们明白实现目标后将会带来什么效益。

把它们都放在一起:50年代的索尼公司

核心理念

核心价值观

- 提升日本的文化和民族地位
- 成为行业的先驱——而不跟随他人做不可能的事情
- 鼓励个人才能和创造性

目标

旨在体验革新的快乐以及用科技造福人类

未来愿景

BHAG

成为最著名的、改变日本产品在全世界的差品质形象的公司

生动的描述

我们生产的产品将遍布世界……我们将成为第一家进入美国市场的日本企业……我们在美国企业失败的领域成功创新,例如:在半导体收音机企业中……今后50年内,我们的品牌将享誉世界……我们的创新精神和优质的产品质量远胜于其他企业……"日本制造"将意味着优质,而绝非劣质。

但是,如果未能实现这一展望的愿景呢?在研究中我们发现,具有远见卓识的公司都表现出一种能够实现最大胆的目标的强大能力。福特确实使汽车大众化了;花旗公司确实成为世界上影响最为深远的银行;菲利普·莫里斯公司确实从排名第六升至第一,并在整个世界范围内击败了歌利亚·雷诺公司;波音公司确实成为最主要的民用飞机制造公司;沃尔玛公司即使没有超过山姆·沃尔顿,也将实现其1 250亿美元的目标。相反,在我们的研究中反复比较的公司却常常实现不了它们的BHAG。其差别并不在于制定的目标是否容易,具有远见卓识的公司倾向于表现出更为大胆的雄心壮志;其差别也不在于是否有领袖魅力和志向远大的领导人,具有远见卓识的公司常常并不是在一个终身领导者的经营下实现BHAG的;其差别也不在于是否有更好的战略,具有远见卓识的公司常常是通过"让大家去尝试,然后把有用的保留下来"这种有机过程来明确他们的目标的,而不是有构

第二部分

造完好的战略规划。事实上,它们的成功取决于建构了组织的实力,并把它作为构建未来的主要途径。

为什么默克公司会成为全球杰出的药品制造商?因为默克的建筑师们建构了世界上最好的药品研究和开发组织。为什么波音公司会成为世界上举足轻重的民用飞机公司?因为其出色的工程和营销队伍使企业能够把波音747生产这样的项目变成现实。当有人请戴维·帕卡德说出对惠普公司的成长和成功最有贡献的重要决策时,他认为是组织的决策培养了组织和员工的实力。

最后,在愿景方面,要警惕"我们已经成功了"的综合征,这是一种自满的、缺乏生气的状态,当组织达到了一个BHAG而未能及时转向另一个时,常常会发生这种情况。美国国家航空航天局在登月成功后便出现了这种症状。登上月球之后,下一步要做什么呢?福特公司也在成功地实现了汽车大众化之后,出现了这种症状。由于未能设置同样出色的新目标,因而通用公司有了一个机会,在30年代一跃而成为世界第一。苹果公司也在实现了"创造非技术人员使用的计算机"这一目标后,出现了这种症状。新成立的公司通常在有了一定知名度后,或当生存已不成为问题后,出现"我们已经成功了"的综合征。生动的未来前景只有在未实现时才对组织有所帮助。我们在公司中经常听到管理者这样说:"现在公司再也不像过去那样鼓舞人心了,我们似乎已经失去了前进的动力。"这种陈述通常表明组织已经登上了一座山峰,但还没有挑选出新的高峰要去攀登。

大多数决策者都会对任务宣言和愿景描述进行反复推敲和研究。遗憾的是，不少这种描述却把价值观、目标、目的、理念、信念、抱负、规范、战略、实践和描述混为一谈。它们常常成为一种枯燥乏味、模棱两可、结构不清的语词序列，引起人们这样的反应："真的,但谁会管它呢?"更严重的是，这些陈述中很少能与激励公司更有远见的基本动力（保持核心和不断发展）直接联系起来。这种动力,而不是愿景描述或任务宣言,是使公司持久成功的主要动力。愿景规划仅仅把这种动力带进企业生活的周边环境。建构一个具有远见卓识的公司,需要1%的愿景规划和99%的调整。如果你能很好地调整企业的活动,那么,即使是一个来自外星的访问者,也可以从公司的经营活动中推断出你的愿景规划,而不需要阅读书面材料或与高管见面。

进行调整可能是你最为重要的工作。但第一步通常是重新塑造你的愿景规划或企业宗旨,使之成为构建具有远见卓识公司的必要条件。如果你做得正确,至少在10年之内你不应该再做这件事。

第三部分 推动变革发生

DELIVERING RESULTS

新政

人肉
......

1. 改变我们变革的方式[①]

理查德·坦纳·帕斯卡尔
马克·米勒曼
琳达·乔尔嘉

面对日益激烈的竞争,越来越多的企业多年以来一直都在尝试对自己的运作方式进行根本的变革,如引进岗位职能更新和流程再造计划。但竞争的压力越来越大,变革的步伐也越来越快,许多高层也越来越关注企业产品的质量、服务和经营的灵活性。变革的车轮转得越快,企业员工受到的压力就会越大,工作就越辛苦,企业根本性的变革就会延缓甚至停滞不前。

这些问题并不在于变革本身,有些变革甚至可以说是很成功的了。问题的症结在于几乎所有的变革的压力通常都集中在少数人身上,即能够为组织的成功真正作出贡献的人

[①] 《哈佛商业评论》1997年11~12月。本文是基于和CSC Index进行的联合研究与咨询项目撰写而成。

第三部分

太少了。这需要有更多的员工对变革抱有更大的兴趣，在变革中扮演一种更积极的角色，对变革的成功予以更多的关注。只有当组织中的每一个人都能够并且积极地应对每一项挑战的时候，企业才能获得真正的活力。这种深层次的改革通常被称为"复兴"或"变革"，许多公司都在寻求这种形式的改革，但成功的却很少。

调查分析的结果显示企业高层对这种深层次的复兴改革是极为关注的，并给予优先考虑。但是，他们中的绝大部分都遇到了挫折，有些是因为大型企业组织本身具有抵制变革的能力，还有些是因为与组织战略、工作流程或组织结构上的变化相比，这种变革过于激进，让人短期内难以适应。因此，企业的改革通常是指流程或结构上的调整，但是变革则意味着更多：意味着重新唤起组织中个人的创造力和责任感；意味着组织内部和外部关系的持续改革；意味着对组织和工作本身的忠诚。变革不是一种改革的叠加，其目标是实现组织能力的跨越式发展，让员工感觉他们是在为一家卓越的组织工作，需要进行彻底的变革。

即便公司有完善的规划和蓝图，这种持续的组织变革也并不简单。多数有关变革的文章不是太概念化，就是太不符合实际、太感情化、太模糊，或太具体而难以在实际中加以运用。我们已经对变革困境中的企业，甚至维持健康企业的活力感到无能为力，因为我们以前从未识别出能够创造出持久变革的因素。

从本质上来看，有三种相对比较成熟的方法可以使企业组织恢复活力并且保持良好状态:让员工全面参与到应对商业挑战的过程中来;从不同的方面进行引导,以增强并保持员工的参与;优化心智模式以使人们的行为逐步向好的方向发展。如果运用得当,这三种方法将会通过改善人们处理冲突和学习的方式使组织面貌焕然一新,或深层次的组织文化获得显著的改观。

这些结论是我们通过对世界上三个最大的组织——西尔斯锐步公司(Sears, Roebuck & Company)、荷兰皇家壳牌公司(Royal Dutch Shell)以及美国陆军(the United States Army)在处境好和差的两种情况下的变革实践的追踪调查后发现的。西尔斯(年营业收入 360 亿美元,310 000 名员工)、壳牌(年营业收入 1 000 亿美元,110 000 名员工)、美国陆军(年预算为 620 亿美元,750 000 名退役和现役,以及 550 000 预备役)在规模、地理分布和管理复杂性上极为相似,且都是公认的成功典范。他们都存续了 100 年以上,并从未被吞并或解散。

西尔斯、壳牌和美国陆军的变革诱因各不相同。但在这三个组织中损害绩效和抑制变革的根源都是文化。关于文化的定义就像关于变革管理的文章一样,极为纷繁复杂,却没有一个能告诉我们应该做什么和如何做。然而,我们在对西尔斯、壳牌和美国陆军的文化研究中找到了四个可以在形势好和不好的时候预测绩效的指标。对于企业的经营者,这四个指标相当于帮助医生评估人们身体健康的依据。

这种征兆的相似性极为重要。早先很多治疗方法之所

第三部分

以失败,是因为医生仅仅对最明显的症状进行治疗,而他们对这些症状背后的重大机能失调却一知半解。尽管如此,医学界渐渐地就对这些不可见的症状进行识别,找出他们如何发挥作用,关注病人身体健康状况的关键指标,并研究其间的相关性。今天的医生在做检查的时候,一开始就会检查这些方面,如脉搏、血压、肺活量、反射等,从而对每一个复杂的子系统和器官整体如何运行就有了一个大概的、但相当准确的印象。

组织也有类似的系统和症状。这些生命征兆能够揭示其健康状况的信息。我们在西尔斯、壳牌和美国陆军发现的四个生命征兆为我们提供了一个关于企业文化的定义,告诉我们对于公司的运营来说我们所需要知道的信息:

权力。员工是否认为他们能影响组织的绩效?是否认为他们有影响变革的权力?

身份。个人是否狭隘地认同他们的职业、工作团队或者职能部门,是否能认同整个组织?

冲突。组织成员如何处理冲突?他们是在掩饰问题,还是敢于面对冲突并解决问题?

学习。组织是如何学习的?是如何对待新的观点的?

组织的目标偏移

受到组织年限、规模和竞争激烈程度的影响,大多数组织的生命征兆呈现不断恶化之势,这样的生命征兆与他们的组织目标是不一致的。实际上,这种不一致常常还会对组织目标产生破坏。

新生组织的成员一般都能感受到个体和集体的力量,感受到他们可以在追求共同目标的过程中作出的巨大贡献。员工视组织为一个整体,非正式团队是极为常见的。当冲突发生时,员工会直接予以处理,而不会让冲突影响到各自的工作。整个组织允许尝试和犯错误。

然而,随着组织年龄的增长和规模的扩大,这四项生命征兆不断恶化。在许多困难和障碍面前,员工不再感受到权力的存在,在日常工作的争论中得不到上司的支持。员工通常只能一味地顺从。随着组织复杂程度和对成员要求的提高,员工开始寻求属于自己的私人空间。在那里,他们可以行使责任、保护自我,与外部世界隔绝。因此,员工游离于团队和整个组织之外,他们开始从自己特定的专业、所在的工会、职能部门、团队、地理位置中寻找安全感。成熟组织的员工总是倾向于避免冲突:一方面是因为害怕受到责备;另一方面是因为害怕别人将工作上的不和归结为私人恩怨。取而代之的是,他们可能参与一连串的冲突,这些冲突最终导致整个组织陷入僵局,而不是问题的解决。就学习来说,规模大、年限久的组织比相对年轻的竞争对手更容易接受新的观点。在作出承诺前通过质询和试验排除每一个可能的缺点使得很多想法往往胎死腹中,这样做的前提是拥有特定的知识。

西尔斯是一个企业文化特质偏离正常状态的有用的例子。它既说明了前任 CEO 精心安排却最终变革无效,同时

第三部分

也表明继任CEO成功地通过变革为企业增添了新的活力。

在埃德·布雷南(Ed Brennan)执掌西尔斯的12年间,他的失误不应归结为缺乏智慧、精力或缺乏好的思路。他出售西尔斯大厦,精简总部,把中心组织迁到芝加哥郊区的一个空旷校园中。他提倡打破只能使用西尔斯信用卡付款的传统。他建立了品牌中心(Brand Central),第一次提供诸如通用电气(GE)、美泰克(Maytag)、松下(Panasonic)这样的非西尔斯品牌的产品。他通过收购添惠(Dean Witter,收购价6.07亿美元)和高伟房屋中介(Coldwell Banker,收购价2.02亿美元),多元化扩张进入金融服务业。他还投资10亿美元推出发现卡(Discovery Card)。当他在1993年买入这些资产时,西尔斯的市场资本总额从其上任时的80亿上升到了360亿美元,金融服务业务的累积利润几乎占到西尔斯前5年综合收入的2/3。布雷南尽力把西尔斯重建为一个零售商。他削减了48 000个工作岗位,简化了物流系统,进入女式服装领域,采取措施简化采购部门并提高其效率,并且提出了新的商品陈列格局,如单独设立汽车卖场和家具、家庭装饰品商店。使西尔斯的零售业务再现生机而闻名业界的却是布雷南的继任者阿瑟·马丁内斯(Arthur Martinez)。

与马丁内斯相比,布雷南失误的地方是,他没能把握西尔斯的文化,也就是说,布雷南没有注意到公司生命征兆的恶化。不像马丁内斯,他从来没有向这样的洞察力妥协,文化与产品和市场主动权一样是具有战略意义的,强化生命征兆对恢复企业的活力大有帮助。

当马丁内斯在1992年接管公司时,很少有员工能够感受到个人被赋予了权力,大多数人除了顺从什么也不能做。正如一位地区经理指出的那样:"这是一个充满'客套和遵从'的公司。公司上层下达指示,我们尽最大努力完成。没有让你去作出合理的市场决策的余地。当20世纪70年代公司陷入不景气的时候,整个公司弥散着一股令人沮丧的氛围,甚至在鸡尾酒会上我们都不愿承认在为西尔斯工作。公司显得庞杂而混乱,一切都失去了控制。我们的感受是受挫和无能为力。"

就企业特质而言,从1880年创立到1956年第四任CEO罗伯特·伍德(Robert Wood)将军退休,西尔斯一直充满活力,但现在却渐行渐远。在那个时期的大多数时候,采购中心的员工和手握重权的区域经理,在检查和平衡系统的制约下,相互之间都很坦诚。然而,从20世纪50年代中期开始,继任的CEO过于保守,使得分支机构和总部之间的关系越来越紧张,检查和平衡系统退化为空洞的形式。区域经理像男爵一样经营分店,公司上层的战略指示被阻挡在外。越来越地区化和本土化的特征毫无疑问使西尔斯不能应对来自于沃尔玛和反斗城公司的威胁。"它们的规模太小了,根本不值得去考虑",或"在我这个区域,它们并不成为问题",这是他们最典型的反应。

布雷南试图纠正过度的权力下放,但他从一个极端走到了另一个极端。除了降低大多数地区经理的职位,他还降低了其他阶层管理者的职位。就像一位商店经理说的,曾经是

第三部分

有权的经理,现在被降职为"只需要保证亮着灯,开着门的人"。"结果,我们失去了熟知的一切。管理层的主要责任变成了广告宣传和产品推销。总部的专家1个月内调查一家商店3次,然后认为他们比你更了解你的公司。"

在多种压力下还要完成目标,同时面临着被解雇的威胁,因此商店管理者非常守旧,而且一味的专心于他们自己的片区。结果,经营开始变成了混乱无序的商品推销,服务质量低下,经常出现缺货的情况,疏远了客户。布雷南的许多努力使商店在可能的范围内获得了大规模的变化。布雷南试图建立一个公司范围内的一致性。但是,这个中心并没有建立起来,其所有的努力都失败了。结果,这个公司的员工都为了自己利益而只注意公司一致性中自己利益的部分。

西尔斯的第三个生命征兆显示了该公司对不同意见的接受能力的丧失。这个公司最早的运作模型是建立在家和办公室的基础上。这种总部政策与商家之间的冲突斗争被西尔斯历史上跨度长达76年的4任CEO所缓解。他们从不惧怕这些冲突,他们总是试图引导和利用这些争论。但是,当埃德·布雷南成功继任CEO时,以前创新与控制的管理模式只能让位于遵守和默认。推迟或反抗命令意味着"不再是团队中的一员。"

关于西尔斯学习的正面和负面的报道一直不绝于耳。负面报道开始于1974年,它们被西尔斯公司认为是糟糕的舆论导向和不公平的待遇。1990年,当西尔斯被指控在汽车修理上没有信用(在加利福尼亚州的消费者协会发现在西尔斯汽车维修中心有85％的欺诈行为,并在全美44州留有案底),布雷南的第一道防线是否定所有的指控。一个很典型的例子:1992年,西尔斯开始将沃尔玛作为竞争的参照,而当时沃尔玛的规模比西尔斯大60％。西尔斯的顽固显示了它强大的内在文化。布雷南任期内的100位高层管理者中,只有一位是没有西尔斯工作背景的。"西尔斯是与众不同的"或"我们试过一次,但是并没有成功",这些经常是对新建议的反应。

员工的全面参与

西尔斯、壳牌和美国陆军目前都在致力于自身组织建设。这三家公司正努力转变他们的固守经验的模式、授权机制、识别能力、冲突解决方式和学习方式。无论是采取怎样的形式,这三个组织都在使用同样的下列三种干预措施来获得至关重要的标志性发展。

第一项干预措施是使员工参与到组织的活动中来。这与上层的传达、推动或者制定策划有所不同。这就是再社会化。这意味着鼓励员工在日常的工作中面对挑战,成为一个有意义的贡献者(而不仅是个执行者)。这样,员工作为志愿者,自己决定每天是否多贡献一份力量,而这额外的一点儿力量的付出就可以使企业与竞争对手区分开来。虽然全面参与民意管理、员工参与、自主管理团队等方式极其相似,但它又优于其他方式。这项干预措施的鲜明特性包括运用具

第三部分

体的、紧急的商业问题促使员工产生紧迫感;从公司上层逐级下来的每一个员工的全面参与;经过逐层、逐个部门的构思和支持形成的主动性。

我们可以从马来西亚壳牌子公司的好转中看到一位领导通过全面参与而对扭转趋势所做的努力。它的英籍董事长,克里斯·莱特被任命为董事长之前,在马来西亚曾有三次职业转换,并受益匪浅。当他1992年到任时发现组织一片混乱:公司超员,传统产品收入降低,对批发客户的服务标准混乱。以往不活跃的国有石油公司纳斯石油公司已经成为交通燃油市场上的一个有力的竞争对手。

莱特想建立一家更便捷低廉的公司,但是他观察到几位前任已经尝试过,但未能改变马来西亚壳牌子公司的主要情况。更多的员工觉得作为全国最大的私有石油公司,壳牌不应该尝试破坏秩序。在这个极端保守的哲学的指导下,员工总是避免任何对日常操作的背离,让任何使用主动权的冲动在襁褓中窒息。在舒适的供不应求的市场的保护下,他们的认识只停留在狭小的、可防御的井底,有如井底之蛙。与运输部门经过激烈的讨论,每个人都反对来自市场和营销部门的疯狂的主意,但是所有这些冲突显然是无声的。从文化敏感到保留面子方面考虑,马来西亚员工会试图通过高度迂回的策略来解决问题。圆滑和逃避是常用手段。最后,员工很少学习和研究。当竞争者凯尔特斯的国内市场份额迅速增加10%时,莱特发现员工们非常漠视,甚至缺乏好奇心。

一年多来,莱特尽力在八人的执行团队中建立起相互信任的关系。但不知何故,目标已经不在他的掌控之中。他很恼怒,于是计划在古晋(Kuching)、婆罗洲(Borneo)进行一次全面参与的活动,要求260位壳牌高级和中层经理参加。

中层管理战略创新队伍的一位领导以两个重要提议的简短演示拉开了为期两天半会议的序幕,两个重要提议目的在于重新定位壳牌和获得竞争优势。第一个提议是设想大胆地与其最大的竞争对手纳斯石油公司建立伙伴关系,以联合获利,这样就可以降低两个公司的成本,使双方的竞争对手处于不利地位。第二个提议是通过在客户服务中心建立联络流水线,以加强和改善壳牌与3 000个授权的服务站之间涣散的关系。

管理者们被分成多个小组,然后被要求指出这些战略提议的弱点。当所有管理者重新聚集在一起,一些小组建议从基层改善,但总而言之基本上同意这些提议。下一步是有组织的旁听。与会的几个大组都各自选取公司的一个方面——战略、结构、系统,并阐述了它是如何影响现有绩效,以及可能对两个提议产生什么影响。当全体出席会议的人员分享这些讨论结果时,很明显壳牌参与运营的大部分人将向主动创新妥协。通过会议,莱特的许多管理骨干开始意识到紧迫的竞争压力正影响着公司,并被动员参与开展工作以迎接挑战。此类动员是精心设计的、全面参与的。

在这样一个非现场会议表面下,事情有了另一个进展。低层管理者获得了第一手有关商业优先权的知识,看到了董事长希望公司的发展方向,他们中大部分赞成他的计划,余

第三部分

下的施加阻力的高管被孤立出来。一个年长的英国移民承认他曾为董事长的提议鼓掌,但他选择在会议的最后十分钟公开宣称他有不同意见。48小时后莱特开除了他,此事传遍了整个壳牌,这在壳牌是从来没有的事。

然而解雇事件引起一个敏感问题:在鼓励建设性的争议的前提下,怎么可以因为意见不一致就解雇了呢?莱特的立场是:他解雇这个人,不是因为有不同意见,而是因为在前期13个月的高层讨论中,或者当时的会议中从不表示反对,只有在会议即将结束的几分钟里提出。此外,壳牌的大部分员工,至少在马来西亚公司的员工是接受这一解释的。人们普遍认为,改革阻碍的行政命令是进行更广泛的参与和承担义务的关键。

全面参与不会因为一次会议的开始而开始,也不会因此而结束,然而会议却有益于全面参与的开展。莱特的下一个举措是举办一天的情人节活动,这是他从福特借鉴来的名字和概念。活动是这样的:集合100名记时员工,按主要职能部门(精炼、物流、设计、客户服务、会计等)把他们分成几个小组。争论中的第二个战略主动权概念是在古晋提出的——客户服务中心。首先,莱特的目标是通过一个免费的电话号码使壳牌与客户之间建立一个单点联系,另外授权客户服务中心要满足客户的需求。招募一个昼夜值班的员工来负责接听电话是很简单的事情。这样彻底地下放组织权力,以使客户服务中心代表能够打破僵局,重新调动资源,这完全是另一回事。这是组织血液溢出的过剩资源,在不破坏下游职能的原有力量的前提下,调动过剩资源也是一个挑战。

情人节活动是一个解决矛盾的工具。每个职能队伍被要求把对其他任何一组的不满写出一份简短的陈述,并精确地指出它是如何影响生产效率,甚至可能阻碍了客户服务中心顺利工作的。当每组假如收到6份这样的"情人节"卡片,小组成员将被给予时间详细审阅和讨论,然后选出两条他们认为尤其重要、需要解决的问题。首先,小组有两小时的时间作出一份60天内纠正错误的详细计划;其次,小组提供改进行动的成员名单;最后,列出发出卡片的小组中愿意分担责任并帮助解决问题的名单。

再回到全体会议,每一个被分配工作的人站起来解释自己的不满,并提出解决办法,同时指出小组中对于承诺人选的指派——通常是个别被认为最可能破坏计划的人,因此这个人也是成功的必要因素。然后,这一承诺人选站起来进行公开的精彩辩论。气氛紧张起来,会场静下来。在协助者的指导下,两种原则的冲突公开了,阐述了他们相互间根深蒂固的不信任。通常这样可以得到一个确定的结果。

由于很好的利用了这些及其他的技巧,马来西亚壳牌子公司扭转了10年来的局势。使个人认识提高到了一个新的水平,把公司作为一个整体而形成新的统一认识,提倡新的公开有价值的争论,新的学习的热情坚持至今。

从不同场合引导

在过多的试验和新想法的重压下,组织面临解体,这对

第三部分

于传统的领导是个可怕的事情。对他们来说,在某种程度上局势似乎失控了。但是作为领导躲过了暴风骤雨,他们思考的着眼点开始转移。从考虑"我必须保持控制"或者"这太快了",他们开始培养控制范围之外的能力,接受含糊其辞并将逆境作为工作的一部分。三个创意的第二个是——一种新的领导方式,这要求他们培养紧迫感,集中注意力但要承担一定的压力,不要感觉被迫带着很多问题而要求援助。他们学会坚持到底,直到下层经理主动站出来阐述公司的弊端。[1]

亚瑟·马丁内斯在西尔斯认真地做了这些事情。最初,他做了一件布雷南没有做的事情:他开始讲事实。连续七年来,西尔斯的零售决策人都在自欺欺人。他们每年设定目标,结果年底总是完不成计划。每次计划都定得低一点,但每年都还是达不到。市场调研表明,西尔斯很危险,几乎切断了与零售客户的最后的联系。正是西尔斯的信誉卡带给零售集团70%的利润,面对所有这一切是很痛苦的。马丁内斯准备面对这一切。

为了形成紧迫感,马丁内斯设立了较难实现的目标。在两年内,西尔斯将增加四倍利润以与行业利润率持平,扭转市场份额的缺失,并使客户的满意率提高15%。然后进入更难的阶段。例如,改变布雷南管理下的大部分部门处于的麻木、近乎无力、梦游一样的工作状态。就像夜里被奇怪的噪音搅了你们的梦一样:在朦胧的半意识状态下,你的两种意识在斗争,一边的想法集中在"这是入侵者还是只猫";又一边坚持是坏消息的可能性很大,然后又在斗争中睡着了。同样,组织中的人也坚持做那些自己熟知的工作。当领导提出一个意向并指出这一意向的紧迫感,对于组织的第一重抵抗就是向领导要答案。可以预见他们会说:"我们需要一份计划……更多指导……更多资源。"很多领导会直接给他们答案,但马丁内斯不会。他拒绝给他的高层管理队伍任何答案,他的拒绝是有力而不可改变的。他没有答案,没有人有答案。在马丁内斯提供的足以改变思想和行为的事实、紧迫感和足够有效的压力的基础上,西尔斯的管理要找到答案。

  企业要从不同角度的引领马丁内斯在西尔斯提出的那种再社会化。没有任何地方经转化生成的再社会化力量比美国三个高度非常规军事训练中心(加利福尼亚的福特·伊拉文、路易斯安娜的福特·波尔卡和德国的洪费尔兹)更明显了。事实上,这种训练已经被许多培训主管和高级代表广泛而有成效地研究,如壳牌、西尔斯、摩托罗拉、通用的培训主管和来自欧洲、亚洲、拉丁美洲和中东的大部分国家的高级代表。经过过去15年的完善,这种培训被广泛认为已独自改变了军队的运营方式。

  经过令人精疲力竭的两周,3 000~4 000人的整个组织参与模拟,规模类似的竞争者没有完好无损离开的。这样的训练经常会改变执行者的领导方式,这里的执行者是军官。影响的关键是一支由600位讲师组成的骨干队伍,队伍中每个人都负有领导和监督责任。一天18小时的紧张激烈训练后,这些被他们称作观察员的管理人员跟踪参与方。他们提供个人培训,使无层次的询问更容易,这一询问被称做

第三部分

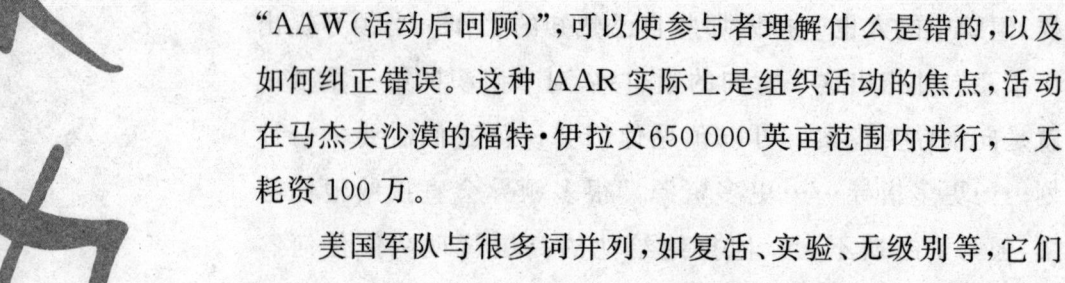

"AAW(活动后回顾)",可以使参与者理解什么是错的,以及如何纠正错误。这种 AAR 实际上是组织活动的焦点,活动在马杰夫沙漠的福特·伊拉文 650 000 英亩范围内进行,一天耗资 100 万。

美国军队与很多词并列,如复活、实验、无级别等,它们导致了术语的冲突。但是这一观点已经过时了。根据军队刚刚退休的参谋长,乔丹·R. 沙利文(Gordon R. Sullivan)解释:"在信息时代,矛盾在于管理大量信息和抵御过度支配的欲望之间的矛盾。当你试图运行命令链条上上下下的所有决策时,竞争的优势就无效了。所有坦克部队有实时的信息,可以了解他们周围将要发生的事情、敌人的位置、敌人武器系统的性能和目标。一旦指挥官的目的被理解,决定必须移交给尽可能低层的士兵,允许前线士兵寻求机会进攻"。

大量因素已经对军队的特殊持续的转变,包括提高士兵素质、志愿兵的增加等有很大的贡献。内外的观察家一致同意 NTC 国家培训军队已经成为综合看来最严峻的考验。自从 NTC 建立以来,军队中有超过 50 万的男女士兵经历了多次轮训——大部分的上层、中层和低层官员和 NCO 就参加了五次培训。就像一名官员说的:"NTC 的经历是不容争辩的。日复一日,你要面对目标与过失行为之间以及你希望敌人做的和他实际做的之间不同的有力证据。"

从不同角度引领要求,要坚持完成课程和抵制直接得到答案的诱惑。解决办法和传达给他们的承诺必须是来自领导的。领导必须保持施压,直到下属看到他们不得不做事,直到队员向前迈一步,开始像领导一样从事工作。并不是所有的队员都适合做领导,但是保持压力将最终产生扭转迹象的潮流。

从不同角度引领还要转变领导自身的管理状态。他们自己应该看到他们所希望的组织的活力转变的微观世界。从赋予自己做事权限(期望中层管理者的帮助是不甚合理的),转向提供真实信息;从承担一个负责人的角色,转变为履行责任的不同方式的交换所的角色;从避免直接谈话,到掌握了一种能力,不仅可以控制,还可以鼓励建设性的争论;从必须给行程提供一份详细的路线图,到开始把学习作为一种询问的形式。领导必须公正地把自己置于困难之中,学会接受不确定性。我们大都更喜欢通过行动获得新的思维方式,而不是通过一种思维方式指导新的行动。这是从不同角度引领的基本要素。

灌输有意识的纪律

我们知道在全面参与的萧条或弱化时期,即在马丁内斯管理之前很长一段时间里,不景气和恶化几乎是一成不变的后果。我们已经看到把全面参与和不同领导阶层相结合的西尔斯、壳牌和美国陆军能够扭转组织的变化,并恢复其文化活力。但是,如果组织要改变组织成员的思维、行动和相互影响的方式,如果这一社会化不能使暂时的财务状况有所好转,人们会认为更坏的情况已经消失,然后必须内化一套原则或纪律,来约束他们的反应,管理他们的行为。这些纪

第三部分

律可能被作为持久的社会范式,他们将是一个很好的约定(交易),而不是一个断断续续的习惯。习惯是自觉的因此是无意识的,而纪律是有意识的。我们可以看到这些纪律在事后回顾中起了作用,这是 NTC 经验的核心。

每天下午,负责训练发令的指挥官接到任务,如刺探敌人的防御,或者保卫你部避免遇到更强的敌军。在拥挤的发令帐篷里,30~40 位军官和战斗部队高级指挥官研究形势,试图想到一个出奇制胜的战略。下午晚些时候,这个战略开始传达给佗布在崎岖地形的几平方公里的 3 000 名士兵。坦克队和几排士兵接到命令,在雷区布雷,炮兵和直升飞机配合,侦察开始。午夜时分,友队和敌队的探测任务都开始了。

到黎明时分,白天的战斗非常活跃。敌军(第 11 装甲骑兵团)长久驻扎在福特·伊拉文。部队了解地形,行动难以预知,几乎总是破坏正在接受训练的部队。所有的行为已经记录在案。安放在山顶大型摄像机在热点地区放大。精密设计的激光技术精确跟踪每一个武器在什么时间、什么地点开火,电子控制使被击中的战斗方丧失战斗能力。音频带通过声网记录着对话和现场混乱的局面。到上午 11 点时,战术已经定下来了,90 分钟内管理员把参加战斗的队伍一起拉到战斗发生的地区附近。

让我们近距离观察进行中的 AAR。[2] 一个配有两辆坦克的两排士兵,四个装甲人员运送舰和吉普车的队伍,被拉进紧闭的凸起的沙漠阴影的包围里。队员靠着坦克的履带,挂图悬在吉普车天线上。战斗已经进入第 5 天了,很明显,大家都已经疲惫不堪。管理员在地面建了一个沙盘，那是部队白天战役中被攻占的地区的微型图。他叫来一个炮兵军官，在沙盘上指出部队装甲的位置，解释本部的任务。

军官：我们的全局任务是摧毁目标 K-2 的敌人。

管理员：为什么这个是重点？在战役中你的坦克扮演什么特殊角色？

军官：我不清楚。

管理员：有人可以帮助你吗？

一点一点的建议汇成了讨论的洪流。结果显示，只有一名中尉理解任务。没有一个坦克和交通工具的配合，没有人知道要集中火力攻打哪个区域。没有人理解部队的主要任务是把敌人驱离自己的防御较弱的地区，并诱敌进入友军的坦克和炮兵的射程范围内。

第二天的关键课程被记录在挂表上。所有的士兵都带着一幅他们将要参与的图片，但是不能看。每个士兵都对交战有一个综合的认识，并由管理员的视频消波器和数据硬拷贝补充。几日下来，特别主题被加强了：队伍中所有成员必须理解总的图表，他们都需要思考，他们必须把自己放在敌人不配合的立场想，他们必须做好准备不再被意外吓倒，他们必须把等级放在一边，进行自我批评、团队协作。

当时的 NTC 指挥官，威廉·S. 华莱士将军说："AAR 使军队民主化，它已经开始向我们灌输询问制度。最重要的是它使三代军官实现了从命令控制向分配信息的转变。历史告诉我们，永远不要太固执于我们的战争计划，保持足够多

第三部分

样的研究会导致战争混乱的局面。"

NTC训练和AAR的成功是精心设计规则的结果,他可以在很多组织和公司应用。首先,选取不同职能和等级的一队人,使之陷入一个冗长紧张的学习过程中。让这个队伍承担一项非常艰巨的任务或参与一场激烈的竞争。在合适的条件下,压力和疲劳将改变旧的行为模式,使新的理解和行为公开,并根深蒂固。第二,为了消除主观化和误解,要收集已经泄露信息的有力证据。让数据说话,而不是培训者来说出这一事实。第三,利用高技术水平的服务商,他们对所观察的情况有很深的认识。永远不要指责他人。用苏格拉底的质问来唤起自我发现。第四,不评估业绩。经验不是简单说明成功或失败,而是教会每个人的学习能力,安全地进行学习。

行动后回顾(AAC)中有7条纪律,所有7条都跟战争中的事务有关。

1. 建立对事务的完整理解。 当整体策略和个人行为之间存在差异时,此时组织中成员表现最好。这种情况下比表面看起来还要困难的多。一方面,部队需要理解每次行动的主要目的("部队为了建立联系而前进,但不贸然采取全面战斗",或"把敌人封锁在一条战线上,但不进行反攻"),需要理解每次行动怎样才能适应更广的策略的实施。另一方面,士兵需要有强硬的个人技能。这是两个基本要求。这种观念旨在防止士兵的自由行动。他们不仅仅要服从命令,还要把技能和才智用到更大的目标中去。

第一个要求,把大的战术传达到小单位中去,在战争的热身准备中很容易被疏忽。在以上的 AAR 特写镜头中,我们看到陆军中尉怎样地指挥已经忽视了大战术的通讯武装部队,士兵又怎样的没达到目的,而且他们自身还没有意识到这一点。第二个要求,发挥个人专长,部队已经从整体素质运动中引进了一个概念,并且从所有的军事行动中提炼了三点,包括:主要任务、执行每个任务需要的条件、成功的认可标准。(例如,在 2 000 码范围之内,攻击夜晚在崎岖的地面上以每小时 20 英里速度移动的敌人坦克,成功率为 80%。)

西尔斯已经找到了这条规则的可效仿的方法。为了把更大的策略图传达给每个员工,公司采用了学习图——大的精心制作的边界壁画,用于与一小部分和服务商一起交流基本的贸易条件。这张图带人们领略了 1950～1990 年期间在竞争环境中发生的变化。另一张图,像一个游戏布阵一样,让员工在资金来源处下赌,当资金从客户的钱包流向底线时,利用这些资金。然后西尔斯叫他的员工运用他们从学习图上学到的东西来完成 3～4 个实践性活动,在存备阶段就要立刻采取这种行动,从而扭转亏损局面并改善对客户的服务。

西尔斯先确定了这条规则,通过培训来提高与客户的沟通,然后又补充了测评方法,重点在于根据客户对个人和团队的满意程度进行业绩测评。总而言之,这些主动性能够让

第三部分

员工达到高标准,并且让他们理解每个人是怎样为西尔斯的成功作出贡献的。

2. 鼓励不妥协的直接对话。 AAR 就是在士兵坦诚交流的基础上得出结论,因为士兵在令人迷惑的战争中被分类,这些判断出问题出在哪里。如果人们尊重他们的上司,或害怕伤害某些人的感情,那么这类交流就不会出现。如前文所述,管理者使用客观数据指出问题很熟练,为了坦诚交流,要培养健康的妥协方式。

西尔斯自上而下实践这条纪律(马丁内斯帮助过他的高管层直面西尔斯过去业绩的真实情况);自下而上也实践过(行政会议形成了一个新的、更直接多的交流风格)。我们也看到壳牌马来西亚子公司用"情人活动"来强调这条纪律的重要性。

3. 从未来的角度进行管理。 因为自身原因有困难,显然不是军队的意图,但是想要取得优秀的成绩可能是要付出代价的。"做所有你能做的"更像军队的招募口号。它挑战制度的每个要素——从士兵到后勤指挥,都要努力提高自己的能力。"做所有你能做的"不是一个要达到的目的,而是一个从何处管理的思想。

组织会经常用完它们的将来,这在二战以后在美国陆军中确实发生过。对西尔斯来说是在伍德将军退休以后,对壳牌公司来说是在 80 年代。一旦一个组织中的成员认为他们已经到达了未来,他们就开始把过去的成功编成法典。

从将来角度管理的最本质方面就是要改变一个机构的观点。我们都希望把未来展望成一个遥远的目标。通过比较,这个规则意味着把一些未来目标内部化,这样制度才能够在未来生根,并且从未来角度管理现在状况。马来西亚壳牌、莱特继承了一个用尽未来的公司,公司满足于保持一个不引人注目的形象,尽量避免市场份额丧失,输给凯尔特斯、莫比尔和纳斯石油公司。莱特完全改变了这个思想,认为工业的前途是全球性的,不是全国性的。他坚持壳牌和纳斯石油公司应该联合起来,让马来西亚壳牌子公司在东南亚低成本中占据主导地位。当这个观点作为一个有利的未来观被接受时,两个公司都从中受益匪浅。

4. 把握好挫折。NTC 参与者从一开始就知道他们在同一个比在战场上可能碰到的更厉害的敌人。管理者每天提醒自己,他们目的不是赢取而是学习。抓住挫折就是重新解释失败,把失败当做突破,把失败当作机会。但这需要很大程度上的自我约束,超越了大部分管理者所能意识到的。通过责备他们自己(犯罪或羞愧感),他人(公开指责),或运气不好(辞职和听天由命),人类就不会犯错误。管理者日复一日地锤打控制住的失败,从中获取利益,直到每个士兵学会把挫折当做学习的窗口。

这条原则已经被西尔斯直接采用,帕戈尼斯(受欢迎度最高的美国军队将军之一)带领西尔斯在物流行业发展。帕

第三部分

戈尼斯已经把整个AAR过程直接带给了西尔斯。每天的会议由10～12个来自从仓库到总部代表各个层次的员工组成,仔细检查最近24小时内发生的变化,或错误的运送,并采取行动进行改正。

5. 增强有创造性的责任感。 第一条规则中的任务、条件和标准规范了合格行为的基准,因此士兵被训练来达到或超越那些标准,这样他们的部队就能在战争中依靠他们取胜。势均力敌的战争要通过利用敌人的薄弱环节来赢取。对战争任务的掌握不仅仅要求有经验技能,也要求有临场应变的能力。管理者需要挑选并奖励最初的建立在熟练基础上的创造行为。

重新强调"西尔斯弱势的一面"引发了公司和诺顿斯通之间的竞争。对于这场竞争,马丁内斯认为它制定了一种世界标准,来适当地平衡行为和责任之间的关系。诺顿斯通过"对不合理的客户要求给予反馈"的信条来鼓励创造力(比如,向一个在机场匆忙赶飞机的客户通过电话购物销售产品)。销售人员用提供特殊服务来实现其客户服务的承诺,并且把这些承诺在卖场中实现。在测评责任心方面,跟踪每个销售员每小时的销售情况,并且每隔两周公布一次信息——列出清单指明最差和最好的员工。如果销售员三个月的滚动平均值达不到销售水平,那么就要被解雇掉,而这是不常发生的事情。因为在清单最差者上出现了几次后,大多数差的销售人员会自觉努力取得进步。

6. 理解补偿物。 组织持久的灵活性和原则创造了巨大的需求。组织必须确保它们的成员能够得到相应的回报。以前,公司像个远洋航船,任何幸运地得到一个铺位的人肯定能巡航到上岸为止,然后退休。在西尔斯、壳牌、美国陆军以及其他地方工作的员工,作为忠诚、奉献的报答,公司让他们都享有工作保障。

我们现在已经见证了一个公司 10 年的发展,包括公司缩小规模、遇到阻碍、重新建造、并且外购等情况。从 1980 年到 1996 年,西尔斯已经解雇了 10 万多名雇员。美国陆军已经缩减了它的规模,从海湾战争的高峰,从 120 万士兵中削减了 30 万士兵。世界范围内,从 1980 年以来壳牌已经削减了 15 万个工作岗位。

明白补偿是一条严格的规则。真实的转变雇用合同有 4 种类型,其中 3 种以上是有关报酬的。第二类是受雇就业能力,这是增强人们就业能力的培训和技能。因为这个要素在雇用关系中在很长一段时间内都有价值,然而这个因素被过高地估计为一个动机。增强受雇就业能力将不能激发人们有创造性的承诺和热情,但那是公司发展所急需的。在那个层次的员工不可能被收买或诱惑,也不可能从个人主义出发考虑问题,但对各类行业的专家和行家来说,却常需要对其给予补偿。

产生转变参与不仅仅需要补偿和受雇就业能力。在某种意义上的工作中要培养员工发自内心的满意。最后,员工

第三部分

必须理解,无论企业朝哪个方向发展,都有发言权来完成它的使命。壳牌、西尔斯和美国陆军都正在努力实现补偿的4个方面。军队中,AAR是学习和重新社会化的发动机,让人们清楚地认识到保卫祖国是一项重要的工作,并因此而受到鼓舞。高级官员比低级官员过多地感知到戏剧性的变化;但是即使是最低军衔的士兵,仍然在日复一日地改变着军队的文化和它的最终使命。

7. 适应现状的残酷性。"行动以后回顾"是建立在个人能够提高能力的基础之上的,大多数情况下,他们做的每件事上都能培养其能力。管理者一直强调AAR规则能被用到其他地方的其他活动中,并且像AAR那样的协议会会令人不满。士兵带着这种思想回他们的家乡去了。一旦内部化,残酷不适的纪律开始暴露出来:我们怎样才能做得更好(更快,更节省)?是不是有我们还没有想到的新方法?日复一日,在整个军队中,当每个层次的士兵和员工开始看到持续性活力是很难保持时,AAR形式和纪律被用于批评行为上,且有了改进。

西尔斯和壳牌努力把注意力转移到日常纪律的提高上。保险行业的标杆企业就是USAA。USAA已经采纳了一个称为"描绘桥梁"做法,他们把完成不了任务的情况用做参考。简单地说,14个组织的专家独立工作,他们协同工作,每次参与到不同部门中去。他们的使命就是与部门进行合作,询问做每件事时碰到的问题。工作组扮演的角色必要吗?

工作组行为能够被改进或提高吗?这支队伍能够和另一个单位合并吗?能够被解除吗?不奇怪,这个公司中的人对两年一次的政体换届有矛盾的心理。但这种政体肯定能带来进步,同样重要的是,能加强 USAA 永恒的努力,使之成为一个更好的公司。

哈佛商学院的研究人员最近跟踪了《财富》100 强中改变影响的做法。事实上,所有这些公司在 1980 年和 1995 年之间至少进行过一次改变,但只有 30% 的那些创意产生了绩效的提高,但还是超出了公司的预算;只有 50% 的变革导致企业市场份额价格的提高。这个令人沮丧的结果不是由于缺乏尝试。在过去 15 年时间里,平均每个公司在变革计划中投资了 10 亿美元。[3]

因为努力和结果是如此的不成比例,所以引起的挫折感自然是普遍存在的。更准确地说,公司中一些人的付出远远大于所得的回报。解决方法就是要把重点放在整体上,把注意力从增加变革转移到改变每个新员工的态度和行为上来。

2. 打破加工制造组织中的职能思维定势[①]

安·马吉索克　王乾伟

许多企业都将业务流程重新规划,从而将员工安排在能为客户提供价值的工作上。他们已经摒弃了传统的功能结构,创建出新的组织结构——整流程(process complete)部门,每一个这样的部门都能执行所有的跨职能任务,以及让客户满意的任务。尽管大部分这样的努力最终带来了收益,如成本减少、周期时间缩短,以及客户满意度提高。然而很多其他的努力却令人失望,公司忍受了业务流程再造带来的创痛,结果却发现他们的业绩并没有提高,实际上在某些情况下比以前更糟。

[①] 《哈佛商业评论》1996年9~10月。本文受美国制造科学研究中心基金资助。作者对行动项目团队成员表示感谢。感谢他们愿意和作者分享他们的经验和想法,并指导本研究工作。这些构成了本文的研究基础。

第三部分

是什么导致这样不尽人意的结果呢？可能性有很多,其中包括:没有关注对于客户来说至关重要的经营部分,无法将原来自动的、职能上相对集中的信息系统整合成为共享的、以过程为中心的数据库及网络。而另外一个常常被忽略的原因则是管理人员与结构重组的团队没有充分预计到要改变员工行为,以及合作方式所需要采取的行动。他们这样假设:仅靠组织结构上的改变,即从传统部门转变到整流程的转变就可以让员工们丢掉已有的成见,立刻转变成为一个致力于实现共同目标的团队。

在过去的三年里,我们对美国的电子制造商们展开了研究,结果证明上文所提到的假设是错误的。在每一家电子制造公司,无论是小公司,还是像德州仪器、惠普、尤尼悉(Unisy)这样的企业巨头,我们都对它们当中的一个部门进行了研究,这些大多是制造部门,更精确地说是合成印刷电路板,或者将电路板装入电子产品中。研究选中的每一个制造部门都被管理层认定为该公司的最佳部门。每一个部门都不超过300名工人。我们选择这些部门是因为它们有足够的同一性,无论是从生产、从民族文化的影响,还是从它们所要面对的市场条件的方面来说,都方便将它们的业绩加以比较。

在这86个部门中,31个可以被归为整流程的一类,因为它们负责完成大多数的生产步骤、支持任务及客户沟通任务。这些职责包括制定时间表;获得订单、安排使用相关部件和人员调配;培训员工;运输部件;安装调试、维护、修理设

打破加工制造组织中的职能思维定势

备;将部件组合成最终的产品;检查并检验产品;将产品交付给客户;从客户那里得到反馈,改进产品以适应客户需要;评估和改进整个过程。如迈克尔·哈默(Michael Hammer)和詹姆斯·钱皮(James Champy)这样的提倡企业流程重建的专家会将这样一整套的工作称之为完成订单的过程。我们将余下的55个部门归类为职能细化的部门,因为它们的职责范围并不涵盖上述大部分的活动。

我们收集了周期时间的数据,进行了详细的工作流程分析,确定了该过程中每一个环节的负责人,记录了组织结构,观察了部门如何协调工作,并访谈了管理者和员工。我们采访了超过1 500人。为了比较业绩,我们将研究主要集中在周期时间上。原因有三:第一,周期时间在电子行业是一个主要的竞争因素,我们样本中的很多公司启用以业务流程为中心的组织结构的原因,就是为了缩短周期时间。第二,用统一的方式比较周期时间是可能的。最后,周期时间包括制造部件返工所花费的时间,因此可以作为一个过程质量的衡量尺度。[1]

我们惊讶地发现,整流程运作的部门并不比功能细分的部门节省周期时间。事实上,在那些的确能节省时间的部门,真正有效的因素其实是部门经理在员工当中培养集体责任感,而不仅仅是改变公司的组织结构。我们发现这样的集体责任感可以通过各种方式来养成:设立职责交叉的职位,奖励和团队表现挂钩,工作区域的安排有利于人们彼此看见各自的工作,工作流程的设计允许从事不同工作的员工能够

第三部分

相互合作。

有趣的是，使用上述四种方法的一种或几种并不是关键问题。已经采取全部四种方法的整流程生产的公司和那些只采取一种或两种方法的公司相比，在周期时间上并没有节省多少。真正重要的原因是一个公司是否真的采取了这些方法中的任何一个，公司是否意识到，为了培养相互合作的企业文化，公司所需要做的不仅仅是业务流程的重组。

这是个举足轻重的问题（见图 2－1）。有这样的认识而采取行动的整流程生产的部门与没有这样意识的整流程生产部门相比，前者的周转次数是后者的 7.4 倍。更惊人的是，后者与按职能划分的部门相比，有更长的周期时间——是前者的 3.5 倍。周期时间更长的整流程生产部门会有一些缺陷：工作职责范围狭窄、员工职衔多、奖励只与个人表现挂钩、工作环境不利于员工看到他人的工作、没有明确的工作流程将员工组织在一起。换句话说，那些部门在职能上分工明确，仅仅关注单一的任务，因而掩盖了以过程为中心的结构的潜在益处。

打破加工制造组织中的职能思维定势

图 2-1 促进协作的方式如何改善周期时间

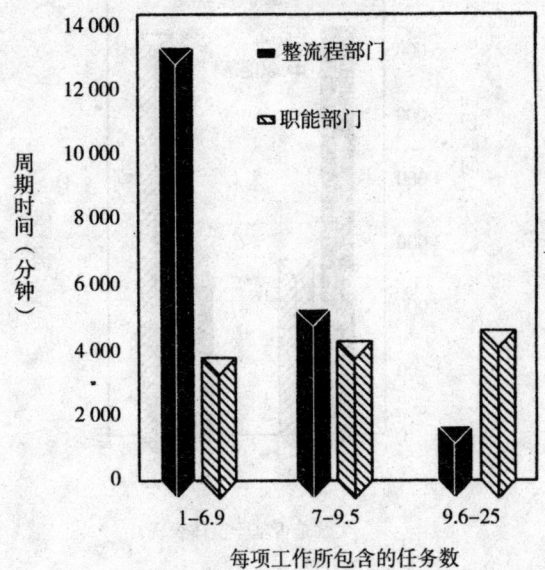

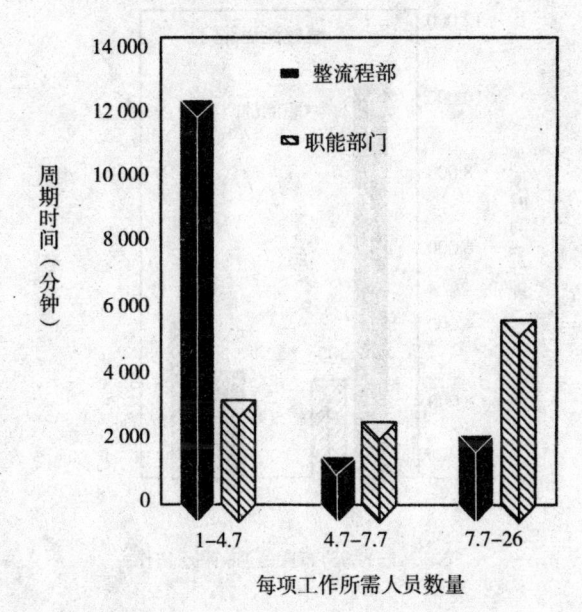

每项工作所包含的任务数

每项工作所需人员数量

第三部分

7 000
6 000
5 000
4 000
3 000
2 000
1 000
0

同期时间（分钟）

■ 整流程部门
▨ 职能部门

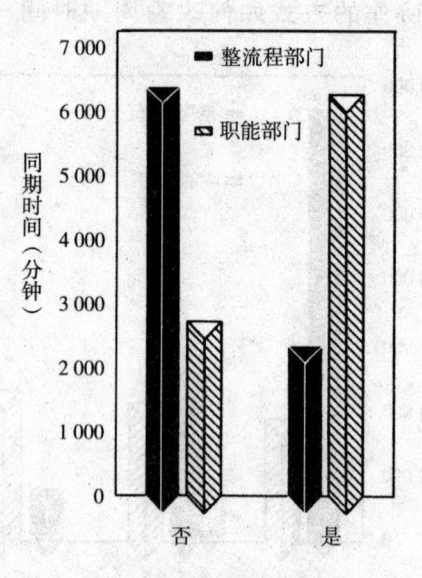

否　　是

奖励是否基于整体表现？

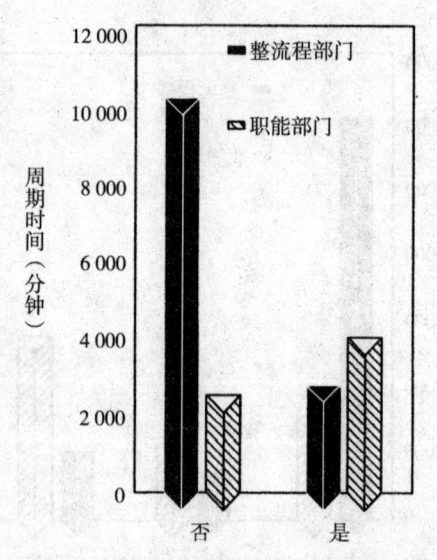

12 000
10 000
8 000
6 000
4 000
2 000
0

周期时间（分钟）

■ 整流程部门
▨ 职能部门

否　　是

工作场所布置是否有利于协作？

打破加工制造组织中的职能思维定势

周期时间（分钟）

- 整流程部门
- 职能部门

16 000
14 000
12 00
10 00
8 000
6 000
4 000
2 000
0

否　　是

工作程序是否有利于协作？

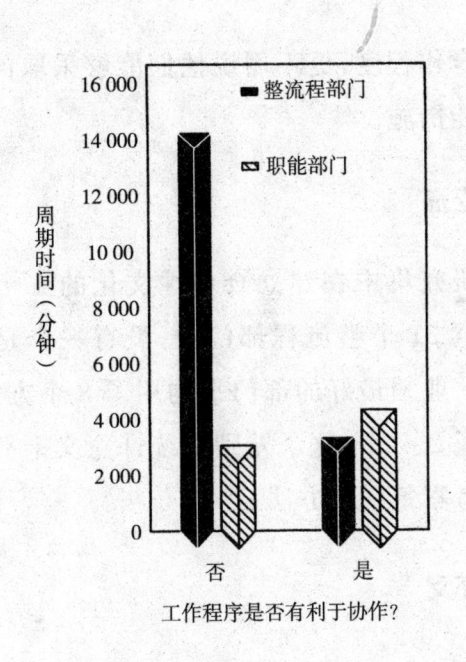

变革文化

在进行这项研究和其他研究的过程在中，我们询问过很多重组企业流程的管理者，请他们解释为什么会向整流程这样的方向发展。他们总是回答说，这样的改变能够减少整合，并监控各自独立的单元工作所需的时间和任务，从而减少周期时间，在员工中建立一种共识，让他们明白他们如何满足客户。但是当我们要求管理者描述为了达到这些目标，其组织必须经历的改变时，他们所描述的仅仅是将多样的功能融合到以客户为中心的团队中，这些团队负责整个过程。大多数的经理假定这种结构上的改变会自然而然地创造出一种客户需要的共识，并且树立企业员工的集体责任感。令人惊讶的是，他们当中很少有人能够清晰地界定他们希望员

第三部分

工要达到的合作程度,更不用说他们能够采取的来促进此类的合作的可能措施。

培养集体责任

我们的研究集中在建立合作性文化的 4 个主要方法的效果上。在这 31 个整流程部门中,没有一个是采用了所有的 4 个方法。业绩最好的部门平均用了 3 个方法,而业绩最差的平均用了 2.7 个,这个差别在统计意义上并不明显。下面我们逐一考察每一个方法。

使职责交叉

在我们的样本中,整流程部门在工作设计上让职责交叉,各项工作的职责范围相对宽泛,工作的职衔相对集中,或者两者皆是。工作范围宽(在整个流程中工作范围包括同时进行的 10~25 项不同活动)的这 20 个部门是那些工作范围窄(工作范围少于 7 项活动)的部门平均周期时间的 8.4 倍。同样地,在工作职衔较少的 10 个部门(8 个或 8 个以上的人有同样的头衔),它们的周期时间平均为职衔很多的部门的 6.8 倍(同样头衔的人在该部门中不超过 5 个)。[2]

我们的样本中有一个组装印刷电路板的部门,有 61 名员工。该部门通过设计职责范围宽的工作和设立较少的工作头衔来实现职责交叉。这个部门是一家 1 600 人的企业的一部分,该企业隶属于北美某一最大的计算机硬件制造商之一,该部门负责实施所有完成客户订单的步骤。尽管样本中

打破加工制造组织中的职能思维定势

很多大小类似的部门,职衔有时多达13个,而我们刚才所说的那个部门却只有4种职衔:操作员、过程操作员/检查员(高级操作员)、维护技师(复杂的维修)、质检人员(对流程的完善提出改进建议)。这29名操作员和25名操作员/检查员完成这个部门的大多数任务,而2名技师和4名质检人员作为专家顾问来工作。所有的60名员工都向一位主管汇报。

该部门还尝试打破职位之间的边界,将人们分配到不同的团队中,每个团队里实行每周任务轮换制,每个月各单位开两次会讨论流程的改进。这样,每个员工就可以完成部门的大部分职责。

该部门安排工作的方针是尽可能让每一个员工至少能完成本部门所要承担的任务,这样员工们就能了解团队中彼此的工作,使用共同的工作语言,并具备同样的限制条件和目标,从而建立一种共享的责任感。更重要的是,如果一个整流程部门不将工作安排成为交叉性的,最终的结果是这个部门里会自动生成一系列专门化的工作,无意间就又会重新出现按职能划分的组织里同样的协调问题,并要花费高额的管理费用。

奖励与团队表现挂钩

奖励的形式包括奖金、加薪或者非物质的奖励。在我们的样本中,12个整流程的部门奖励那些完成或超额完成团队任务以及达到或超过标准的员工。这12个部门的平均周期时间比只把奖励和个人表现挂钩的部门要短2.7倍。

第三部分

奖励整个团队的表现的重要性在于,这样的方式能够防止员工个人或者职责上的需要高于客户的需要。比如,如果员工因为在自己的工作岗位上减少了流程时间而受到奖励,他们也许就不会要在他们自己的工作岗位之外找到其他的方法减少整体周期时间(比如库存控制、购买或者订单准备时间)。相反,因为获得较高满意度或能够减少部门的整体周期时间而受到奖励的员工则更可能有动力去解决传统上他们会认为是别人的问题。

一个业绩卓著的部门选择对于整个工作团队进行奖励,将所有员工每月奖金的一部分直接和客户满意度挂钩,将另一部分和工厂的业绩联系起来,如收入和利润挂钩。将剩下的奖金份额与团队及个人达到产品质量的表现联系起来。这种复杂的奖励系统的实施依赖于这个部门准确严格的监控过程。例如,重要设备的质量得到监控并实时自动报告。管理层确定了上限和下限,而员工根据管理层给出的要求评估他们自己的表现。他们可以在数秒之间得到每日、每星期和每月的趋势预测数据。当设备仪器失控时,警报就会响起。这样,员工就会立刻知道有问题,会通力合作解决问题。

改变工作环境

一个工作场所的环境可以限制或促进集体责任的发挥。我们研究发现,场地设置允许员工看到其他人工作的整个流程,其周期时间比那些场地设置无此种效果的部门要短4.4倍。

打破加工制造组织中的职能思维定势

工作场所布局能够鼓励员工分享彼此工作的信息，开诚布公地尝试新想法。比如，工作间中的仪器呈圆形或U形摆放，员工们同时在仪器上操作。在我们研究的好几处场所都采取这样的一种环境布局，它让员工更容易协作完成任务，别人有问题时可以随时看到，并给予帮助，而他们自己的工作并不受到影响。

我们还观察到另外一种合作性的布局：为持续的流程改进设置一个特殊的区域。设置一个场所允许员工坐下来讨论工作中的问题，所有制造车间的相关数据都可以在这里（在电脑或墙上的图表上）看见，同时这里也有记录、分析、设计和制造样品的工具。这样一个工作区域帮助人们更好地一起分析问题、制造样品，并讨论个人或团队中激发出来的想法。

相反，某一些工作场所的布局会阻碍员工正常地分享信息，使他们无法看到别人的工作进程，或者注意到可以为别人提供帮助的机会。比如，机械设施的控制面板是朝外的，员工背对背操作仪器。在这种布局里，某一机械设施的操作员无法看到其他操作员的活动。另外的一个例子是，在传统的流水线上，流水线开始端的组装员没有办法看到另一端的组装员在做什么。当人们无法看到别人的工作时，关于工作本身和工作节奏、压力以及员工投入程度的错误印象就会产生。例如，"我工作比你努力"的思想就很容易产生。

第三部分

重新设计工作流程

我们询问员工在做以下三件事时,他们部门正式或非正式的工作流程对他们有何种程度的帮助:和其他部门的人协商怎样作出改进;在作决策时让每一个会受到该决策影响的人参与;在他们自己的生产力会被削弱的情况下帮助别人完成工作。在 24 个整流程的部门中,员工汇报说这三个相互关联的方面是他们工作中"必须"的部分。"必须"的意思是这相互关联的三方面的努力受到了管理层的鼓励和有系统的监控。这 24 个部门的周期时间比我们研究样本中的其他 7 个部门的周期时间平均短 3.3 倍。

例如,一个组装电脑的部门(一个 2 700 人的公司的一部分)有员工 57 人,在这个部门里没有任何团队,职责范围也很狭窄。尽管这是一个由主管直接指挥的单位,并不是一个自我管理的单位,其工作设置也十分狭窄,然而该部门的员工还是说他们的管理层十分鼓励他们与同事以及支持人员精诚合作。

管理层在这个部门鼓励协作的方法之一是为所有的员工提供一个电脑终端,将员工们与电子邮件及一个电子的问题跟踪系统联结起来。管理者积极地使用电子邮件网络保证员工及时了解到客户、成本和市场的数据。他们也鼓励员工使用这个跟踪系统记录问题,并对他人遇到的问题提出意见。问题和相关的意见会被传送到被指定解决问题的人手上。由于问题、反馈以及反馈的速度都得到跟踪和衡量,解决问题的人(如工程师和其他的支持人员)就会积极留心听取其他员工的意见。

这个部门的经理保证支持人员会在流水线停止3～5分钟之内就赶到现场。员工们也知道该通知谁,部门的电子邮件和寻呼系统保证信息的通畅。另外,经理们也会记录反应所需的时间。这种方法让员工们感觉有信心,让他们认为支持人员的工作真的是支持他们,能帮助他们迅速解决问题的。

最后,员工们能和经理们在咖啡吧里进行非正式的讨论,讨论在任何时候都可以进行。员工们汇报说他们在这样的场合可以自由地讨论问题。总而言之,人们都很明白管理层将合作看得十分重要。

量身定做的设计

在获得集体责任感方面不存在整齐划一的方案。也就是说,没有统一的方法适合所有的整流程的部门,就算在同一个公司组织内也没有唯一的方案。但也不是说方法越多就越好。真正重要的是实施的有效程度。这就意味着,当重组公司结构时,管理者不应该受到公司中其他部门或同类业绩最好的部门行为的过分影响。他们更应该询问自己的员工他们究竟需要什么条件才能很好地在一起工作。另外,管理者必须考虑到技术手段可能带来的影响、限制条件、工作进程、现存的组织文化,以及公司的战略任务。

比如,工作环境布局的改变只有在面对面的沟通的情况

第三部分

下才能推动集体责任感的建立。比如使用不同工作语言的不同工种的员工必须一起研究一个样品,或者一起听机械设备发出的奇怪噪音以确定问题究竟在哪儿,并找到最佳的解决方案。如果在一个组织里,员工们已经使用同一种职业语言,并且被限制在他们的工作台上哪儿都不能去,工作环境布局的改变未必能促使集体责任感的建立。但是,此类员工可以从因团队表现而获得的奖励和交叉的责任上受益。

我们的研究表明,业务流程重组成功与否在于管理者能否在组织内部建立良好的集体责任感。通过过程重组,公司能获得更短的周期时间、更高的客户满意度和更低的成本。但是这些效益只能在公司有一种合作性文化的前提下实现。将组织结构图上的不同部门单纯叠加并不能建立这样一种文化。

3. 关注过程，而非问题[①]

哈罗德·西尔金

小乔治·斯托克

1983年，一家纸品公司的首席执行官正面临着一个困难的决策。董事会的董事们刚刚开过会议，为两年前合并的一家下属造纸厂研究可行的发展方案，这是董事会为造纸厂召开的第11次会议，这个厂目前每个月的亏损额超过100万美元。纸品公司合并造纸厂的目的是想促进公司发展，但目前它让公司管理层面临着的却是账面价值不断下降的局面。公司的股价也已经下跌了40%。

一年之后，这家造纸厂已近收支平衡。而如今，这个造纸厂赢利十分可观。从1983年到1989年，通过股票分割的调整，整个公司每股赢利翻了3番，而每股价格则上涨了近10倍。造纸厂的大多数管理者都期待通过自己持有的公司股票价值上涨，而过上舒适的退休生活。

到底发生了什么事情而产生这些改变的呢？简单地说

[①] 《哈佛商业评论》1990年7～8月。

第三部分

就是造纸厂的每个员工都成为问题解决者。经理们和造纸厂的员工们共同认识到,要改变困境,不仅应该认清造纸厂存在的问题,而且还要建立更好的解决问题和改进产品的良好机制。造纸厂的管理人员和员工们不是依靠公司主要的高层管理人员管理的,不是由他们告诉员工们做什么,而是由整个造纸厂来组织学习如何工作。他们成功的关键是,在多年的学习过程中,员工们建立了越来越成熟的解决问题的循环过程:确认问题、预防问题、寻找问题起因和预期问题(图3-1说明了这四个环节)。

设置发展进程

对公司的首席执行官和他的高级管理人员来说,发动学习过程既不轻松也非显而易见,它只是造纸厂获得生存机会的唯一选择。

在董事会开会后的两个月里,公司管理层做了几个艰难但是必须做的决定。关闭一个小型的、没有效益的、费用昂贵的纸浆厂,并停止3台造纸机的工作。解雇了大约25%的员工,这对于这个小镇来说是个严重的打击,因为造纸厂是镇上最大的雇主。但是管理层知道,这些办法只能让造纸厂损失的速度减慢,最多可以换得一年的喘息时间来扭转现状。而获得变革的成功要依靠造纸厂改变它们销售的各类纸品。而在一开始,这看上去是一个不可能解决的问题。

关注过程，而非问题

图 3-1 造纸厂怎样解决问题

造纸厂在解决问题时经历了渐进的四个环节，从确认问题到问题产生之前预期问题。

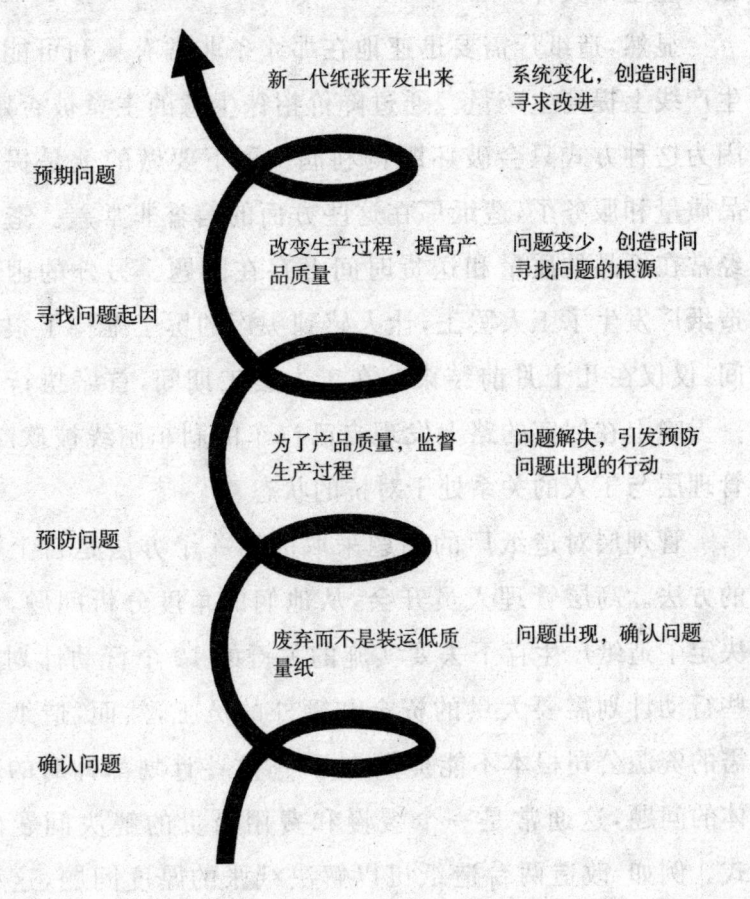

阶段	行动	结果
预期问题	新一代纸张开发出来	系统变化，创造时间寻求改进
寻找问题起因	改变生产过程，提高产品质量	问题变少，创造时间寻找问题的根源
预防问题	为了产品质量，监督生产过程	问题解决，引发预防问题出现的行动
确认问题	废弃而不是装运低质量纸	问题出现，确认问题

造纸厂的 13 条生产线只有 4 条生产线可以赢利或者有赢利的潜在可能性，因为造纸厂有特殊的生产技术和机器设备。其他生产线上的产品只能赚很少的钱或根本不赚钱，它们更像是维持机器运转的填充物。关掉 3 台造纸机可以减少一些不需要的纸品，但是这些机器只是占造纸厂生产能力

第三部分

的 20%，剩下的造纸机只能创造有限的利润。然而，如果造纸厂要维持生存，或者改变当前困境为有利局势，这些机器也不能立即关掉。

显然，造纸厂需要迅速地在那 4 条非常有赢利可能性的生产线上提高生产量。通过降价招徕生意的主意被否定了，因为这种方式只会破坏既得利润。剩下要做的就是提高产品质量和服务了，造纸厂在这些方面的信誉非常差。造纸厂经常在纸品的质量和送货时间上存在问题。另外的困难是造纸厂发生了工人罢工，让人感到头疼的罢工维持了很长时间，仅仅在几个月前结束。在工人罢工期间，首席执行官有一天晚上在回家的路上发现自己汽车的刹车闸线被砍断了。管理层与工人的关系处于对抗的状态。

管理层对造纸厂的问题采取的第一个方法是自上而下的方法。高层管理人员开会，从他们的角度分析问题，然后决定了造纸厂生存下去要实施的关键的 10 个行动计划。这些行动计划需要大量的资金和额外的员工，然而，造纸厂所需的资源公司根本不能提供。而且，这些计划都针对的是具体的问题，这通常是一个缓慢和费用昂贵的解决问题的方式。例如，改造两台造纸机以解决纸张的厚度问题，这种改造需要两年的时间，费用超过 2 300 百万美元，而花费了时间和费用后是否能解决问题还不得而知。

当首席执行官的助理把主要管理人员递交的计划拿来，列出了完成这些计划的总时间表，情况就很清楚了，这些预算的结果让管理层感到吃惊。造纸厂要达到收支平衡至少

关注过程，而非问题

需要5年时间，这几年时间造纸厂每天的损失都在增加，显然公司不能接受。管理层需要更快地找到办法来改变现状。经过深入地讨论，首席执行官决定采取四个措施：增加资源；关注几个起较大关键作用的问题；快速确认问题；从经验中学习，使以后的工作更有效率。但是唯一一个获得充足资源的途径和方法是寻求组织里每个员工的帮助，来改变造纸厂的产品质量和服务水平。

与现在相比，这种向员工征求意见、要求员工帮助解决企业问题的观念在1983年还被认为冒些风险。但是，尽管如此，意识到一些事情奏效了和到不熟悉的领域里做事是极其不同的事。在这个案例里，首席执行官和造纸厂的新任总经理开始以新的方式开始工作，他们把对造纸厂问题的认识介绍给造纸厂的中层和基层管理人员，真诚地与他们一起讨论造纸厂面临的困难，向他们说明如果造纸厂要维持生存，生产的产品需要关注的问题是什么。

把利害关系说清楚以后，公司的最高管理层向造纸厂员工作出承诺，并且使这些承诺的兑现切实可行。他们承诺，如果需要，总公司会在造纸厂投入资金，尽管投资可能会失败。这是关键点，因为总公司已经有很多年没有对造纸厂投资了。他们承诺员工可以打电话找到他们，并把家里的电话告诉员工。他们为所有员工建立了一个奖金计划，从造纸厂经理到看门人，因为只有员工们坚持不懈地提高个人生产率或生产量，才能使造纸厂的总利润随着提高。鉴于奖金计划，造纸厂的财务部门在6个月后会评定奖金，以后每间隔6

第三部分

个月做一次奖金评定。

另一方面,造纸厂衰落的形势已经很清晰了。不想拯救造纸厂的员工被要求离开造纸厂,但没有人离开。首席执行官明确无误地说明如果拯救造纸厂的努力不成功,造纸厂就关闭。首席执行官知道员工们比较信任基层管理人员,他要求这些管理人员把这个消息告诉造纸厂的每个员工,恳请员工们的帮助。

同时,为了缩小需要关注的问题的范围,首席执行官采用了一个新的组织结构,这个组织结构的设计是为了便于每个员工关注那些客户认为重要的问题,而不是注意那些个人目标。他建立了5个生产团队,4个团队被安排在最有赢利希望的4条生产线上,还有一个团队负责造纸厂改革过渡期间的那些剩余产品的管理。这些团队由7个中层经理带领,每个经理都是从主要职能部门挑选出来的,他们与生产线上的销售人员密切联系(以关注客户的要求)。这些经理负责征集各自管理领域里所有员工的建议,并给每个员工提供为造纸厂作贡献的机会。

团队为了避免和以前管理层犯同样错误,关注实时暴露的问题,并匆忙解决问题,他们缩小问题出现的范围,寻找能起到最关键作用的因素来解决问题。首席执行官建议每个生产团队利用以后的几个星期时间访谈他们的主要客户,了解客户的需要,然后据此制定团队的行动计划。除此之外,首席执行官让团队的经理们建立他们自己的议程安排,他会不时地提醒经理们他们可以直接找他和总经理。首席执行官又重申了他的承诺,认为资源是可以找到的。首席执行官把公司的喷气机配置给经理们,而自己乘商务飞机处理公司其他业务。

学会学习

在以后的几个星期里,每个团队从以7个经理为核心的团队形式扩展成包括生产线上的操作工、职员以及工作与造纸生产线有关的其他员工的团队。为了让团队有时间面对挑战,首席执行官为团队创造时间,他让每个人不要去理会公司的危机,停止为解雇而进行的对抗。可以预见,第一个月是个灾难,问题都堆积在一起,看上去根本得不到任何报偿。但是不久,管理者在学习过程中付出的诚意开始得到回报。

为了说明这个学习过程是怎样展开的,我们集中关注一个生产食品服务性纸品的团队的活动。为了改变现状,获得成功,这个团队的生产线必须要改造成造纸厂最大的生产线,生产能力扩大到目前生产能力的两倍。开始,这看上去像是一个不可能实现的目标,因为造纸厂生产的食品用纸制品比其他纸制品得到客户更多的批判,已渐渐地丧失了市场份额。

在团队组建后的10天里,团队约见了它最大的3个客户。为了安排团队约见的时间,这3个客户都重新调整了自己的日程表,因为他们迫切地希望得到一个可以信赖的纸制品供货源。这些客户详细地向团队说明了造纸厂劣质的服

第三部分

务和产品质量问题导致的后果。造纸厂晚发货会导致他们的工厂关闭,所以为了补偿纸品的不足,他们向其他纸制品供货商下大量订单购买纸制品。纸张的质量问题,如纸张上有洞,则会毁坏他们自己的终端产品,他们要支出额外的费用来检查购进的纸张,他们也从造纸厂的竞争者那里购买纸制品。约见会上的讨论强调了装运质量差的纸张如何使造纸厂失去了生意。团队回到造纸厂后决定解决这些问题和其他质量问题。

现在团队成员直接看到和听到了客户的需要。他们与客户方的机器操作工、销售员讨论,还询问负责收货的雇员以及购买纸制品的雇主。他们学到了以前从不知道的事情。例如,卷纸方式对客户机器运行的影响,以某一种方式卷纸,纸张可以平滑地在客户的机器上移动,以另一种方式卷纸,客户的机器就不能正常工作。对操作造纸机的操作工来说,以某一种方式卷纸和以另一种方式卷纸都同样容易。但是在以前,没有人知道它们会有什么不同。

回到造纸厂,团队成员与在生产岗位上的每个员工讨论,并汇报了他们在客户那里学到了什么。更重要的是,团队成员征集了每个员工对解决问题能作的贡献,并准备接下来带着所有工种的员工,包括机器操作工,装运工去拜访客户。

第一环节:确认问题

造纸厂的机器操作工很清楚生产线上的所有质量问题,

但是质量差的纸常常被夹在数以吨计的纸滚里,而成吨的纸张量的生产是首席执行官制定的目标,经纸厂经理同意的。团队决定尽自己最大的努力停止装运有质量缺陷的纸张,不管废弃它们要花多大的费用。团队的一个成员负责检查每滚纸,如果发现有质量问题,就把它放在一边。为了向客户表明对纸张质量的重视,团队还要求由总经理对每一滚纸做最后检查和签字。在检查开始时,大半的纸滚被废弃在一边,后来通过去掉纸滚里部分有质量缺陷的纸而把被废弃的纸滚再利用起来。这个检查过程很花费财力和时间,但是这样做不会给客户送去质量差的纸滚。团队建立了自己第一个重要的解决问题的环节。

简单地说,确认问题的含义是当出现了问题,产品或服务要在送达客户那里之前确定下来。这是一种最基本的解决问题的环节,每个公司在某种程度上都会经历这样的环节,否则它不会仍在公司里存在。但是许多公司都在这种问题解决模式上遇到了障碍,他们在生产上只获得了很小的成绩和有限的利润。归根究底地确认问题的频繁需要,问题发生的不可预测性,相同的老问题的重复出现,这些因素都会导致企业面临压力、额外时间的支出和剑悬一发的危机时刻的产生。生产过程变得似乎无法控制。造纸厂的操作工常常落在很后面,显然没有希望赶上来,因为似乎问题增加的速度比他们能解决问题的速度要快。改变现状看上去是不可能的,因为人们必须要不断增加各种资源来处理不断出现的危机。

第三部分

第二环节：预防问题

为了避免确认问题环节重复出现，一个企业必须能够进入问题解决的第二个环节：寻找方法，避免问题产生。对于生产食品用纸的团队来说，这个环节开始于在他们看到被丢弃的纸滚中的废纸，而意识到他们必须找到一个方法停止通过检查来解决纸的质量问题。团队成员认识到，他们在会跑之前必须先学会走，于是达成一致意见，第一步先安排一个检查员检查每滚纸的生产过程。当出现纸的质量问题时，检查员就要告诉机器操作工，并可以立即调整机器，预防问题进一步发展下去。额外增加一个检查员增加了费用，但是生产量却大大地提高了（按照每个员工生产的高质量纸的生产量计算）。废纸率大幅度地下降，纸张的质量提高，废弃率降低了大约75%。

正如以上例子显示的，预防问题不是追寻问题的根源，而是建立学习的环节，迅速地把发现的问题的信息提供给那些能够阻止问题再次发生的人。所以，从一方面说，第二阶段的学习仅仅是一个资源再分配的过程，是投入员工来增强这一环节中问题解决的有效性，就像纸厂所做的，能够余出生产线下游的10～15个工人，而这些人能够在确认问题阶段有效地工作，这样可以让他们有时间和动机开始第三个阶段的学习，寻找问题根源。

然而，从另一方面说，第二阶段的学习也是一个组织需要做的。除非人们正面处理问题，否则老习惯会阻止人们走出确认问题环节。公司文化可能会阻碍变化,员工可能没有建立有效的问题预防过程。每个人把可能已经视出现的问题视为正常的,问题是做生意不可避免的部分,尤其是当平常如果人们被鼓励解决问题,而不是预防问题时,情况更如此。

第三环节:寻找问题的根源

6个月过去了,团队已经可以控制生产过程了,客户开始注意到纸张的质量与先前有显著的不同,纸厂的最大客户中的一个客户打电话说如果纸张的质量一直保持这样的状态,他们将增加订单。团队感到很高兴但还不满意。安排一个员工监督生产过程中的每一滚纸没有用,纸张的废弃率仍然比预想的要高。显然是时候去寻找根源了,这是一个机器操作工而不是人员起作用的过程,因为没有人比操作工更了解机器是怎样工作的。

纸张上有洞仍然是团队面临的其中一个最大问题。通过对影响纸张质量的众多因素进行试验,操作工和团队成员认识到,如果他们更频繁地改变造纸机上的金属丝网,生产出来的纸张就很少有洞。他们对自己的发现反复实验,确定较频繁的改变造纸机上的金属丝网可以生产出较高质量的纸张。然后他们要求纸厂经理把这一新程序永久地增加到造纸程序里。纸厂经理同意了他们的要求。

操作工还发现,使用价钱稍昂贵一点儿的纸浆配料能够提高纸的质量,并降低每吨高质量纸的总费用(配料是纸浆

第三部分

的混合,是造纸的原材料)。团队没有征得经理的同意就对此进行了改进,直到证明这种改进有积极的效果。废弃率继续下降,纸的质量稳步提高。不久,团队撤走了生产过程中的检查员,因为机器几乎可以一直生产高质量的纸。质量问题的根源找到并得以解决。

在年末,满意的客户们给了造纸厂越来越多的业务份额,最好的 4 个造纸机的生产量翻了一番,利润率提高了。员工士气也极大提高。人们知道自己取得了胜利,拯救了造纸厂。管理层与员工之间的摩擦全消失了。每个员工更加了解造纸厂的运营和客户的需要。以前参观造纸厂后感到失望的客户被邀请来参观更加洁净的造纸设备。公司感到造纸厂强大得足够可以从防御性经营向进攻性经营转变。

第四环节:预期问题

食品用纸制品生产团队最大的一个成功是对客户需求以及自己业务如何展开有新的认识。这种认识本来是很难形成的,但是造纸厂的员工花了大量时间确定了问题。最有力的说明人们获得了这种认识的例子是机器操作工的建议,它让人们发现了造纸厂毋庸置疑地具有竞争力的优势。

因为学习一个客户的业务是团队努力学习的一部分,造纸厂的机器操作工曾经到客户的一个工厂花了很长时间观察客户的机器的运行情况,并和操作线上的工人谈话。回到造纸厂后,他确定客户的机器上可以使用稍薄一些的纸张,它能像客户以前使用的那些纸一样让机器有效地运转。于是操作工提出了改变纸的厚度的建议。团队喜欢这个方案,但是经理不认可,因为纸是以吨为单位卖出的,而较薄的纸重量比较轻。但是经理和团队没有直接放弃这个建议,而是与其他团队、主要职能部门的经理和主要的客户一起研究这个方案。

当经理意识到他们的竞争对手没有生产薄纸的机器时,才解决了关键问题。如果造纸厂减轻纸张的重量,纸张的生产成本就可以降低,而竞争对手则无法与它竞争。因此造纸厂就可以提高每吨纸的价格而挣更多的钱,从而客户的费用就会降低,因为他们将需要较少的纸(按重量计算)来做成他们的产品。除了竞争对手,每一方都赚了钱。

从这以后,操作工被邀请与管理团队一起工作对纸张进行改革和创新。借助经验,团队发现对配料和添加剂进行新的混合可以减少各种成本,而以前从没有用这种方式生产过纸张。操作工还提醒团队在新纸张投入生产之前,注意潜在的生产问题。

该团队的生产量不是双倍增长,而是4倍增长,而员工人数仍然跟从前一样。在两年半的时间里,造纸厂的生产量从在5个供应商中排在第五名发展成为行业里的第一名。到1986年,造纸厂还不得不扩大机器的生产能力,以满足客户的需求。造纸厂已经从一个面临倒闭的工厂成为集团中的领头工厂。

尽管获得了成功,造纸厂的员工并不完全满意。他们想更多地了解自己的公司、客户、供应商以及竞争对手。团队

第三部分

和操作工购买了竞争对手产品的样品,并对其进行研究和分析。他们还要求并且也获得了管理技能和新技能的培训。造纸厂的组织结构没有正式的改变,但有一些非正式的改变。只要需要,或者发现了问题,操作工就可以从一台机器走到另一台机器上。员工可以参与和提出建议而不用担心因此被解雇。奖金(平均为报酬的10%到12%)减少了员工们的担心,他们曾担心管理层拿了比应得的更多的股份。

耐心能取得进步

世界级企业的一个标志是,管理者的工作似乎比较轻松。公司的运行平稳,员工把更多的时间和精力放在改进产品而不是对待问题上。这样的企业一般把80%的时间放在问题解决环节的寻找问题根源和预期问题上。相反,绩效较低的企业很可能花费90%的时间和精力在确认问题上。

绩效较低企业的高级管理人员经常在参观优秀企业回来后,期望在管理中获得相同的管理效果,但是许多管理者忽视了这样的事实,他们渴望获得的绩效来自越来越精确的问题解决环节的稳定的改善。这种进步就像我们在造纸厂的例子中看到的那样,需要时间。尽管造纸厂在3～6个月的时间里(按我们的经验,这个时间是一个典型的时间段,表明进步的第一个信号比较明显)开始看到了学习的效果,但它需要两年的时间才能到达问题解决过程的第四个环节。考虑到环境因素的影响,一个公司可能需要5年的时间完成整个过程。

关注过程，而非问题

因此，就很容易理解为什么很多管理者期望缩短问题解决的过程，而立刻跳到寻找问题根源环节。但是以这种方式做的大多数公司都没有获得满意的结果，这都是因为公司没有真正认识自己需要解决的问题，也没意识到因为公司缺少所需要的资源。这样，公司不是取得了好的绩效，而是过渡时期工作的员工既不能很好地解决问题，也不能做好日常的工作。

一个较好的、系统的解决公司问题的方法应该是以问几个简单的问题作为解决问题的开始：

> 公司关键的问题解决环节是什么？例如，对制造企业来说，这些环节可能包括设备改变通知和合理要求的解决；而对服务性公司来说，就可能是关注满足客户的非常规的要求和对客户的抱怨作出反应。
> 从客户的视角看我们公司运行状况如何？我们对问题的反应快速、准确吗？或者我们发展得缓慢，并没有获得信任吗？
> 我们从问题里学到什么吗？我们持续地重复确认相同的问题吗？
> 我们的大部分努力朝向哪里：是识别问题，对具体的问题作出反应，或者找到潜在的问题根源，还是寻找新的方法以改进和提高绩效？

在这四个环节中前进既是一个自然的过程，也是非自然

第三部分

的过程。从确认问题到预防问题需要作出巨大的努力,但是需要做什么并非模糊不清,因为要关注的问题已被清楚地鉴别出来了。这时需要完成的任务是让员工们围绕这些问题展开讨论,只要某些比较重要。然而到了企业已经准备好从寻找问题根源进入到预期问题的时候,这种平衡一般会被打破,到那时,问题解决的过程非常熟悉了,每个人很可能感到非常轻松。但是,能给公司业务带来有意义的改进和提高的问题解决环节(正如造纸厂的操作工的建议那样)都非常难以捉摸,常常要依靠寻找创造性的方法,从各工种的员工里挑选出合适的员工到客户的公司里去了解问题。

当一个组织构建了较精确的解决问题的环节并且开始学习,这个组织的文化改变了。但是除非管理层支持这种改变,就像他们过去那样奖励新的行为,不然,没有人愿意变革。例如,在造纸厂,首席执行官采取了一系列不同寻常的方法让员工们懂得走出旧的工作方式是安全的。他奖励早期采取变革的员工,公开认可他们的成绩。他晋升那些努力寻找正确的问题解决过程而作出正确决策的管理人员,即使他们的努力并没有获得完全的成功。最引人注目的是,他处理造纸厂第一个6个月奖金的方式。从数字上看,造纸厂错过了赢利,虽然效益提高了许多,可还没有达到预定的目标。尽管这样,首席执行官决定(董事会同意)无论如何要给予最多的奖金来支持和强化造纸厂里正在开展的行动。他们知道客户的观念会慢慢改变,客户只会责备造纸厂过去的质量缺陷,而不会责备造纸厂员工现在正在付出的努力。

关注过程，而非问题

处在完成任务的压力下，许多管理人员担心自己的耐心。因而他们关注短期存在的问题，而不是在问题解决过程去解决问题并最终预防问题，从而鉴别出毋庸置疑的发展机会。但是就像龟兔赛跑的寓言故事，那些在一天刚开始时很缓慢、很艰难地前进的公司，经常会在一天快结束时它的业务领先了。

4. 阻碍学习的"良好沟通"[①]

克里斯·阿吉里斯

21世纪的企业如果不能让员工更好地工作，将会生存很难，更别说兴盛了。这并不必然意味着员工工作更辛苦或承担更多的工作，而是意味着员工要学会积极地为自己的行为承担责任，学会掌握和分享有关他们工作的最好信息，学会利用真正的授权，来寻找不断解决基本问题的方法。

这不是什么新闻。大部分的公司高层管理者都理解，更激烈的竞争要求公司每个职员更有效地学习，公司应更大范围地授权，并承担更大的责任。此外，公司高层管理者应理解，公司更好业绩的关键在于更好的沟通。在最近20年间，公司高层管理者使用很多沟通工具，如焦点小组、调查、走动管理等等，来调查和收集能带来变革的所有信息。

真正的新闻是，这些熟悉的技术如果被正确使用的话，将会抑制学习和沟通，而学习和沟通在21世纪的公司中不

[①] 《哈佛商业评论》1994年7～8月。

第三部分

仅是对管理者，而且是对每个员工的要求。这些年来，我观察了许多公司领导者与每个下属的谈话，目的是发现公司内部采用的是何种沟通方式，然后采取措施使这些沟通方式更有效。我所观察到的是，这些公司的领导者用来处理相对简单问题的方法，实际上阻碍了他们从中获取深层次的信息，妨碍了他们采取有洞察力的行为和有效率的变革，而这些恰是他们处理组织变革中复杂得多的问题时所需要的。

几年前，当公司高层管理者仍然要求公司职员仅仅按他们被告知的方式做事的时候，员工调查与走动管理是比较适当和有效的工具。这些公司仍然可以通过像举办自助餐和舞会为主等日常活动来获取有效信息，仍然能总结大量有价值的数据来支持如全面质量管理（TQM）。他们所做的是不让公司员工表现他们的工作和行为，不鼓励员工的个人责任，并且他们不让那些能激励学习和产生真正变革的深层次、潜在的威胁性或令人难堪的信息暴露出来。

让我举个例子来阐明我所说的意思。不久前，我在一家实行全面质量管理变革的公司工作，全面质量管理方法在削减公司不必要的成本方面很成功，正因如此，许多公司将之上升到了管理哲学的高度。在下面这个特殊的例子中，一个全面质量管理顾问与公司高管一起工作，进行了一系列调查，举行了一系列团体会议，来帮助公司40位管理人员识别能减少工作程序和削减成本的9个领域。这次行动的结果是提前1个月达到了公司的预定目标，节约的资金远远超过管理者最初设想的。该公司的首席执行官非常兴奋，特地举行了一场香槟酒会来款待公司全体员工,来庆祝这场公司每个员工都参与的胜利。

在整个项目实施过程,我定期与管理人员会谈。这些人经常提及令我震惊的两句话。首先,公司管理人员多次告诉我,识别这9个目标领域是多么的容易,因为他们事先都知道最无效率的地方可能会出现在哪儿;其次,他们一再抱怨,发现这9个领域太迟了,早该采取管理行动了。正如某个管理者提到它时所说的:"感谢上帝,创造了全面质量管理!"

我问其中的几位管理人员,他们知道这9个有问题的领域多长时间了?答案从3~5年不等。然后,我又问他们,为什么知道这些问题,却不自己动手解决呢?我问:"为什么感谢上帝,提供了全面质量管理,而不是提供了管理者呢?"

所有被询问的公司管理者都毫不犹豫地回答了这些问题。他们说这些都是管理上的愚昧与怯懦,他们责备公司部门间的竞争近似于战争般的残酷,他们说公司文化不接受为了改正问题而使其他人陷入麻烦。在每种解释之中,找到9个领域问题的责任都推给其他人,这些公司管理人员都是忠诚且诚实的管理者,过失在其他地方。

这家公司到底发生了什么?首先,我们能识别出两个不同问题:一个是削减成本;另一个是公司员工消极地站在一边,任由无效率在公司内存在发展。全面质量管理要求简单必要的学习过程,解决了第一个问题。但是,全面质量管理方式不能阻挡同样问题重复发生,可能引起那些管理者反思为什么他们不采取行动。为了理解其中的原因,我们需要知

第三部分

道更多有关学习过程,以及至少两种完全抑制学习过程的机制。

正如我以前在关于工作环境中学习的文章所指出的,学习有两种形式:单环学习与双环学习。单环学习通过问一维问题来搞清楚一维答案。一个例子是温度调节器,温度调节器根据设定标准来测量周围的温度,然后由此来开关加热源,整个过程是双向互动的。

双环学习需要一个附加的步骤,或者经常需要几个附加步骤。它把问题转回给提问者,要求追踪问题。在温度调节器的例子中,双环学习机制要搞清楚是否当前的设定温度是维持房间暖和的最有效温度,如果是的,当前的加热源是否以最有效的方式工作。双环学习过程要求知道为什么当前的温度设定在可被选择的模式。换而言之,双环学习的问题不仅关注目标事实,而且关注在这些事实背后的原因与动机。

有关于这两种学习方式差异的简单描述:一家公司的首席执行官采用自己的走动管理方式来开始实施他的实验,他从公司的员工那里获知,对每种新思想,公司至少要经过超过275项独立的审查,这样就抑制了创新。他迅速委任一个任务团队来处理这些问题,消除了其中200个障碍,结果获得了更高的创新率。

这听起来好像是一次成功的管理干预,公司首席执行官发现一些有损生产率的程序,在公司其他人的配合下,进行的一次剧烈的改进。然而,我却将其称之为单环学习的案例,它解决了困难,却忽视了一个更基本的问题。更完整的

阻碍学习的"良好沟通"

诊断方法是采用双环方式来处理这种情况,要求公司首席执行官向那些告诉他汇报的员工询问一些更深层次的问题,而这些问题是有关公司文化和员工行为的。例如,"你知道这275个项目停止有多久了?",或者"公司里的什么阻碍你怀疑这些坏习惯并采取行动来纠正或者消除它们?"

为什么公司首席执行官不去询问公司管理人员这些问题?为什么公司40位管理人员自己不去问这些问题?这里有两个紧密联系的机制在起作用,一个是社会的,另一个是心理上的。

公司首席执行官不去深挖这些问题的社会原因在于,这样做可能会被认为是要其他人难堪,深挖下去不可避免地会暴露出公司员工造成了工作效率低下。这些管理人员的动机可能是高尚的,他们不想打开潘多拉盒子,不想造成消极影响。但是,他们的行为,以及公司首席执行官忽视的行为,与每个人没有检查自己的行为相结合,都会阻碍这种学习,而这种学习是组织效率的关键。

换言之,管理者经常以积极思考之名检查公司每个员工的所说所做。考虑到"士气"与"体谅",他们丧失了公司员工和他们自己通过学习来理解为自身行为承担责任的机会。因为双环学习需要评价自己的假设与行为,而这种策略显而易见是抵制学习的。诚然,体谅和主动积极有助于解决如削减成本这类单环学习问题,但是,这种学习不能帮助公司员工弄明白他们为什么一直与公司的问题共存多年?为什么他们掩盖这些问题?为什么要掩盖这些方法?为什么他们

第三部分

这么善于发现别人的责任,而对自己的责任却不能正视?这40位公司管理人员都同意,这是公司管理层采取行动的时候了,但他们中没有一人不问这样的问题:为什么他们自己不把首席执行官的注意力引向那9个浪费和低效率的领域内呢?

这里我们所见的是管理者采用乐观的行为来抑制学习的。我们所看不见的,至少不是容易看到的,是为什么任何人都想抑制学习?原因在于一系列更深层次、更复杂的心理动机。

再来考虑那40位公司管理者的情况。全面质量管理严格的、线性的思维方式解决了一系列重要的、单环学习机制的问题。但是,当我们看到一些有效的单环学习的时候,却根本没看到双环学习的发生。取而代之的是一旦有重要问题引起潜在的危险和困境,严格的思维就会立即被打破,自我防御的思维就会出现。注意管理者是如何熟练地把所有责任推到一边,如何通过指责别人来自我防御,反击对他们不采取行动的指责或者更恶劣的共谋行为。实际上,我们称之为自我防御的理由除了自我保护的含义以外,没有别的目的,虽然使用该方式的人很少承认他们是在保护自己。他们以保护的是团队、部门或组织为借口。他们相信,在全面质量管理中通过采用这种严格的思考方式来发现问题,搜集目标数据,假设原因,测试解释及得出正确行动,一切都沿着相对科学的线路前进。但是,管理者的实际技能是有选择地收集数据,只假设那些仅仅对他们不产生威胁的原因,以草率和自我服务的目的测试并解释行为,这是对科学的讽刺。公司管理者的行为不是保护别人,而是责备别人,这些管理者逐步小心地学会了运用这种程序,而且每一步都获得了诸如"人道的"和"深思熟虑"的防御性组织理性的支撑。公司管理者没有质问他们明显行为的原因,他们如此本能地完全避开双环学习机制的原因,在于心理因素。这必须用我们在生命早期就有的处理情感上的或者危险问题的心智模式来解释。

在成长过程中,我们所有人都学习和存储了处理困境的高明办法。这些程序是我们用来设计自身行为和解释别人行为的成套规则。无论什么时候,当我们需要判断某个问题、发明或者估计某种方案的时候,我们便会取回这些程序。如果没有这些程序,每次当我们碰到挑战时,不得不从头开始。

这些思维模式令人困惑的是当我们面对困惑或受到威胁时,我们实际所用的高明办法很少是我们想使用的。我们每个人都有我称之为的"行动支持理论"(espoused theory of action),这个行动理论是建立在我们所掌握的知识和原则的基础上的。但是,我们中的大多数人都有一个十分不同的、在受到压力时会采用的实用理论,并且很少有人会清醒地认识到这两者之间的矛盾。简而言之,我们中的大部分人在思考和行动方式上一直都是不一致的。

支持理论在很多方面各不相同,但大多数的实用理论具有四个方面的控制价值,我们所有人涉及的行为都是为了保

第三部分

持个人的控制权,为了获取利益最大化与损失最小化,为了压制负面情绪,为了尽可能地理性决策。通过这些行为,我们摆出清晰的目标,然后基于我们能否完成目标,对自身的行为作出评价。

这种策略的目的是为了避开脆弱性、风险、困境及不称职的表现。换言之,这是一种深层次的自我防御策略和无效学习的诀窍。我们甚至可以称其为反学习诀窍,因为它有助于我们避开对自身行为造成的无效后果。实用理论假设社会把单边控制和取胜看做高于一切,在那样的社会中,人们主要努力控制他人,而确保自身不被别人控制。如果有任何反省发生,那也只是为取胜和控制者服务,而不是为了放开自己去学习。

自我防御策略还通过另一种方式来阻碍反省自己,因为我们生命中的大部分时间都在实施这些策略,对实现这些策略我们都有很好的方法。熟练的行为是人的第二本性,因此我们很少反省我们认可的行为。

在对超过 6 000 人的研究中,我发现这种自我防御实用理论是普遍存在的,没有国别、年龄、性别、种族、教育、健康、权力及经验用以评估差异。在全世界,在每个企业和组织中,在每次危机和困境中,自我防御思维都鼓励人们避免自己的行为被检查,避开任何有关他们的前提和结论的客观实验。

似乎这个个体防御思维不足以构成一个问题,组织中真正的学习还会被我称之为的"组织性防御习惯"的第二种普遍存在的现象抑制。这些由所有政策、实践和行动组成,它们阻止人类去经历难堪和威胁,同时,也阻止了人类从这些难堪和威胁中寻找造成这些现象的本质与原因。

　　这是个挽回面子的事。肯定不能公开承认在做保全面子的事。如果你告诉下属佛瑞德你在保全他的面子,那么你就达不到这个目的。你要做的是无中生有地告诉佛瑞德说他的决定是成功的。这样为你拒绝他的决策的理由找个谎言。结果会是什么呢?如果佛瑞德正确地领会了你话中的混合信息,他必定一言不发。

　　与所有"组织防御习惯"中的一样,这里的逻辑是没有错的:发送一个混合信息("你的决定是个好决定,但我否决了它");假装它不是混合的("你应该为自己的贡献而骄傲"),制造这样的混合信息并借口无讨论的余地("我对结果感觉不错,我也确信你所做的");最后,使这种讨论没有商量余地("既然我解释的所有一切令你满意,你还想谈论别的事情吗?")。

　　当个人设定其前提和推理暗示,然后得出结论,并按照这种暗示逻辑原则行事,且这种方法能够被检验,这种情况下自我防御性推论就发生了。没有什么比把这种个人防御策略提升为一种组织习惯的行为对组织学习更有害。

　　然而,无论什么时候,经理试图获取那些令人难堪或令人感到威胁的问题的真相时,他们很可能会犯这类可预测的同样的错误。当要求检查其自己或他下属的行为的时候,人们可能是:

第三部分

> 找防御性理由,并且和同样找防御性理由的同事相互影响。
> 表面的单方向的回应,得出表面的单向方案。
> 强化抑制获取有效信息和进行真正学习的组织防御习惯。
> 不清楚他们自身的防御方式,因为这对他们而言太熟练了,会无意识作出反应。
> 并且不清楚这是他们制造的后果,或者如果他们处于防御状态的话,他们看到的只是其他人的行为。

假如在威胁条件下,存在这些对自我理解、自我检查的内在障碍,就知道团队组织学习能够开展下去真是一个奇迹。当我们意识到,许多管理者如此努力的工作,试图打造出一个完美的多种沟通形式共存的环境,实际上反而加强了这种阻碍,这更加令人感到惊异。然而,情况确实如此。

我看到许多这样的例子发生,管理者对真实但负面的信息有"仁慈"的审查制度。另外,我们已经考察了那些导致员工、管理者、经理、高层管理者从事个人与集体抵触心态。我们仍然必须回答的问题是,现代公司中成功的沟通方式是如何成功地加强了这些审查制度,并改变了这些抵触习惯的。

管理者通常以两种清楚方式来采取行动,首先,他们通过为每次调查、对话和交流分配角色及责任,创造一种对个人学习和承担责任的偏见;第二,他们反复持续地强调外在的动机,避开内在的动机因素,来打开防御性理由之门,关闭个人自我反省之门。

　　首先,在经理与员工(上下级)的谈话、会见及调查中,仔细考虑一下角色和责任分配的方法。这里有两种规则,规则一就是,公司员工对其工作环境中的规范、工作程序及管理者的优缺点要有真正的认识。这些员工在组织生活中的作用的其他方面,包括目标、情感、失败和冲突的动机,都被认为是理所当然的,并且也没有检查;规则二是,在公司生活中有明察秋毫作用的高层领导者,应该为公司全体员工的健康和团队成功承担全部责任。公司员工必须告诉管理者他们所看到的真相,管理者必须修正他们自身和公司的行动。换而言之,员工发现问题,管理者行动。

　　以 Acme 公司为例。这家公司拥有 6 000 名员工,是一家大型跨国能源公司。在竞争压力日益增加的情况下,公司被迫裁员,令人毫不吃惊的是,公司员工的士气很快下降。为了尽可能地了解公司自身的缺陷,及如何改正这些缺陷,该公司的高层在专家的帮助下,实施且进行了一次全体员工的调查,95%的员工回答了问题,75%的回答都同意以下积极的内容。

> 员工都以在 Acme 公司工作而自豪。
> 员工对工作的满意度都非常高。
> 员工认为直接的上司公平且工作能力很强。
> 员工相信公司管理者关心他们的福利。

第三部分

> 员工认为自己的能力能胜任自己的工作,其中65%的员工还提出了他们对公司的一些担心。
> 他们怀疑高层管理者创新、进行坦率沟通等的能力。
> 他们描述该公司的文化中充满了相互指责。
> 他们抱怨经理尽管赞成授权,但还是将权力置于自己单方面控制之中。

公司首席执行官如果读了这份调查报告的前半部分,意味着公司员工基本是满意和忠诚的,他把第二部分看做是必须努力改进的问题。因此,首席执行官换掉了几位公司高层管理人员,并且安排公司管理人员全体进行再培训,包括他自己和直接向他汇报的人。首席执行官宣布公司不再容忍相互指责的企业文化,引进培训计划来促使管理者更坦率,并且更善于采取行动,并承诺公司重点放在真正的授权上。

该公司的首席执行官采取这种行动,基于如下逻辑:员工发现了问题,我通过创造一个新的愿景来解决这些问题,重新制订新的规则和政策,重新挑选管理团队以真正承担责任,因此会不可避免地发生改革。

我想绝大多数的管理者都会称之为一次成功的变革,然而如果我们深想下去,我们会看到那个我观察了几百次的模式。在公司首席执行官积极的行动中,重要的事情被忽视了,最本质的问题被掩盖起来了。

这位首席执行官带领他的新管理团队举行了一次为期5天的会议,在制定公司新战略和实施新计划时,他也邀请了

阻碍学习的"良好沟通"

我参加。在会议中,我要求每一位参加会议者按规定的格式写一份简单的案例,在这个案例中,这些格式是作为预测这些管理者在处理困难时的实际行动的一个有力工具。这种方法可以揭示出公司执行人员说与做之间的矛盾,并且揭示出他们对这些不一致的认识程度。

我要求管理团队的每位成员写一两句话来描述实施新战略会碰到的一个最大障碍,写三四句话来阐述其如何克服这个障碍。然后,我让他们把剩余的纸分为两半。一半上写出与该问题有关的与下属的一次谈话内容,另一半纸上写出他们在这次谈话中没说或不能说的想法和内容。我要求他们就这样的问题写了好几页。当所有人都写完后,整个团队讨论所发现的问题与障碍,并记录下来。重新演示关键问题以使每位参加者容易评价自己的坦白、直率和用自己的言行鼓励员工真正承担责任。这三种价值正是公司首席执行官要求公司每位管理人员要培养的。

公司管理人员真诚地选择出的重要问题都是围绕着对变革的抵制,但是他们中的任何一位在对处理这些他们预期的来自下属的行为时,则是能通过放松、掩盖或者是避免开诚布公和坦率的谈话进行的。这些管理者本着降低下属抵触情绪的原则来实施变革,并且希望让下属来主动实施变革。在这些管理者稿件中隐含的逻辑含义如下:

> 藏起其他人对变革可能的抵制给管理者带来的恐惧,用持久的、积极的态度来隐藏这种恐惧。特别当你知

第三部分

道你们意见不一致时,要假装你们都意见一致。
- 通过强调问题而不是来处理员工的抵制反应,主动积极的实施,并且把这种策略秘密进行。
- 如果这种方法不奏效,要让下属知道你不会放弃,毕竟你是老板。

想象运用这种逻辑来处理与公司员工几百次的谈话中碰到的敏感问题,不难猜测员工的反应将会是什么,肯定不赞成这种方法。

建立坦率且有承担责任的沟通将会发生什么呢?所有公司管理人员都不能够言行一致,是因为所有人都没有清楚地认识到他们自身的不一致。当我指出在行动和意图间的差距时,大多数公司的管理人员立即就明白。大多数人都感到很奇怪:为什么他们以前没有发现这个问题,大多数管理人员只会意识到别人的言行不一致,但是缺乏认识自己言行不一致的能力。

我知道唯一解决这些言行不一致的方法就是关注这些问题。在 Acme 的案例中,公司首席执行官设法去忽略调查结果不反映真实情况的事实。一方面公司员工说他们为在公司里工作感到骄傲,并且把管理者描述为体贴员工的;另一方面他们怀疑公司管理者的真诚和工作能力。公司员工为何同时持有这两种看法?他们怎么能够在一家管理者无效且言行不一致的公司里工作且感到骄傲?

公司首席执行官在实施改正措施之前,并没有停止寻找这种矛盾的根源。一旦他这样做了，他就可能会发现：员工之所以对工作感到满意是因为管理者绝不会要求他们为该公司极差的竞争表现去承担责任，公司员工就放心地把他们的怀疑集中于公司高层管理者，是因为他们明白他们的福利依赖于公司的高管理。他们声称重视放权实际上是公司员工重视独立，声称为公司承担责任，实质上员工们接受这样的原则，高层管理者应该作出重大决策，保证不让员工失业，公平付给他们报酬。这对公司员工来说是符合逻辑的，但不是公司高管脑子中所希望的那种责任。

这些问题没有任何一个公司员工讨论过，也没有任何一个问题在领导研讨会上提及过；没有努力去探究忠诚这个概念，允许并且实际上是鼓励管理者思考一件事情，做的却是另一件事。没有人试图帮助公司员工理解他们在公司"相互责备文化"中应扮演的角色，而这种"相互责备文化"正是公司在调查中最关心的问题之一。最重要的是，没有人试图去解开这种防御性的逻辑，而这种防御性逻辑正是引起公司内言行不一致的原因，并且非常需要进行批评性检查。实际上，当我问公司管理团队为什么不讨论这些问题时，有人告诉我："坦率地讲，直到你问这些问题时，我们才意识到这一点，我理解你的观点，但是我们之间谈这些问题时可能会很难。我们在这里确实只讲积极的事，这样可以鼓舞士气。"

Acme公司的案例极其普遍，投入大量精力，进步却很小。Acme公司的员工调查结果显示，绝大多数公司在处理双环学习时，都会从根本上抗拒管理。Acme公司的变革鼓

第三部分

励公司员工不要如实反映他们自身的行为和态度,把解决问题的责任交给公司各级管理者;鼓励公司管理人员不要放弃上下级命令控制式的思维,尽管这些都阻止了授权。Acme公司的员工如同陶醉于全面质量管理方式所取得的成就之中的40位管理人员,将会继续按公司要求他们的去做。只要他们感觉所做的能得到适当报酬,他们将继续墨守成规,而不愿意去创新,不愿意去冒险,不情愿被卷入双环学习机制中。总之一句话,他们就是不愿意采取新的行为和新的框架,即使这些新行为和新框架对保持公司的竞争力是极其重要的。

过去几年中,我与许多公司交流过,他们都努力从命令控制科层制转变为授权给公司员工和组织学习的制度,每家公司最大的敌人都是公司自己。经理们谈论着公司的内在动机,却没有看到公司是如何深陷于他们外在实际沟通方式的泥潭。这就是公司内部沟通造成达不到学习效果的第二条明显的形式。

以欧洲银行(Europabank)的一家拥有1 200名员工的分行为例。在这家分行中,员工对顾客服务的承诺将关系到公司的存亡。银行的首席执行官决定将这家分行拆出去。分行的未来就取决于其赢得客户忠诚的能力。欧洲银行的首席执行官对其公司员工能够转变为以市场为导向而深感自信,因为他知道,公司员工不得不采取更主动、更冒险的行动,他安排了一些小的项目团队去安排所有实施细节,并且让员工认同这种工作,他对公司的反应深感欣慰。

阻碍学习的"良好沟通"

公司主管人力资源的副总裁却高兴不起来,他担忧这种认同不是真心的,公司老板是过于乐观的。然而,这位公司主管人力资源的副总裁不想提出反对意见,而把这种担忧藏在心里。

为了评价这家公司的实际运行情况,我需要知道在公司首席执行官行动背后更多的观点。我要求这位首席执行官写下他如何回答公司员工所关心的与拆分有关的几个问题,他将如何解释以缓解公司员工的疑惑、建立员工的信心?下面是他所写的两个例子:

> 如果公司员工对这项新计划表达了他们的恐惧,是因为原来的计划能保证员工不失业,这位首席执行官说,他本人对此作出承诺:"新公司将尽全力保证员工的就业和更好的发展前景。"

> 如果公司员工表达了不能适应这种以市场导向来处理问题的方式的恐惧,他说:"我保证你们将得到必要的培训,我还确保正确的行动将会得到回报。"

当这些情况后来发生时,公司首席执行官也对员工作了同样的承诺,员工的反应是积极的,他们认为公司首席执行官真正关心他们。

但是,信息与角色之间是混乱的。如果公司首席执行官旨在给公司员工造成一种其职业命运由自己决定的感觉(这是他的话所内含的意思),然而他为什么又相反地强调要为

第三部分

员工考虑？每次他都说"我答应你们"。这位首席执行官正削弱他自己内部的责任、内在的动力和真正授权的目标。

他应该通过指出其公司员工的希望是不合理的，来开始真正赢得员工的认同。公司员工想依靠管理者来消除他们内心的恐惧，并且确保事事都会好转，他们想依靠管理者为其所面对的挑战去承担责任。在一个由市场驱动的商业活动中，首席执行官不可能给每位公司员工所想的都作出承诺，当首席执行官承诺会保护和回报公司员工，公司员工就会感到首席执行官是体贴他们员工的，但不幸的是，这种体贴妨碍了授权，总有一天公司和个人的利益都会受到伤害。

一旦公司员工把他们的动机放在首席执行官的承诺这种外部因素中，他们就不可能抓住机会，不会去对已经实施的规则和政策提出怀疑，或者去寻求超出公司管理者所定义的公司领域范围，更不要说去学习了。

对外负责的员工相信：公司的管理者会控制操纵他们的行为，并把顺从于这种控制看成是员工对公司忠诚。公司员工会对直接提问或者典型员工调查给出他们自己诚实的答案，因为他们乐于告诉公司管理者错误在哪里，而且他们将此看成是对公司忠诚的行为表现。他们不可能去做的是：审视存在于他们自身的依赖性，他们自身的矛盾冲突及他们规避承担个人责任的冒险性的事。例如，如果公司员工相信他们的补偿是公正的，公司的管理者也是公平且值得信赖的，他们会负责地实施全面质量管理。然而，在这种条件下，如同他们所负的责任，都来自于一个外在因素：管理。

这些都是外在责任,外在责任感的根源是外在动机。而员工的工作热情来自诸如好的收入、精心设计的工作及管理者的承诺等外部因素。公司员工个人的责任感和动机都是外部的,依赖他们的管理者对其工作的激励。

我最近观看了一家大型公司的首席执行官与公司相关高层管理人员的一次会议的录像,公司首席执行官反复强调对公司所有部门和个人放权的重要性。在这个录像第一部分的片段中,一位年轻经理提出一个问题:公司的高层管理人员常常阻碍这位年轻经理采取行动,应该怎么办?公司首席执行官首先感谢这位年轻经理的提问,然后要求他直接去与掌管这个部门的副总裁再次讨论这个问题,同时这位首席执行官说他将为这个问题的解决亲自铺路。这样做就意味着,他鼓励公司所有的管理人员直接采取行动,如果他们碰到官僚主义的阻碍可以直接找他。

我和一家公司的大约 80 位资深管理人员一起观看了这部录影带。除了一人外,其他所有管理人员都称赞首席执行官放权给那位年轻经理的做法。相反,那位唯一的反对者大声说出其对这种放权质量的怀疑,这种放权完全是来自外部的。

我同意这位唯一反对者的意见。这家航空公司的首席执行官应该继续提问一些关键性的问题,从而能实现真正的授权,如:这位年轻经理有没有将自己的感受与阻碍他的人进行交流?这样会引起何种恐惧感?如何重新设计组织来授权给这位年轻经理更多的自由以安全地采取行动?针对

第三部分

这次事件,这些首席执行官也应该向他公司那位资深副总裁提出同样的问题。

由于没有寻求更深层次的问题,没有鼓励公司管理人员们做同样的事,公司首席执行官所能做的事只是在这位年轻经理下一次碰到另一个问题时,承诺让一些高层执行者授权。换言之,这位首席执行官建立了一个外部责任并且给他的下属经理的权利。他没有鼓励其公司的年轻经理们根据自己的观察、能力及权利来建立一种长久的授权制度。

那些对员工实行授权且希望从有责任心、授权工作队伍中获取回报的公司应该停止这种玩笑式的行为。外部的责任感、不计代价的肯定思考,会使公司员工对危害和前因后果一无所知,这种思想可以使员工产生表面上对公司的忠诚和单环学习,但是,这绝不能产生那种真正有助于公司实施变革的学习机制。原因非常简单,公司变革后,员工不但要对他人错误承担责任,而且对自身行为动机的事实真相方面也要承担责任。而且,依我的经验,当公司员工承担的任务是检查组织中存在的问题,包括认真检查他们自身的角色、责任及对改正这些问题所能作的贡献时,在此过程中才能更深刻、更努力地求得问题的真相。

问题不在于公司员工逃避这种组织自我审视行动,而在于没有人要求他们这么做。公司管理者看上去似乎并不重视员工的情感、自我防御和内在冲突。相反,领导者们非常热衷于所谓积极的价值——员工的满意度、乐观的情绪、高昂的士气,而要求员工自我反省这些价值的作用,结果将会是极具破坏性的。

但是,这种过于强调积极价值,实际上会对工作效率会带来负面影响。首先,它忽略了在认识组织的真实情况中员工的不满意度、低士气、抵制态度所起的关键作用,而且经常起作用,特别是与威胁和敏感事情有关的情绪会带来负面影响。例如,如果公司员工正在减少自己的工作,为什么我们还指望和鼓励员工们表现他们的高士气,或伪装起自己复杂的情感呢?其次,这种强调积极价值是自以为是的假设,假设公司员工只能在一切令人满意的环境中发挥作用,甚至即使这种满意是虚构的。我们没有对高层管理者作这样的假设,我们指望公司领导者能挺身而出,像成年人一样来承担自己的责任。我们还发现公司管理人员的最佳表现经常与不稳定的士气、没有安全感的工作、强烈的挫折感,以及对公司员工抵制情绪的敏感性联系在一起。但是,公司领导者倾向于顾及高层下面的每个人,包括对待那些部门经理,只有使他们感到满足时才会表现得更有效。

现在,如果满意是仅有的目标,对那些感到满足的人来说就是没错的。我的研究成果显示:中等程度的责任感和士气能产生相当可观的工作效率,关键在于要建立一种使员工感到公平的、外在补偿与工作安全感的系统。在这系统中,对关键问题的表面答案可以产生良性效果,没有一个人期望更多的东西。

但是,效率和责任的标准近几年来有了很大的提高,而且在接下来的几十年中还会保持上升的趋势。在上一代前,

第三部分

公司只需要公司员工按他们被要求的去工作,公司领导通过一系列外在的报酬机制来保证其运行。外在的工作动机有狭窄的界限,比如诸如"这不是我份内的工作"之类的话,但是这种方式的结果是可以接受的,而且最不具复杂性。

如今,面对前一辈人所难以想象的竞争压力,管理者需要公司每一位员工不断创造性地思考公司组织的需求,需要公司每位员工具备像管理者一样拥有的动力和强烈的主人翁意识。为了达到这种状况,公司要求每个人参与沟通。企业的领导和下属,即提问者和回答者,都必须努力达到更高水平的自我认识,做到坦诚并负有责任感。

5. 西尔斯公司的员工—客户—利润链[①]

安东尼·J.鲁西
斯蒂文·P.基恩
理查德·T.奎因

在过去的5年里,西尔斯公司根本地改变了经营方式,显著地改善了公司的财务绩效,这已不再是新闻。大量关于公司经营好转的文献详细地描述了其战略转变,以及从损失惨重到获利丰厚这一事实。但是西尔斯公司的变革不仅仅是市场战略的改变,更是经营逻辑和文化的变革。实际上,改变经营逻辑的过程就是改变文化的过程。

由阿瑟·马丁内兹(Arthur Martinez)领导并推动的,由100多位西尔斯高层管理人员组成的团队,以客户为中心,花了3年多时间重建公司。在重新思考西尔斯公司是什么,以及希望变成什么样的公司的问题上,这些管理者开发了企业经营模型(员工—客户—利润模型)和测量系统,通过员工态

[①] 《哈佛商业评论》1998年1~2月。

第三部分

度来追溯从管理行为到客户满意和财务绩效优良的成功路径。借助测量系统，该员工—客户—利润模型相当严密，足以作为管理信息系统的一部分来使用，也可以作为公司每一位员工用来自我评价和自我完善的工具。而且，建立模型和测量系统的工作对经理人员有许多要求，并改变了他们的思考和行动方式。现在，文化变革正在西尔斯公司内广泛展开。

　　员工—客户—利润模型的基本要素不难理解。甚至对零售业经验不足的人凭直觉都能理解，有一条从员工行为、客户行为到利润的一条因果链，不难看出这些行为主要依赖于态度。更无须说明的是，使用员工—客户—利润模型相当容易，问题在于如何测量。非客观的数据不像收益和利润那样容易界定，它们难以定义和收集，几乎没有比"客户和员工态度"，或"满意"更"软性"的指标。在许多企业，甚至像"客户保留率"这样相对硬性的行为也难以测量，这必然导致许多公司不愿花费时间、精力和资源有效地使用该模型。这样，许多公司并没有真正理解他们的客户和员工实际上是如何思考和行动的，这毫不奇怪。

　　西尔斯公司却做到了！通过持续的收集数据、分析、建模以及试验，我们已经开发出并在不断完善一个被称之为总绩效指标的评价系统。该系统能反映我们与客户、员工和投资者之间相处的情形。我们明白了有多层因素驱动员工态度，以及员工态度如何影响员工保留、员工保留如何影响客户满意的驱动力、客户满意如何影响财力绩效等等问题；我们也计算了这些指标的变动与相应的财务绩效变动之间的延迟时间,所以当看到员工态度转变时,我们不仅知道员工态度如何影响绩效,而且知道其起作用的时间。我们的总绩效指标评价系统使员工—客户—利润的链条可以操控,因为我们正是以这些指标为基础经营公司的,而且效果非常明显。但是整个系统却比上述的简单说明更加复杂,非常难以模仿。

任何零售商都能复制西尔斯公司的测量体系,甚至连其建模技术也能复制。但是,因为系统机制本身并不能自我实现其功能,所以其他公司即使复制后仍然不能使员工—客户—利润链有效运行。显而易见的是,必须能够测量和管理员工和客户满意的驱动力,我们会解释是如何在西尔斯公司实现这一工作的。但是还有其他两个因素必不可少。首先,因为该系统是管理决策的基石,为了实际应用的目的,公司必须对模型和测量体系一认识。每一个管理者,特别是公司高层,理解该系统并且大加赞成就特别重要。第二,为了在销售员和其他员工中树立"主人翁意识",适当地开展实施系统变得非常关键。系统地开展实施容易受到轻视,因为这似乎只是一个简单的沟通挑战,但其内容却更丰富。它涉及到信任、经济和业务素养问题。除非员工理解系统的目的,理解公司和产业的经济性,并且清楚自己的工作是如何与员工—客户—利润模型适配的,否则便不能使整个系统成功运行。

员工—客户—利润链有效运行的挑战来自三方面:创建、提炼模型,以及支持模型的测量系统;就模型的使用统一

第三部分

认识；开展实施模型以使得在员工中建立业务素养和信任。在西尔斯公司，前面两方面没有区别，管理者自己创建了模型，因为人们会自然地赞成自己的发明，因此管理者会自然地认同该模型的使用，并统一认识。第三个方面，研发并跟进。三者相结合是解决威胁西尔斯公司零售业务生存问题（10年持续低迷经营）根本的出路。

企业复苏

1992年是西尔斯公司历史上最糟糕的时期，公司的销售额为532亿美元，净亏损39亿美元，其中几乎有30亿美元来源于商业集团。然而更糟的是，1992年是不良经营的顶峰，大部分亏损直接与公司经营战略不集中有关。一个世纪以来，西尔斯公司由于自己在理解并且服务于美国消费者以及他们日益变化的需要方面有很强的适应能力而繁荣了起来。然而，从20世纪80年代开始，西尔斯公司多元化发展，进入保险、金融、代理业务以及房地产业。因此，当其他零售商，如著名的沃尔玛，主业投向零售消费业，并且以相当快的速度占领了市场份额，西尔斯的反应是出售或分离它的所有非零售业务并且重新回到其主业。

阿瑟·马丁内兹于1992年9月领导西尔斯商业集团。1995年8月，西尔斯出售了除商业之外的其他所有业务，他成为公司主席和首席执行官。马丁内兹过去是集团副主席和SAKS第五大道的董事及BATUS零售事业部区域总裁，主要负责SAKS、Marshall Field、J. B. Ivey和Breuners的业务。在西尔斯历史上,零售业从来没有使西尔斯公司的经营好转过。马丁内兹和他所领导的团队需要对产品线、仓库和门店位置、战略、资产分配等问题迅速作出对公司有利的决策。首先,我们不要制造吸引员工注意力的危机,他们也渴望改善绩效。第二,公司多年积累的文化也是一种资产。令我们惊异的是,研究结论显示:经历几年的纷乱,尽管特定的客户满意率很低,但美国家庭已经对西尔斯公司形成了是良好的购物场所这样一种积极、信任的印象。

阿瑟·马丁内兹上任100天之内,他创建了一个综合复苏计划。几十年来,人们往往认为西尔斯公司是一个针对男性的商店,但是市场数据显示,极高的购买决策是由女性作出的。马丁内兹重新将市场定位于"更柔性的西尔斯",并且引进新的个性化的服装和化妆品品牌。他扩展并且加快建设购物中心之外的专卖店,包括西尔斯五金器具商场和家具店。他关了113家服装店,将那些在购物中心里的商店削减至800家,并在5年内花了10亿美元对这些保留下来的商场完全革新;他也取消了有着101年历史的每年亏损1亿多美元的西尔斯购物目录。阿瑟·马丁内兹重构百货店的运作流程,主要强调培训、激励,以及裁减那些从事行政性及非销售工作的人员;安排员工时,将百货店最优秀的员工安排在客户购物最多的晚上或周末工作;修订公司整个业务战略,使它适应于工作繁忙的女性以及她们的家庭;西尔斯公司开始提供周日配送及一系列新业务,包括修理家用小电器等;马丁内兹还颁布制度,规定公司接受所有主要的信用卡付款,而不仅限于西尔斯的信用卡——

第三部分

发现卡。

综合复苏计划取得的成绩是非常可观的。1993年公司商业集团报告的净收入达到7.52亿美元,既存的百货店销售增长超过9%,家电与电器的市场份额同步增长。整体上说,这几年是西尔斯有史以来获利最丰盛的时期,公司复苏产生了56%的总体股东回报。

变革

企业经营复苏效果非凡,但很多时候这只是表象。复苏当然激动人心,管理者引进新战略,言谈中对授权和以客户为中心充满信心。但是很少有普通员工真正理解所有活动的意义,或者理解自己所扮演的角色,而且企业复苏意味着大量的加班和更加辛苦的工作,这些都使员工筋疲力尽。所以一旦精力以及绩效达到顶峰后,许多公司就开始丧失信念,坏习惯卷土重来。

我们下定决心不让这种情况在西尔斯发生。一旦开始赢利,公司到处弥漫着"幸福就在我们眼前"的想法。我们认识到成功能够成为我们的敌人。我们面对的工作本质是要变革公司。将短期生存计划转变成为企业长期卓越的平台。在实施过程中,要在塑造公司未来工作时,开发员工的创新力。我们知道西尔斯必须听取客户的意见,并且对他们的需求有所反馈。我们也理解基于上述理由制定或执行的计划不会永远有效。如果西尔斯要变革,如果态度和行为要改变,其全新的理念就要在公司内广泛传播,高层管理者就必须带好头。正如马丁内兹所见,他的工作是引导和推动高层管理者跟进计划。

1993年3月,马丁内兹召集了大约65个高层管理者在亚利桑那州的凤凰城召开了第一次非现场会议(这个在凤凰城开会的团队后来逐步增加成员,达到了约150名成员的梯队)。在这次两天半的集中会议上,马丁内兹提出了5个新的优先战略:核心增长、以客户为中心("使西尔斯成为引人注目的购物场所"即是他所提出)、成本降低、对当地市场负责、组织和文化革新。之后亲自领导讨论,他说:你们才是西尔斯公司未来的领导者。回到位于芝加哥的西尔斯公司总部后,"凤凰城团队"每周六继续开会讨论优先战略和如何执行战略的问题。

在那年11月底的一次会议上,马丁内兹想知道5个优先战略的进展情况,更广泛的讨论开始了。每位成员都同意优先战略对高层管理者意义重大,但是公司其他人认为它只是具有MBA学位的人的事。有人说:"当你谈论以客户为中心时,人人都点头。但是并不知道他们要做什么。"还有人坦诚地鼓起勇气站起来说:"完全诚实地讲,我不知道我应该做些什么。"人们不安地坐在椅子里摇晃,很少一些人对这个观点点头表示同意。这真是一个惊心的时刻。"凤凰城团队"的任务就是要设计一个公司变革,并且在分布于2 000多个地区的30万员工中进行革新,但似乎没有人能清楚地知道变革的要求是什么。

大多数公司,在大多数情况下,一般会有8个或者10个最

第三部分

高管理者(包括战略规划部和不同的咨询人士),他们会问到战略问题:"我们正从事什么业务?我们为谁服务?我们如何参与竞争?我们的价值主张是什么?"通常来说,那些100~200人的第二层管理者都能真实地回答这些问题。结果是跨职能部门的对话、提问、合作计划、创新和主人翁精神被遗失了。在西尔斯,1992年的复苏战略和5个优先战略或多或少是根据从上至下的范式开发并且开展实施的,虽然取得了良好的预期结果,但是却没有马丁内兹所想要的广泛的主熔翁精神和员工参与。1992年,公司并没有真正改变什么,仍然艰难地前行。复苏战略继续推进。在1993年,马丁内兹需要一系列优先权利,以使他能够最直接地得到高层管理者的心。他最终如愿以偿,成功地获得了他们的心,但是他仍然需要给他们机会和足够有说服力的理由,让他们跳出老西尔斯公司的框框之外来思考,并且能自我领会该如何以不同的方式做事。

紧接着的是高层管理者紧张的一年多的压力。很多想法出现了。现在的问题是要使"凤凰城团队"成员去探索这些想法实现的可能性,直到其能自己开发为西尔斯公司发展的计划,并且该计划因为是自己的创新而得到实施。

我们要求该团队每一位成员写出一个关于西尔斯公司在5年内将变成什么样的公司,以及如何努力的新故事。在1994年3月的一次以这些故事为中心的凤凰城会议上,会议主要围绕四个主题:客户、员工、财务绩效和革新,要求新的团队定义他们所在的业务领域内世界级地位的标准,识别实现该地位的障碍,建立测量进步的指标。任务小组们开了两天半的会,然后将他们的成果提交给整个会议讨论。马丁内兹告诉他们这是一个全新的开始。但是因为公司将未来完全依赖于他们的主动性,他们将需要更多的时间,收集更多的信息,并且提出更加具体的建议。

该团队返回芝加哥后,很多人抱怨加班工作。他们一再说没时间花费在主要任务上,因为他们必须管理公司。总部的命令是他们必须两者都要按时完成,他们必须找出战略目标并且建立能有效运行的战略。几周以来,每个成员都在努力。随着征集建议截止日期的逼近,成员有了紧迫感。主要任务小组们开始每周举行一次会议,通常早晨7点,甚至更早就开始(几个月以后,许多成员开始怀疑早晨7点的会议折磨是不是没完没了,他们忘记了其实从来没有人要求他们每周在这个时候开会,是成员的紧迫感与自发参与、自动安排了所有的这些早晨会议)。

四个主题任务小组变成了五个:客户、员工、财务绩效、革新与价值。财务任务小组构建了过去20年来总的股东回报驱动力量模型,并且推导出西尔斯应该做什么以获得财富500强前125的地位。革新任务小组定好外部目标,开展了一项研究变革本质的项目,并建议尽量在员工中诞生100万个想法。价值任务小组收集了调查8万个员工的调查数据,并且证实了6个核心价值观,这些价值观是西尔斯员工强烈感觉到的:诚实、团结、尊重个人、团队工作、信任、以客户为中心。过去的"命令—控制"文化太家长制,并不足以反映人们的价值,绩效应该比努力更重要。

第三部分

客户任务小组研究了几年前做的客户调查,并且在全国成立了80个以客户为中心的团体,将会议情况制成录像以使客户任务小组的每个成员都能观看。他们询问相应的团体为什么到西尔斯购物,他们想要什么、希望得到什么以及不喜欢什么。西尔斯一直说着一个以客户为中心的伟大游戏规则。"保证满意否则便退款"成为西尔斯100年的格言。"关心客户,再关心客户"是西尔斯公司的口号。然而,这些口号是空洞无力的,看起来总部没有人听取客户的意见。任务小组在全国听到了无休止的关于我们不能满足客户要求的事例。商家抛售存货、找不到售货员、反应慢、服务也很糟糕。但令人称奇的是,尽管这样,人们基本上还是喜欢西尔斯,公司最大的资产是美国公众一直希望看见公司成功。

员工任务小组选取了26个员工,研究他们的态度与行为的数据。每年,任务小组都会对每位员工进行包括70个问题的问卷调查。团队反复听到的是,员工对公司的成功很感兴趣,他们以在西尔斯工作为荣。"这不只是工作,更是我生活的全部",有人说。

当任务小组们忙于收集数据时,我们建立了另一个团队负责公司愿景和价值观的考察,该工作困难很大。与8万名员工访谈后,团队提出了一系列价值观,听起来像政治家提出的誓言一样:我们将成为具有世界领导地位的零售商,关注慈善事业、友爱,结束世界饥饿、实现时代和平等。听起来都很有雄心,但是他们与零售业有何关系呢?我们又求助于外部专家,但他们提出的愿景听起来与其他公司的愿景没有什么差别。

真正令我们震惊的是西尔斯公司一直以来被公众密切关注。早期,马丁内兹谈及了要将西尔斯变成一个引人注目的购物场所,我们也希望西尔斯变成一个引人注目的工作场所。如果我们能够达到这两个目标,西尔斯将一定是一个引人注目的投资场所。所以,"西尔斯,引人注目的工作、购物、投资场所"实际上成为的不是我们的愿景,而是一个清晰的、西尔斯对内、对外的宣言。我们将其称为三个"引人注目",后来即3C,我们把它与三个共享的价值观相结合,这三个价值观称为3P,即对客户热忱、为人们创造附加价值、绩效领先。公司里有一些人认为这些太简单,但是对大多数人而言,简单就是力量,3C和3P虽然很简单,然而,从受到激励的员工到满意的客户,再到高兴的投资者的整个员工—客户—利润链是完美的。人们不必再携带一张小卡片就能想起西尔斯是什么了。

测 量

西尔斯经历的危机时代使公司变革成为必要,而具有讽刺意味的是,让人们都知道变革是必要的,因为他们最了解情况;但是,变成什么样呢?很难。变革,特别是在一个大公司内的变革如何管理呢?另外,变革如何持续呢,是一系列动态的过程还是一次性的任务呢?

主题任务小组花了数月时间听取客户和员工的意见,研究其他公司最好的成功实践,思考什么将使西尔斯公司保持世界一流的绩效,并且建立指标与目标。结果,他们至少对

第三部分

第一个问题有了部分答案:变成什么?客户任务小组确立了四个目标:建立客户忠诚、西尔斯成为开心的购物场所、通过雇用和留住最好的员工为客户提供优秀的服务、以合适的价格提供适用的商品。员工任务小组要达到三个目标:建立一个参与型的、授权的员工团队;鼓励新的想法;帮助员工认识到个人目标并创造一种开发他们技巧和能力的环境。财务任务小组有四个目标:增加营业边际收入、改善资产管理、增加生产率,增加收益。

当各个主题任务小组们树立了这些目标后,"凤凰城团队"开始从整体上考虑一个将员工、客户、投资者三者联系成一个逻辑整体的经营模型。实际上,从提出"引人注目的工作、购物、投资场所"到用一个公式来表达公司如何成功的,只是一小步。工作×购物=投资。这个简单的代数式看起来更像是一个口号,而不是一个战略。但是其内涵却比公式本身更广泛。首先,公式考虑了我们的理念,即西尔斯财务上要成功,必须是一个引人注目的工作和购物场所,那就是"工作×购物",而不是"工作+购物"。如果员工没能被有效地激励,即便有合适的价格和适用的商品,我们也将一事无成。第二,这是一个由指引指标,而不是滞后指标组成的公式。事实上,财务结果只是一个后视镜,它只告诉你在最后一个季度做得如何,但不会告诉你下一步你要做什么。几乎没有公司能提出可依赖的、可预测的指标,而这些指标正是我们所寻找的。

任务小组们构建的目标给了我们一系列初步指标,我们已经开始收集数据(见图5-1)。我们现在成立了一个新团队来将这些指标转换成一个计量经济模型。测量团队的任务是为公司提出一种平衡计分卡,即西尔斯总绩效指标或叫总绩效指标的测量工具。但是我们想使其不同于一般的平衡计分卡,那些平衡计分卡通常设定一系列未经验证的假设,将未来财务绩效的发展紧盯住统计数据。我们想汇集公司大量的调查研究数据(部分来自于任务小组,部分来自于从前定期收集的,但是从没用于战略上的数据),然后分析,找出数据之间的联系,以此构建模型来显示从员工态度到利润之间实际因果关系的路

图5-1 初始模型:从目标到指标

建立员工—客户—利润模型的第一步是要设计一系列测量指标。这些指标基于三类不同目标:引人注目的工作、购物及投资场所。

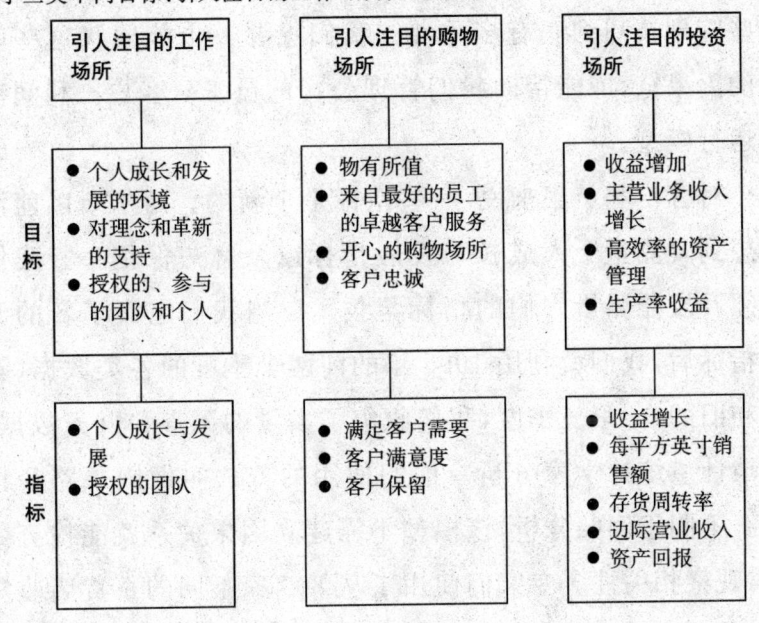

	引人注目的工作场所	引人注目的购物场所	引人注目的投资场所
目标	• 个人成长和发展的环境 • 对理念和革新的支持 • 授权的、参与的团队和个人	• 物有所值 • 来自最好的员工的卓越客户服务 • 开心的购物场所 • 客户忠诚	• 收益增加 • 主营业务收入增长 • 高效率的资产管理 • 生产率收益
指标	• 个人成长与发展 • 授权的团队	• 满足客户需要 • 客户满意度 • 客户保留	• 收益增长 • 每平方英寸销售额 • 存货周转率 • 边际营业收入 • 资产回报

第三部分

径。我们也需要一系列非财务指标,这些数据要像财务数据一样精确并且可以审计。为了实现这些想法,我们必须先画出员工—客户—利润模型的初始样式,然后修正,直到我们能够证明其中的指标。

许多人认为这是不可能实现的,但即使是怀疑论者都知道,如果我们能得到这些因果关系的相互依赖的信息,它们将是无价之宝。例如,假设我们想花一些钱来增加售货员对他们所出售产品的认识,客户会注意吗?投资会导致客户保留率的增加、更好的名声、更高的收益、更多的市场份额吗?如果这样,将持续多长时间呢?或者,更确切地说,假设我们想要测量管理绩效改善的效果,因为 70% 的员工是兼职,兼职员工有更高的流失率,因此管理技巧非常重要。模型和总绩效指标会通过员工态度与客户满意度的衡量来告诉我们那些管理技巧到底有多重要。我们想要一个能回答这些问题的因果链,即能帮助我们管理公司的员工—客户—利润链的运行模型。

对客户和员工来说,一些指标是全新的。西尔斯以前没有想到要测量个人成长与发展指标以及客户保留率。我们必须开发能测量它们的指标与技术。当我们定义了新的测量指标后,我们就利用 1995 年的前两个季度的各类数据(新的和旧的)。第三季度,我们收集了大量的调查和财务数据,并请计量统计学家分析。他们使用的方法叫做因果路径模型。不同于回归分析,该模型不需建立因果关系就能检查数据,观察相关性。专家们使用了从 800 家不同的百货店收集的数据,比较不同时间和不同地点的结果,并且使用如聚类分析和因子分析等统计方法,挖掘数据内的联系和相互影响。一个月以后,他们提交了报告,发现一些强烈和微弱的联系,并且有一些联系是我们从来没有预料到的。我们对模型作了一些适当的调整,为了在下一季度重新建模,我们继续收集数据。

这是件令人激动的事,我们能够看到员工态度不只是满足和调动客户,而且对员工流失和员工向他们的朋友、家庭、客户推荐西尔斯和它的产品的可能性等都有动力。我们发现,员工理解他的工作与公司战略目标之间的联系,这是他们积极行动的驱动力。我们发现询问客户"西尔斯是否是一个开心的购物场所",比问一长串具体问题能得到的信息更多。我们也建立了相当精确的统计关系,并且可以准确看出培训或者业务素养的改变是如何影响收益的。

我们还发现,员工满意度的两个维度,即对工作的态度与对公司的态度,对员工忠诚和客户的行为这两个维度比所有其他维度有更强的影响。我们仍然使用包含70个问题的员工问卷调查获取关于工作条件、对薪酬与福利的满意度等方面的信息。但是为了计量分析的目的,只有10个问题解释了员工满意与客户满意之间的关系,而且,10个问题附在管理报告卡中,重新强调了在实现公司目标时管理技巧的重要性(见图5-2)。

第三部分

图 5－2　引人注目的工作场所

我们最初设计的影响员工行为（也最终影响客户满意度）的指标是：个人成长和培养，以及授权团队。但是我们发现，我们对员工调查的 70 个问题中，以下 10 个问题的回答对员工行为的影响比较大。

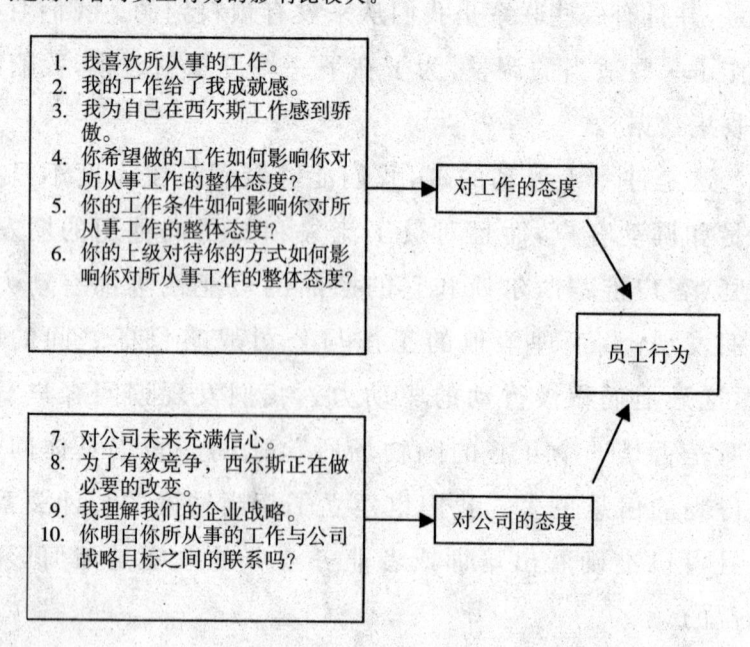

```
1. 我喜欢所从事的工作。
2. 我的工作给了我成就感。
3. 我为自己在西尔斯工作感到骄傲。
4. 你希望做的工作如何影响你对所从事工作的整体态度？
5. 你的工作条件如何影响你对所从事工作的整体态度？
6. 你的上级对待你的方式如何影响你对所从事工作的整体态度？
```
→ 对工作的态度 → 员工行为

```
7. 对公司未来充满信心。
8. 为了有效竞争，西尔斯正在做必要的改变。
9. 我理解我们的企业战略。
10. 你明白你所从事的工作与公司战略目标之间的联系吗？
```
→ 对公司的态度 →

与此相反的是，统计学家没能找到个人成长与发展、授权团队这两个测量指标与任何客户数据之间的直接因果关系，但这两个测量指标却被我们放进了一开始凭直觉创造出来的模型中。我们相信成长、授权以及团队工作是有关系的。但是，很明显，我们测量的方法有缺陷。无论我们的指标多么重要，它们都没有在从员工态度到客户满意再到股东价值的可预测的路径中。所以在以后的员工—客户—利润模型的版本中，我们用关于工作与公司的 10 个问题代替了这些初始测量指标。

从1994年中到1995年末共18个月时间内,我们构造了一个模型,改进了三次,为公司建立了一个整体的总绩效指标。该模型仍在完善之中。我们继续访谈并收集数据,每个季度汇总一次信息,并且每年重新计算一次由于日益变化的经济、人口统计和竞争环境对模型产生的综合影响。

尽管我们不断完善,但总绩效指标仍不是一个十全十美的系统,并且永远不会是(见图5-3)。它能告诉我们的比我们想知道的少,甚至少于我们需要知道的。但模型

图5-3 修订后的模型:员工—客户—利润链

该图是我们今天正在使用的模型。矩形代表调查信息,椭圆形代表硬数据。灰色区的测量指标是我们收集的并且用于西尔斯公司总绩效测评的。

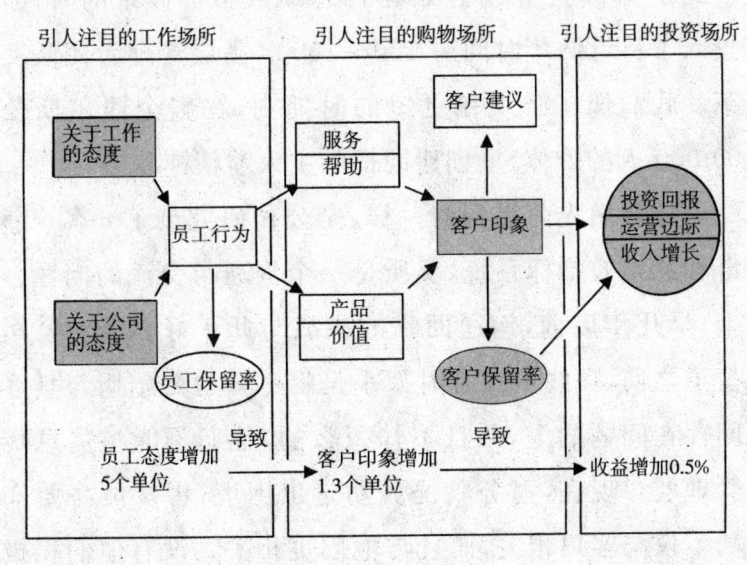

```
引人注目的工作场所        引人注目的购物场所         引人注目的投资场所

  关于工作                  服务                          投资回报
  的态度                    帮助           客户建议         运营边际
         ↘                   ↓              ↑             收入增长
          员工行为  →→→→→  客户印象  →→→→→→→→↑
         ↗                   ↑
  关于公司                  产品
  的态度                    价值          客户保留率
            ↓                              
          员工保留率                       
                    导致              导致
  员工态度增加          客户印象增加              收益增加0.5%
  5个单位              1.3个单位
```

第三部分

的作用是让我们知道了以前不知道的信息,这些信息能帮助我们管理公司,并赋予了我们决定性的竞争优势。看一个管理质量改善员工态度的例子。模型显示,员工态度进步5个单位将推动1.3个单位的客户满意度的改善,反过来又推动了0.5%的收益增长。如果我们对某地百货店一无所知,只要知道员工态度在我们的调查量表中进步了5个单位,我们可以自信地预测,如果该区的收益整体上增加了5%,那么该地的百货店收益将增长5.5%。这些数字与我们在西尔斯公司采用的其他指标一样,都很精确严谨。每年我们的财务公司都会像审计财务数据一样严格地审计这些数据。

开展实施

到了1995年年中开始运行总绩效指标体系的时候,我们投入了将近两年时间对100~200名高层管理者团队实施变革。我们现在必须在更短的时期内,在整个西尔斯公司(300 000人的群体)里创建同样的主人翁精神和参与。

正如我们先前提到的一样,全公司研究员工—客户—利润链和总绩效指标系统,实质是一个沟通与交流的问题。实际上,早几年以前,沟通面临的挑战与此正好相反。公司实施变革之前,一线员工有时似乎是唯一知道西尔斯与其客户之间存在问题的人,并且不知怎么的,他们不能将信息传递给管理层。现在,财务状况成功走出困境,售货员需要知道成功不仅与客户相关,而且与他们也相关。没有他们积极的帮助与参与，公司不可能生存下去。

刚开始，员工对于被期待做什么存在误解，这也是有效变革的真正障碍。我们来看一个西尔斯高层管理者的经历，他巡视了全国的西尔斯百货店，并且询问了数百名员工："你认为每天为得到报酬要做的主要事情是什么？"在大多数场合，员工的回答是："我为保护公司的资产。"从两个方面来看，这种回答存在严重的问题。首先，这不是一个当你在凌晨两点叫醒一个正处于沉睡中的人时，他会给你的回答，一定是有人要求他这么回答的。第二，这是个错误的回答。西尔斯是一个零售商，不是福特·诺克斯[1]（Fort Knox）。我们需要的回答是"我为使客户满意"。这种回答需要发自内心的。

误解也是诚信的障碍。还是这位管理者，他问了员工第二个问题："你估计西尔斯成立以来，每一美元收入里面有多少利润？"普遍的回答是 45 美分，而实际正确的回答应该是 2 美分。如果员工认为公司非常有钱，我们怎么能够期望他们对多样化的必要改变有所反应呢。我们决定发起一个被称之为"员工见面会"的项目来消除这两种误解。主要内容包括学习路线图、对话，以及行动计划。

学习路线图不是由西尔斯原创的，而是由位于俄亥俄州佩里斯堡的一个叫做 Root Learning 的组织首创的。但是把学习路线图与"员工见面会"相结合却是我们的想法。相互结合看起来适合我们的需求。学习路线图容易使用，并且不需要提前培训或其他特别的技巧，然而他们能诱使人们去分析问题的原因、培养人们的经济素质、增加人们对公司运作

第三部分

的理解。而"员工见面会"则扩展了学习路线图,并且将它们转换成了实际行动。

学习路线图是一座城镇、一个商店的巨幅图画,有时会是一条河流的大图片,这条河引领一小群参与者成功经历一项事业或历史的进程。

从高层管理者到基层员工,每位西尔斯员工都会与8～10人的团队一起研究这样的学习路线图,然后该团队和其他团队一起加入到员工见面会和行动会议中。会议管理者一般会用这样的开场白:"根据你在研究学习路线图的时候已经学会的以及听到的,为了改善这个百货店(服务中心、仓储、办公室)的竞争地位,我们从明天开始应该做哪些事呢?或者我们应该停止做哪些事呢?或者能简化哪些事呢?唯一可行的建议是那些能够在当地执行的,那些需要经过公司总部同意的建议被自动删除。因为许多想法本身很好,而且看着公司采纳你的建议是一个非常积极的经历,所以会议的目标是提倡尽可能少地拒绝想法,有想法后就立即行动。"

1995年4月,我们对"凤凰城团队"开展了"员工见面会"项目,那时的"凤凰城团队"已包括了60名区域经理。后来,区域经理为他们的百货店经理举行"员工见面会"。这些百货店经理负责将这个过程教给百货店售货员。每张路线图以同样的方法在员工见面会上从上至下开展。第二张路线图,"我们客户的声音"在1995年末推出,与客户看待西尔斯及其主要竞争者的方式有关。我们的第三张图"西尔斯的现金流"在1996年初推出,让员工明白收益实际上流向哪里,以及为什么即使到了今天，公司经营1美元现金流只有大约3美分的利润。最近，我们推出一款名叫"主人翁精神"的新图，引领人们熟悉总绩效指标，并且帮助他们明白测量指标如何让他们做得更好，如何开展得到更多回报的工作。

"员工见面会"被设计用来作为员工持续参与过程的一部分，其实施效果比学习路线图更好。学习路线图的目的是提高经济效益和培养业务素质，尤其是业务素质的提高可以服务于更大的行为改变目标。我们希望管理者改变他们对员工的行为，更加有效地交流公司的目标和愿景，学会更好地作出面向客户的决策。因为除非我们在客户眼中做好了，否则我们不能在财务上做得更好。我们希望基层员工改变他们对客户的行为，反应更及时、更积极、服务更好。为帮助他们这样做，我们也赋予他们更多的决策权，例如，在西尔斯五金器具店，售货员能够自主定价并且能在25美元的范围内调整价格，而无须上级的同意。学习路线图只是第一步，大规模、有意义的员工—客户—利润模型和总绩效指标的展开要求具备如下条件：改变领导行为的努力、报酬系统的变革，以及将总绩效指标的好处传达给各个部门及销售代表。

日益改变的领导行为

尤其对于管理者来说，理解总绩效指标是必不可少的，因为总绩效指标对于公司绩效以及管理者的选择、晋升、报酬等都是至关重要的。我们不惜篇幅地谈到了100～200名高级管理者，因为他们是负责战略执行、运营，以及资源分配

第三部分

的人。但是领导力比资源分配、战略和洞察力更重要。在西尔斯公司的每一层级上我们都需要领导者,他们不仅为公司的绩效,也为保持活力和建设有效运转的文化承担责任。

因此,1995年我们建立了一个与变革的每一方面相结合的领导力模型:员工—客户—利润链、总绩效指标、3C、3P,当然还加上运营竞争能力。我们开发模型的第一步是要求15名公司的高管列出他们在评价自己的直接报告时采用的技巧和报告质量。我们将35个标准合并成12个,以3P方式分组(见图5-4)。我们规定所有19 000名管理者每年将由他们的上级、同事以及下属进行绩效评价。正如他们所认为

图5-4 领导技能

西尔斯公司对每一位经理的招聘、晋升和绩效评价都是以图中的12个标准(以3P分组)为基准。

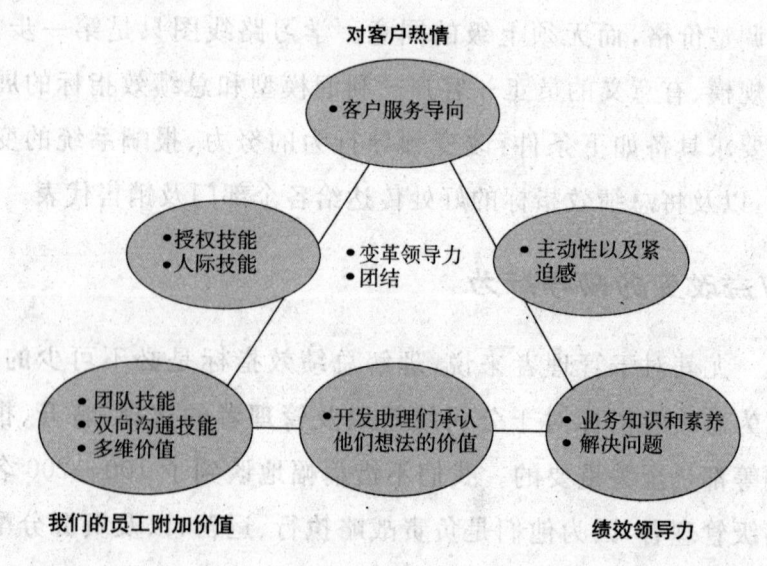

```
                     对客户热情
                    ·客户服务导向

   ·授权技能                      ·主动性以及紧
   ·人际技能    ·变革领导力           迫感
               ·团结

  ·团队技能     ·开发助理们承认      ·业务知识和素养
  ·双向沟通技能   他们想法的价值     ·解决问题
  ·多维价值

我们的员工附加价值                    绩效领导力
```

的,以这12个指标360度考评管理者。12种领导技能已被作为经理晋升的基础,也被作为从大学招聘未来的管理者时需考察的内容,我们在培训时也使用这些技能。

1995年1月1日,我们建立了西尔斯大学,主体校园位于芝加哥,在全国设有7个分校。这些学校设置终身的教师队伍,提供我们认为对总绩效指标和员工—客户—利润模型有用的课程内容,所有课程内容均与12个领导技能的一个或多个有关。这些课程使经理们理解该模型,并帮助他们实现特定的发展需求。

自大学开办以来,我们培训了4万多名西尔斯公司的经理,也开展了一个共有250名高级管理者组成的30个团队参加的战略—零售—管理项目。该项目要求管理者对那些已经在某些关键零售领域成为世界一流的零售商案例进行研究。

改变报酬

西尔斯最高层的200名经理人员在1996年发动了一场基于总绩效指标的所有长期激励因素真正的变革。就我们所知,这是公司第一次这样做。经理人员的长期激励是基于财务绩效与非财务绩效两方面:1/3在于员工评价,1/3在于客户评价,还有1/3在于传统的投资者评价。董事会以突破性的信念同意了这项计划,并将可靠性强的总绩效指标作为主要测量指标。

对非财务指标重要性的认识也成为了对经理们的年度

激励。这些经理人员的报酬具有不确定性，其中大部分是基于客户满意的目标改善方面；而且，在超过 45 个的地方开展的目标共享试点项目中，即使采用计时工资的售货员都有机会获得不固定的激励性报酬，这些报酬总是基于客户满意的改善。

总绩效指标的层层推进

最后，如果总绩效指标方法要完全有效，我们必须在一线部门也实施总绩效指标考评。目前我们采用新的按键式电话调查，随机抽选到的客户如果打 800 免费电话，并且回答涉及他们购买过程的 24 个问题，他们将得到价值 5 美元的可用于下次购买商品的优惠券。有些问题与公司、百货店以及部门的绩效相联系，有些则与售货员的行为相关。所有的问题都与客户满意度和客户保留率等问题有明显的关系。目前我们的数据是全国统一汇总的，但我们正着手在每一个地区、百货店、部门，甚至每个售货员都能得到相关数据（售货员的员工号码都记录在交易小票上，客户在回答问题时需在交易小票上打孔）。我们的目标是对客户所感受到的管理者、售货员的优点与缺点都能够展开建设性讨论。当前，我们正在评估各种使用此类信息的方法，这些方法可以让我们在给员工授权和鼓励的同时，让他们知道自己在客户心中的形象。

从员工到客户再到利润

在有限的意义上,西尔斯模型和测量指标的开发实际上是相当完美的。在公司每一层次、每一个百货店内均使用总绩效指标。几乎每一位经理的报酬中都有一部分是基于非财务指标的,具有一定的风险性。当然,在更广泛的意义上我们还有待提高。

例如,实施这一模型需要永无止境地努力。零售行业正常的流失率要求持续地就3C和素养对新员工进行培训和开发。即使没有员工流失,在成千上万个地方与30万名员工沟通和交流都是挑战。

这场变革我们已经进行了快4年,到目前为止,我们的工作看起来还是成绩斐然的。但是,像西尔斯这样规模庞大的公司在如此短的时间内能够改变多少呢?系统能正常运转吗?我们正在改变员工和客户对西尔斯公司的认识吗?

要回答这些问题,让我们看看统计数据。一项独立调查显示,全国零售业的客户满意度已经连续几年下降,但是在过去12个月里,西尔斯公司总绩效指标员工满意度增长了4%,客户满意度增加了将近4%。虽然看起来只有微小的改进,但如果我们的模型是正确的,并且预测结果非常好,那么过去12个月里,4%的客户满意度的增加将带来2亿美元的收益增长。在当前的税后边际收入和价格—收益比前提下,这些增加的收益使西尔斯公司的市场资本价值增长了将近

第三部分

2.5亿美元。在我们看来,更令人印象深刻的是,模型告诉我们:正是我们的经理和员工在面对客户的那一刻实现了创造价值的丰功伟绩。

DELIVERING RESULTS

第四部分 创造智力资本：争当员工拥护者

新政

人力……

1. 管理专业才智：
充分利用最优秀的人才[①]

詹姆斯·布赖恩·奎因

菲利普·安德森

悉尼·芬克尔斯坦

在后工业化社会，企业的成功对于知识人才和系统能力的依赖要大于对其物质资产的依赖。管理人才智力的能力，正成为当今关键的经营技能，这种能力能为企业创造有用的产品和服务。因此，智力资本、创造力、革新能力和学习型组织引起了人们很大的兴趣。但奇怪的是，对于管理专业才智的关注却很少。

而专业才智创造了新经济中绝大部分的价值。它所带来的收益在大型服务业中很快能得到体现，例如软件业、健康医疗产业、金融服务业、电信业和咨询业。而在制造业，专业人员通过研发、流程设计、产品设计、后勤、营销和系统管理等活动，也创造了价值优势。尽管专业才智越来越重要，

---

① 《哈佛商业评论》1996年3～4月。

第四部分

但很少有经理人能够系统地回答这些基本问题：什么是专业才智？怎样开发专业才智？我们怎样发挥专业才智的杠杆作用？

什么是专业才智？

真正的专业人员精通大量的专业知识。专业才智是一门必须不断更新的学科，组织的专业才智在四个层次上发挥作用，这里按照其重要程度递增顺序逐一说明。

认知知识（了解是什么）。是指专业人员经过大量的培训和考核，对某一学科基本掌握。这种知识是必不可少的，但要获得商业成功，通常这是远远不够的。

高级技能（了解怎样做）。是指将书本知识转化为有效的执行。这种把学科规则运用于复杂的真实世界是专业技能创造价值最普遍的层次。

系统理解力（了解为什么）。是指在学科基础上，对事物因果关系网络的深入了解。它允许专业人员的行为超出执行任务的范围，解决更大更复杂的问题，并由此创造额外价值。"了解为什么"的专业人员能够洞悉微妙的相互影响和非计划的结果。系统理解力的最终表现是经过高度训练的直觉。例如一个经验丰富的研究室主任就具有如此的洞察力，他本能地知道哪些项目可以成立，并且精确到何时开始。

自我驱动的创造力（关注为什么）。由对成功的意愿、动机和适应性构成。高动机和创造型的团队通常是拥有丰富物质资源和金融资源的优胜团队。没有自我驱动的创造力，

管理专业才智：充分利用最优秀的人才

拥有才智的领导者也可能由于自满而丧失知识优势。他们也许不能积极地调整来适应外部环境的变化，尤其是不能对他们使用的早期过时技术进行革新，就如同当今药学领域分子结构设计技术正在逐渐取代化学筛选技术。这也是为什么高水平的才智如此关键的原因。组织如果培养其员工思考的意识，就能够面对当今快速的变化，并保持繁荣兴旺的同时，为在下一波的发展中竞争，不断更新他们的感性知识、高级技能和系统理解力。

才智很显然存在于专业人员的大脑中。前三个层次的才智也存在于组织的系统、数据库或者操作技术中，而第四个层次的才智通常根植于组织的文化之中。当一个人的智力范围从感性认识上升为自我驱动的创造力时，智力的价值显著增长。但是大多数企业将他们的培训主要集中在开发基础技能（而不是高级技能）上，很少甚至没有关注过系统性或者创造性技能。

大多数典型的专业人员的行为是要做到尽善尽美，而不需要富有创造性。客户希望专业知识能够得到可靠的传递，并且可以获得最先进的技能。虽然偶尔需要有创造力，但会计部门、医院、软件公司或者金融服务机构所做的大部分工作要求重复应用已经高度开发的技能来解决相关的、类似的甚至是复杂的问题。人们很少希望外科医生、会计、飞行员、技术维修人员或者核工厂的经营者具有很强的创造力。经理们为应付极少出现的、需要有创造力的紧急情况或者其他特殊状况，无疑要让他们的专业人员做好准备。但是经理们

第四部分

的绝大部分注意力应该集中在传递稳定且高质量的智力产品。

由于专业人员拥有专业知识，并且被当做精英而受训，他们经常倾向于认为自己在其他领域的判断也是神圣不可更改的。专业人员通常不愿意服从他人，或者当组织目标与自己的专业观点不完全吻合时不予支持。这就是为什么大多数专业公司的经营采取合伙制而不是层级制的原因。这也解释了为什么他们很难接受统一的战略。

每个专业的从业者倾向于由他们的同行来制定行为规范和可接受的绩效标准。他们通常拒绝接受自己专业领域之外的人作出的评估。例如很多医生抵制卫生维护组织和保险公司告诉他们如何用药的意图。这种态度正是许多专业组织存在问题的根源。专业人员更愿意和与他们有相似背景和价值观的人打交道，抵制变化，并且远离客户需求。例如，很多软件部门和基础研究组织正是由于与其他专业团体，如营销或者制造部门，产生了冲突，从而在更大的组织内逐渐被孤立起来。

开发专业才智

我们所观察的那些最有效的专业组织，他们最关心的是一些管理专业人员的最佳实践，类似于成功的训练。

招聘最优秀的人才。 智力的杠杆作用很大，它使几个顶尖专业人才就能够创造一个成功的组织，也能使弱小者变得更强大。马文·鲍尔最早创建了麦肯锡咨询公司;罗伯特·诺伊斯和戈登·E.摩尔造就了英特尔;威廉·H.盖茨和保罗·艾伦创建了微软;赫伯特·W.玻意尔和罗伯特·A.斯万森发明了基因技术;阿尔伯特·爱因斯坦将普林斯顿开展了对测绘图的进一步研究。但即使是这样的组织也必须寻找和吸引杰出的人才。

招聘优秀的管理咨询顾问毫无例外地必须投入大量的资源,他们主要从顶尖商学院最优秀的毕业生中筛选。微软公司每雇用一个关键软件设计员,都要面试成百上千名被极力推荐的候选人,这个令人筋疲力尽的甄选过程不仅测试感性知识,而且还要测试面临强大压力时思考新问题的能力。四季酒店(The Four Seasons Hotels)通常面试50名候选人,从中只雇用一名。风险资本公司将人才和信守承诺看做是成功的关键要素,他们在挑选和寻找顶尖人才上所花费的时间与对项目进行定量分析所花费的时间一样多。

由于大多数获得认证的专业人士希望与该领域中最优秀的人一起工作,所以相对于较为弱小的竞争对手,产业领导者能够吸引到更优秀的人才。例如,最好的商业程序设计员跳槽到微软公司,因为他们相信微软将决定该产业未来的发展方向,而且在此学科的最前沿,他们能够分享刺激和回报。但是位于第二梯队的组织并不注定总是落后的。一些经理人了解合适的人才的重要性,通过获得此类人才与产业领导者换位,就如同柔道中的倒转。当首席执行官马歇尔·N.卡特领导道富银行(State Street Bank)进入快速兼并的监

第四部分

管业务时,他雇用了一批世界一流的数据处理经理人来管理他的新组织,如今,道富银行的监管账户操纵着1.7万亿美元的资金,而实际上,它所有的高级经理拥有的是数据处理背景,而不是传统银行业背景。

加强集约化早期开发。通过重复面对复杂的实际问题,专业人员的技术能够很快地得到开发。也就是说对大多数专业人员来说,学习曲线主要依赖于与客户之间的相互作用。相应地,最优秀的公司有计划地让新雇用的专业人员接触客户,同时,让经验丰富的教练指导他们的工作。例如微软公司,将新雇用的软件开发人员分为3~7人的小型团队。在导师的指导下,这些开发人员参与复杂的新软件系统的设计,以满足用户新的需求。

据说,投资银行家和软件开发人员每周工作80个小时并且经常通宵工作,这号称是给予他们的"权利",其实是为了让这些人的作用快速发挥出来,使最优秀人才的学习曲线能够快速上升,比其他人的学习曲线更加陡峭。在职培训、导师制和同行带来的压力能够迫使专业人员向知识圣殿的顶端迈进。人们被逼得太紧,过度劳累可能会出问题,但是许多研究表明,在一些领域,比如法学和飞机领航,强化和重复对培养高级技能是非常关键的。

在6个月到一年的时间里,通过高强度训练的人员明显变得更加有能力并更有价值,相对于他们的在管理强度较低的组织中工作的同行而言更是如此。如果得到正确的指导,他们还为理解系统相互作用(了解为什么)培养了更重要的、全面深入的感知能力,而且更加认同所在公司的目标(关注为什么)。大多数成功的组织通过不断提高(最好是以客户为导向的)复杂程度、完全的计划指导、以绩效为基础的奖励和对理解、系统化、提高约束的强烈动机来保持这样的增长。所有伟大的智力型组织似乎都开发了根深蒂固的文化来强调这些价值观,而大多数其他组织却没有。

不断提高专业挑战。当专业人员接受了重大挑战时,其智力将增长很快。最优秀组织的领导者大多是要求苛刻的、不切实际的,并且不能忍受三心二意的努力。他们常常设置几乎不可能实现的"强化目标",就像惠普公司的威廉·R.休利特(业绩增长50%),英特尔公司的戈登·摩尔(每年每个芯片的部件数量翻一番),摩托罗拉的罗伯特·W.加尔文(实现6西格玛质量)。一些专业人员可能对这样的要求的反应是放弃,另一些则会以更高的标准来要求自己。最优秀的组织经常使他们的专业人员不能恰当地学习书本知识、仿真模型和受控试验。他们毫不留情地迫使其成员面对活生生的客户、真实的操作系统、高度差异的外部环境和文化差异。普通的组织却不这样做。

评估和淘汰。专业人员喜欢被评估,喜欢竞争,喜欢知道自己已经超过了同行。但他们希望评估是客观的,并且由本领域的顶尖人物进行。因此,激烈的内部竞争、经常性的

第四部分

绩效评估和反馈在卓越的组织中是很普遍的。其结果是对人才的逐次筛选。例如，在安达信，只有大约10％通过严格筛选的专业雇员才能升到合伙人职位，这一过程需要花费9～12年的时间。微软公司试图每年从通过严格筛选的人才中解聘绩效最低的5％。伟大的组织明显采用根据能力提升的体制。失败的伟大组织通常是那些忘记了客观评估和选择性淘汰的重要性的组织。

发挥专业才智的杠杆作用

专业人员行为的杠杆作用很难有机会得以发挥，这一观点长期以来被大多数人所接受。一个飞行员每次只能驾驶一架飞机；一个厨师一次只能烹饪出这么多不同的菜肴；一名研究员只能够处理这么多的试验；一名医生每次只能诊断一个病人的疾病。在这样的条件下，增加专业人员时，成本和收益至少以同样的比率增长。过去，成长常常带来规模不经济，比如官僚作风导致的协调困难、监管问题，或者专业支持部门比专业部门膨胀得更快。大学、医院、研究机构、会计师事务所和咨询公司都为此付出过代价。

多年来，许多组织只有两种途径来创造杠杆作用：通过鞭策人员完成比竞争对手更高强度的培训或者工作日程；或者增加专业支持人员的数量。后者在法律界、会计界和咨询界，甚至已经被接受成为术语"杠杆作用"的含义。

但是新的技术和管理方法正改变着传统经济中的专业才智管理。美林（Merrill Lynch）、安达信环球公司（Andersen Worldwide)和诺瓦克尔(NovaCare)公司等不同类型的组织已经找到有效的方法来使新的软件、工具、激励机制和组织设计融合起来,以通过杠杆作用将专业才智提升到更高的层次。虽然每个组织针对自身业务的具体需求开发出独特的解决方案,但是仍有一些普遍的基本规则。

通过搜集系统和软件中的知识提高专业人员解决问题的能力。许多金融组织的核心智力能力[美林公司(Merrill Lynch)和道富银行]依赖于专家和系统软件,专家通过系统软件收集和分析投资决策的数据。在公司总部工作的少数金融专家通过与其他专家和"火箭科学家"模拟者的密切互动,以及通过获取大量交易数据,来发挥自己的高水平分析技能的杠杆作用。拥有知识产权的软件模型和数据库发挥了那些专业人员智力的杠杆作用,使得他们能够利用这些手段分析市场、安全性和经济趋势,如果没有这些手段,他们将不能发挥出如此的作用。软件系统接着将得出的投资建议分发给在零售场所的经纪人。经纪人为满足私人客户的需求,给予个性化的投资建议,以此创造更多的价值。如果将这样的组织看成是连接客户的多个接触点或者节点的中心,那么杠杆作用就等于知识的价值乘以使用它的节点的数量。如果在总部的实践提升了"了解原因",并且激励体系鼓励"关注原因",那么价值创造将得到增强。

美林公司的零售经纪人业务遵从以上概括的基本结构。大约18 000名美林公司员工操纵着超过500家分布在不同

第四部分

地区的办公机构,为客户提供个性化的投资方案。一般的零售经纪人不是受过多年高级培训的高技能金融专家。但是公司的经纪人利用数千复杂的金融工具为世界各地成百上千的客户提供成熟的投资建议和每日更新的详细的信息。信息系统使得如此特别的杠杆作用成为可能。

电子系统搜集了美林公司汇总的学习曲线,人员经过很少的培训就能很快达到与经验更丰富的员工差不多的水平。公司的计算机网络保证零售经纪人的感性知识是最新的和最精确的。美林公司的信息技术允许总部搜集信息,并给经纪人办公机构分发相关信息,这些信息涉及交易、交易规则、收益、安全特性、可获得性、纳税事项和新订单等。相应的软件也可以在线获得,并充当即时的培训媒介。它确保所有的经纪人遵守当前的规则,不犯计算和书写错误,并且能给客户提供最新的市场信息。通过软件搜集和分发公司的知识基础使得美林公司得以在它的总部发挥专业智力的杠杆作用。

信息技术使得现代大量经纪人都兼有效率和灵活的特点。公司总部能够成功获得所有信息,并且实现大型企业才能具备的规模经济。如果地方经纪人仅为当地的客户服务,那么他们可以独立管理自己的业务单元和账户。他们的报酬系统与当地企业家所采用的报酬系统相当。总部的作用主要是充当信息资源中心、联络协调者,或者是为特殊要求提供参考服务。现场人员与总部联系获取信息,与其说是为了寻求咨询或者具体的指导,还不如说是为了提高他们的绩效。同时，总部能够对当地经营的质量和一贯性进行电子化监控。大部分经营规则都被编入系统程序，并且随软件自动更新。电子系统取代了人力的命令和控制过程。电子系统的应用也减少了大部分的常规工作，使得员工有空闲来从事更加个性化和更高技能的工作，并且使工作任务更加多样化、富有挑战性并有价值。

克服专业人员不愿分享信息的问题。智力资产与物质资产不同，智力资产的价值随着使用的增多而提高，所以信息分享十分关键。通过适当的激励，知识和智力在被分享时呈指数增长。所有的学习曲线和经验曲线都有这样的特征。通信理论的一个基本规则就是：随着成功连入网络的节点数量的增多，网络的潜在价值呈指数增长。说明这样的增长是怎样形成的并不困难。如果两个人相互交流知识，两个人获得的信息和经验呈线性增长。但是随后两个人都与其他人分享他们获得的新知识，其他人反馈问题、扩充和修正信息，那么收益线就会呈指数增长。公司从外部获得的知识，特别是从客户、供应商和专家（比如高级设计或者软件公司）处获得的知识，甚至能够带来更大的收益。利用这种指数增长的战略性结果是意义深远的。一旦一家公司获得了以知识为基础的竞争优势，就更容易保持领导者地位，而且它的竞争对手也更难赶上。

专业人员天生不愿分享他们最宝贵的资产——知识，克服这一点存在着一些普遍的、并且很难完成的挑战。专业人

第四部分

员之间的竞争通常禁止分享，根据智力贡献分配荣誉是困难的。当专业人员被要求平等合作解决问题时，他们经常响应缓慢，因为专业人员试图将他们独特的解决方案达到最完美。专业人员的知识是他们权力的基础，所以鼓励知识分享是必要的。

每种专业都有将其自身视为拥有特殊文化价值精华的倾向，这种倾向可能会妨碍跨学科的知识分享。甚至当假想所有的团体都追求同一个目标时，许多专业人员也对他们领域之外的人员不抱有任何期望。在制造业公司，研究人员经常轻视产品设计人员，而产品设计人员轻视工程人员。在健康医疗行业，基础研究人员轻视医生（因为"他们不了解成因"）；内科医生轻视研究人员（"他们不了解真正的患者实际的多变性"）和护士（"他们不了解该学科"）；护士轻视医生和研究人员（"他们缺乏同情心"）；并且所有的这三类专业人员都轻视管理者（"他们是没有产出的官僚"）。

为了促进知识共享，安达信环球公司已经开发了一个电子系统，在76个国家360个办公室工作的82 000名员工中应用。被称为ANet，传输速率达1.544Mb/s的继电结构通信网络通过数据、声音和图像连接了安达信公司85%的专业人员。通过在电子布告栏上发表问题和利用视频和数据联系探讨问题，ANet使得安达信公司在世界各地的专家能够围绕客户的问题自我组织。ANet因此增加了其他的潜在能力，扩展到使得客户也能够获得网络的力量和解决方案集。将主题、用户参考、资料文件进行集中选择和仔细编排，并做成索引,通过ANet和光盘分发到所有的办公室,这大大增强了问题解决的能力。

一开始,为了鼓励员工要不断进行网络交流,鼓励他们对可能产生令人失望结果的重大问题亲自会面讨论,安达信公司在硬件、措施和专业人员培训上花费了大量的资金。激励和文化方面的主要变化在于必须使系统正常运作。在所有的升职和加薪评议开始都要考虑是否加入ANet。为了鼓励广泛的ANet文化转变,高级合伙人每天早晨有意往员工的电子邮箱发送"10秒问答"。无论技术上如何的精湛,但是如果文化的转变还没有完全完成,ANet还称不上成功。

围绕才智进行组织。过去,大多数公司致力于从物质资产(所有权、工厂和设备)投资中提高回报。当管理的主要任务是发挥这些物质资产的杠杆作用时,命令和控制结构是有意义的。例如,制造设备的生产率主要取决于高级经理对于资本设备、标准化生产的坚持程度、产品线宽度和产能利用率的决策。而智力资产则不同,这些资产主要是通过个体专业人员为无数的新问题提供个性化的解决方案。

组织转化

我们所研究的许多成功企业舍弃了层级结构,以专业人员创造价值的特殊方式来特别制定适合自身的组织模式。这样的组织通常突破了总部的角色是指挥控制中心的传统思维。

第四部分

例如诺瓦克尔公司,美国最大的康复治疗提供商和成长最快的健康医疗公司之一,它的专业才智存在于超过 5 000 名的专业人员、演讲人和物理治疗专家之中。作为专业人员,他们在 40 个州的 2 090 个地区各自根据患者的具体情况提供专业服务。为了创造最大的价值,他们必须接受高水平的培训,并且不断学习更新本领域的最佳经验。

通过围绕治疗专家的工作进行组织,诺瓦克尔公司成功实现了相当大的杠杆作用。为了让医疗专家将时间集中服务于病人的需要,组织体系让他们从行政管理和商业责任中脱离出来,主要采用的方式有:签订和管理他们医疗设备的合约;根据他们给出的治疗方案安排日程并汇报;处理他们的账目;给他们提供最新资料的培训;根据公司的市场承受力提高他们的收入等等。

诺瓦克尔公司的软件系统——诺瓦网络(NovaNet),搜集和增加了许多组织的系统知识,例如治疗专家必须遵守的规则以及他们需要的关于客户、日程安排和账目的信息;它为管理者指出了与未来的运营最相关的趋势和领域。诺瓦网络收集来自所有治疗专家的信息,包括他们的成本和服务,使用良好的技术,不同地方的不同治疗方式等等。这些信息对招聘、培训、激励和更换治疗专家是非常关键的。

为了促进信息的收集和分享,诺瓦克尔公司以 10 分钟为一单元记录了它的医疗活动。如此详细的信息形成的数据库可以被不同的利益相关团体使用:医疗服务提供者、医院、诊所、付款人、政府机构、高级管理人员以及外部的金融

管理专业才智：充分利用最优秀的人才

和规则制定机构。诺瓦克尔公司利用广泛的同行和客户评价来评估其治疗专家的工作，并且根据他们提供医疗的数量和质量给予报酬（基于诺瓦网络在单位时间内所得到的反馈）。

诺瓦克尔公司的专业人员对目前状况很满意，他们在涉及患者治疗的问题上有着极大的自主权。治疗专家能够给所有的中间层下达命令。公司会计、市场、采购和后勤方面的地区和职能专家主要为治疗专家提供支持而存在。甚至首席执行官约翰·H.福斯特也认为治疗专家是"他的老板"。诺瓦克尔公司组织结构的杠杆作用是"分配性的"，也就是说支持性组织为专业人员有效地分派后勤的、分析的和管理的支持。

诺瓦克尔公司就这样颠覆了传统型组织。以前的线性层级结构变成了支持性结构，只有在发生极度紧急情况时才实施干预，就像医院的首席执行官或者一条航线的副驾驶员。以前的直线经理职能变化是，不同于从前的下达命令，他们现在清除障碍，促进资源，引导学习，以及像咨询顾问一样行动。他们支持和帮助阐释新文化。结果，直线经理发展成为参谋人员（见图1—1）。

当专家能掌握大部分组织的知识时，当他们解决问题不需要互相影响时，当他们非常熟悉客户知识时，像诺瓦克尔公司一样转变组织是有意义的。支持转变系统的软件必须服务于两个有些冲突的目标：规则执行和专业人员授权。首先，因为专业人员通常抵制严格管理，为了遵从公司规则和

第四部分

外部制度,并且为了得到监控组织全面运营的成本、质量和趋势所必需的信息,软件要求诺瓦克尔公司的治疗专家以规范的格式提供信息。其次,软件向专业人员搜集和分发公司随着时间累积的全部知识,使他们能够更好、更有效率地完成工作。那些知识包括客户信息、专业人员数据库、分析模型、成功的问题解决方案,以及专业知识资源的获取途径。

图1-1 在经过转化的组织中,现场专家成为老板

总部提供支持服务,发挥现场专业人员的杠杆作用。当专业人员个体拥有足够的专业技术来实现自我满足,并且能够独立地面对具体的客户需求时,组织转化是合适的。许多健康医疗提供者、技术故障检修部门和高校都是经过转化的组织。

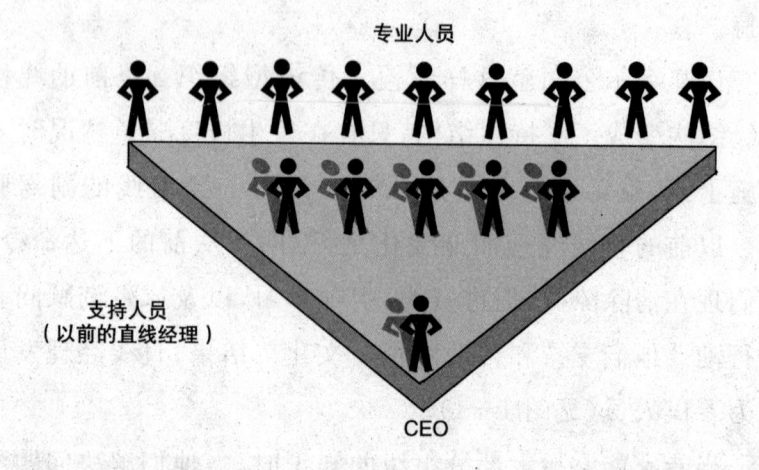

转化组织遇到了一些独特的管理挑战。正式职权的明显丧失使以前的直线经理人受到打击。并且,被授予正式权力的现场人员可能越来越像拥有严格专业观点的专家一样行事,拒绝任何组织规则和业务标准。现场人员表现出那些

倾向,又没有惩戒软件,他们通常不能跟上细化组织自身复杂内部系统的进程。人民快递公司(People Express)的快速衰退就是一个经典的案例,它有意识地转化组织,喜欢高度授权和鼓励重要员工,但是却缺乏机制或者计算机基础设施来让他们能够随组织成长而对个人进行调整。

如果这样的组织失败了,不考虑对转化的浮夸和修饰,那经常是因为他们的高级经理人不支持彻底革新、绩效测评和报酬体系。直到现场人员能够在很大程度上决定他们的"支持人员"的工资、晋升和组织的发展,经过转化的系统才能正常运作。从前的直线人员不愿意迈出最后至关重要的一步。在我们研究的60家大型服务组织的超过100个重大结构性变化中,少于20%的组织已经有效地改变了它们的绩效测评系统,并且只有大约5%已经改变了他们的报酬系统(*Information Technology in the Service Society*, National Academy Press, 1993)。如果没有这些改变,问题是能够预计的,人们仍旧按照传统的方式行事。

创建才智网络

在诺瓦克尔公司的业务中,创造价值的职业医疗专家大部分是能实现自我满足的个体贡献者。经过组织转化,外加适当的软件和激励,诺瓦克尔公司授予治疗专家所需的操作决策权,这使得生产率提高了。在其他的业务中,专业才智被视为通过比任何单独的从业者更好地解决问题来创造价值。当问题变得更加复杂或者没有被很好的定义时,没有人

第四部分

或者组织确切地知道它们的全部是什么,关键问题最终存在于哪里,或者谁能够给出可能的新的解决方案。

为了应付这样的问题,并且为了将他们自身智力资产的杠杆作用发挥至最大,很多公司采用了自我组织网络的形式,也就是我们所说的"蛛网"。我们使用这个术语是为了避免与其他的、更加传统的网络相混淆,如更加类似于控股公司或者矩阵式组织的形式。作为特色,蛛网能够使人们快速去解决某个特殊问题,然后在工作完成时迅速解散。这种相互连接的力量是如此之大,以至于很少数量协作的独立专业人员加入(8～10人),蛛网就能够将知识的能力放大成百上千倍(见图1-2)。

图1-2 在蛛网中,少数专家组成团队应对特定挑战

蛛网为完成某个特别的项目而形成,在项目结束时解散。当知识分散在众多的专家中,他们必须共同为某个复杂的客户问题提供解决方案时,蛛网是适用的。许多咨询公司、投资银行、研究协会和医疗诊断团队采用蛛网。

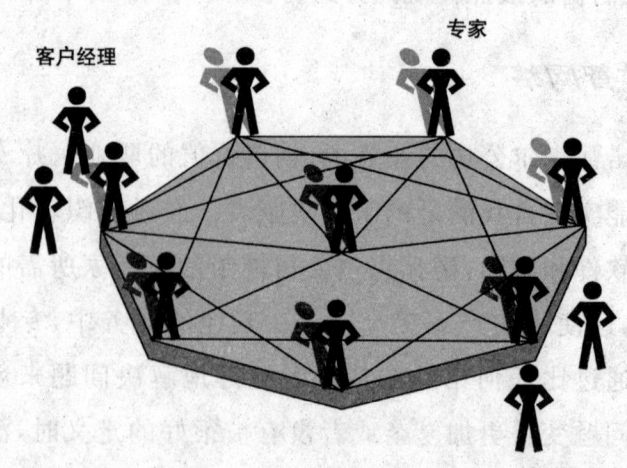

管理专业才智：充分利用最优秀的人才

考虑美林公司的并购和采购团队。在公司总部，专家主要和本领域的同行一起工作，例如共同开展采购、高收益融资或者产权投资等工作。但是，当一个大的融资机会出现时，该项目就成为智力焦点，来自各地的专家们形成团队，每个人从事各自领域的工作。这种项目非常的复杂，正如一位执行官所说："没有人是什么都知道的行家。你不能只让专家们做他们自己领域的事情，客户可没有兴趣面对那么多的专家。"关键的问题是，在很短的一段时间内，将美林公司丰富、但分散的人才集中于某单个客户的问题上。客户经理们最好能理解客户的整体需求，他们经常协助这些团队，但是他们对团队成员没有直接的控制权。

虽然当前组织和网络非常流行，但几乎没有公司知道什么时候和怎样利用联网的形式来发挥专业智力的杠杆作用。就像美林公司的案例中所说的，网络能够灵活地将不同地点、不同领域的高级专家联合起来，共同致力于解决某个问题，或者服务于某个客户群，但是如果没有公司量身定制的晋升和薪酬评估程序，整个系统可能不会正常运行。

在美林公司，个人一年期间要在不同的项目中跟许多不同的同事合作。所有人对每个亲密合作过的同事都要作出一份秘密评估。员工愿意分享他们的知识并且相互合作，因为他们的薪酬与这种同僚关系的综合信息有关，而且在这项事务中，薪酬是主要因素。团队接触足够多，那么他们就能够对个人绩效作出真实全面的评价。根据并购和采购团队

第四部分

的一名副总裁所说:"除了利润创造之外,对在员工的评估还包括他们在不同的项目中投入了多少精力,与不同团队一起工作时,在优先考虑客户需求上做得怎样。在这些规则的指引下,蛛网在我们的人际关系领域运作良好。但是在业务领域,我们一般让最优秀的专家处理,以此取胜。"

由于每个蛛网都有其独特的目标、模式和组织权利关系,所以并没有一个唯一的"最佳方法"适用于管理所有的蛛网。许多项目也许并没有一个单独的权威中心。通常如果目标、问题或者解决方法足够清晰,只要团队同意,也许通过非正式程序就能作出决策。当多方面最优秀的专家需要以高度合作的方式操作时,他们可能会委派临时权威作为项目领导人,就像向广泛分散的研究人员提出一个合约建议的情况一样。在其他的案例情形中,为了强制决策或者达成最终一致,组织也许指定某个人作为领导,就像保险公司或者投资银行协会面对最后期限的情况一样。

团队怎样进行交流、交流些什么都同每个最优秀的专家必须掌握高级知识一样重要。鼓励分享兴趣、共同价值观和双方满意的解决方案都是在组织中发挥知识的杠杆作用的基础。研究建议,为了实现这个目标,网络经理应该促使不同的团队有部分人员交叠,以提高他们接触的连续性、共同学习和非正式的信息分享;故意的保持层级关系的拙劣定义;经常更新和强化项目目标;避免对个人节点的利益分配制定过于详尽的规则;开发更新外部环境信息的连续机制(例如税务代码变化、客户需求,或者科学成果);将客户和同僚纳入绩效测评；以及为成员提供个人和加入团队的双重报酬。这样有意识结构化的管理相互作用可以减轻普遍存在的失败和衰退。

大多数蛛网中，另一个杠杆因素是技术。较从前而言，电子技术使得许多差异更大的、地理上更分散的智能型专业化人才能够集中完成某个项目。由于公共通信网络允许几乎任何地方的人互相联系，所以有效网络系统的关键一般在于软件，该软件能为通讯提供通用语言和数据库，捕捉有关外部环境的重要数据，帮助积极参与者找到知识来源（通常通过电子菜单、像网景一样的网络浏览，或者公告栏），以及允许进行交互式分享和问题解决。每个节点当然将会拥有自己独特的分析软件，但是网络、组件和交互式软件，以及激励分享的企业文化，是这些系统成功的关键。

特别的招聘、培训和激励性测评可以为发挥专业才智的杠杆作用做很多事情。但是，逐渐地，仅仅依靠管理人员智力是不够的。为了捕获、集中和发挥智能杠杆作用到极致，由特殊设计的软件系统支持的、更加理性的组织结构是必要的。这样的系统已经成为连接高度分散服务的中心，是关键知识基础、智力技能和专业组织累积经验的杠杆之间的黏合剂。他们也通过为专业人员提供数据库、分析模型和其他地方不可能找到的通信能力，将专业人员与组织紧紧联系在一起。这些工具使得专业人员能够突破个人的能力而提高绩效，使得他们在组织中能够比单个人获得更高的成就。

没有一种组织形式是万能的。实际上，许多不同的组织

第四部分

形式经常成功地共同存在于同一个组织中。只要应用得当，每一种形式都有助于公司为完全不同的目标吸引智力人才、驾驭智力人才、发挥智力人才的杠杆作用和配置智力人才。因此，每一种形式都要求有一套用心开发的文化，该文化由软件系统来实现，而且要根据组织具体目标定制的绩效测评和薪酬系统来支持这一软件系统。

2. 员工的弹性职业生涯开发[①]

小罗伯特·H.沃特曼

朱迪思·A.沃特曼

贝齐·A.科勒德

人们缅怀着过去的时光,那时雇主和雇员之间签订的是长期合同。我们怀念IBM公司实行终生雇用制的日子。即使没能在IBM这样的公司工作,我们中绝大多数人还是认为那些值得尊敬的公司至少应当提供一套工作保障机制,以此换取雇员令人满意的业绩和一定的忠诚度。然而这样的日子已经一去不复返了。目前大多数公司由于面临规模减少、结构扁平化、合理精简、裁员和重组,已变得冷酷无情了,虽然仍有少数杰出的公司坚持采用旧式的长期合同,但是大多数人和大多数的公司断定,旧式的长期合同已经毫无意义和价值了。

但取而代之的是什么呢?一些管理思想家认为现在应该强调的是雇员所具有的受雇就业能力,而不是像传统那样

[①] 《哈佛商业评论》1994年7～8月。

第四部分

只是强调被雇用。换句话说,我们应该抛弃不顾一切地依赖于一份工作、一家公司或者一条职业道路的思想。现在更重要的是,在需要寻找工作时,能够具备所需的竞争技能。

那会是什么呢?难道是一种遍布在公司走廊、工厂和电子邮件系统中的独来独往的生产力吗?那么,一个公司对雇员还有责任或义务吗?如果有,又是什么呢?我们的管理是否只需关注于为使公司保持竞争力而作出的精简,是否不必关心行动的意义?是否只满意于那些只忠诚于自己职业的雇员?如果一家公司和雇员的关系,不是建立在相互信任和相互关心的基础之上的话,公司怎么能够形成自己的能力,建立授权小组,发展对客户的深入理解,并且最重要的是,怎样创造一种团队感或共同目标?如果一家公司和雇员彼此之间没有任何承诺,公司怎样才能建立起上述的关系呢?

解决问题的方法是选择一种新式的合同,在这种合同制下,雇主和雇员都有责任和义务使雇员提高个人在公司内外的就业能力,这种就业能力不仅针对公司内部,同时也针对公司外部。在过去的传统企业中,企业就如家长一般,替雇员在就影响他们职业的重大问题上作决策。通常,这种做法导致了雇员具有较强的依赖性,公司的职员和其具有的技能都是相对静态的。在新式的合同下,雇主为每位雇员提供机会进一步提高他们的受雇就业能力,而雇员也因此提供更高的生产率,以及对公司的目标和团队承担一定的责任和义务。正是通过管理雇员的受雇就业能力来管理雇员自身的事业。公司则有责任为雇员提供所需的一系列工具、开放的环境和机会,来评估并培养雇员的技能。同时,各个层次的管理人员也有责任表明对雇员的关心,而无论这些雇员是否还在公司工作。在这个时代,为保持竞争力所需的技能正以惊人的速度变化,但如果采用上述的合同政策,就能培养出一群独立的雇员,即具有弹性职业的劳动力,而公司将能在这样的环境中兴旺繁荣。

所谓弹性职业雇员,是这样一些人:他们不仅投身于不断的学习,并且为了跟上变化而做好彻底改造自己的准备;他们自己对自己的职业管理负责,而且同样重要的是,他们为公司的成功作出承诺。这对于个人来说,意味着要了解市场的最新趋势,还意味着要理解公司在发展过程中所需的技能和行为;意味着个人还要了解自身具备的技能——自身的优势和劣势,并有计划地提高个人的业绩和长期受雇就业的能力。这意味着个人愿意,并有能力对公司业务所需的改变作出迅速的反应。还意味着当公司和个人之间无法实现双赢时,雇员应该能够在其他公司找到工作。

根据标杆进行评估并更新自身技能的雇员,不仅是被动地应对变化,同时也参与其中。保持竞争性技能成为每个人的责任,而不只是一小部分高级管理者的责任,竞争性技能包括与客户保持紧密的关系,始终处于技术和市场趋势的前列,努力进一步增加适应能力等。全体雇员都参与公司战略的制定,努力将公司整体的注意力从公司内部转移到市场力量上去。雇员关注自身的同时,也就关注了公司。

听起来似乎遥不可及吗?一些公司已经行动起来了。

第四部分

其中许多是硅谷的公司,这并不令人感到意外,因为在日趋快速变化中的,求生早已成为硅谷公司的一种生活方式。这些先驱者中有苹果电脑公司(Apple Computer)、太阳微系统公司(Sun Microsystems)——一家工作站制造商、瑞侃公司(Raychem Corporation)——一家生产专业化工业产品的制造商,和 3Com 公司——一家计算机网络产品生产商。这些公司处于弹性职业计划不同的实施阶段。虽然他们采用的方法可能不同,不过目标是相同的:帮助员工对自身的技能进行评估、磨炼、重新定位和拓展,这样,他们才能在人才市场上保持竞争力。作为回报,公司希望雇员能为公司作出更大的贡献。兼任瑞侃公司的董事及 CEO 的罗伯特·J. 萨迪迟(Robert J. Saldich)也是新式契约的热心的支持者,他指出:"公司必须从使用雇员转变为不断地提升雇员。"

这一方法需要在态度和价值观上进行彻底的转变。首先,公司必须抛弃对忠诚的传统定义。公司不应该再认为优秀雇员的跳槽就是对公司的背叛。个人也不应该再认为公司不再需要他们的技能就是公司对他们的背叛。从另一方面看,当雇员还在公司工作时,他们必须能感受到被当做公司一员而有价值、可信任和受尊重。

第二,必须改变通常对职业生涯的看法。在过去,职业生涯常意味着守在一家公司,在一个特定的领域内升迁。而现在,如果雇员具有多种技能,如果他们能轻松地在不同职能部门之间调任,如果他们能习惯于在常规工作和特殊项目之间转换身份,如果当公司内部不再有合适的岗位时,他们也愿意换个公司,那么对公司和雇员双方都是有益的。

第三,全体雇员,不只是老板,必须更加意识到组织的目的是为客户提供他们所认可的产品和服务,并且如果不能实现这一目的,公司里没有人会有工作。因此组织必然只为对创造这样的产品和服务有贡献的人提供职位。

第四,组织和雇员之间必须建立起新型的关系。一种成人与成人式的关系必须替代传统的家长与孩子式的关系,公司应与所有雇员之间建立这样新型的关系,而不只关注那些在快速升迁通道上的人。那些能提高技能和获得新技能的职位,应该对每个雇员都是敞开的。

从长远看,公司将从鼓励弹性职业中受益匪浅。但是,采取这一方法也有一个紧迫的理由:正如公司管理者所说,雇员开始有这样的要求。现在,人们会因为在寻找新的工作中发现缺少工作所需的技能而感到恼火;会对他们的雇主取消了旧的契约,却又没有什么代替品而感到气愤。

太阳微公司意识到了这种不满,加上受到为建立一个"行动敏捷组织"的困扰,同时坚信员工应该被当做值得尊重的成年人对待,这一切促使公司于1991年启动了它的弹性职业计划。与硅谷的其他公司一样,太阳微公司正重新考虑自己的业务,重组它的生产运作,重新检查它的雇员构成。计划实施的结果是雇员在总体人数上没有发生太大变化,但在构成上有了不小的变化。太阳微公司增加了几百名销售代表,不过这是从生产性雇员中重新调配来的。这意味着他们原来的工作岗位正逐渐淘汰、减少,如果可以,他们得在公

第四部分

司内部寻找其他的工作岗位,或者只得接受解雇费并开离公司。这也是过去大多数人无奈的选择。

太阳微公司弹性职业计划的设想是由公司原人力资源部经理玛丽安娜·F. 杰克逊(Marianne F. Jackson)在任时提出的,她说:"我们开始确信我们有责任让雇员自己把握自己的生活。"现在她任职于另一家高科技公司,她相信公司如果用基于弹性职业的新式契约代替旧式契约,将会获得巨大的优势。这也正是我们的观点。这样公司将有优势,去吸引和留住最优秀的人才,去发展未来所需的竞争力。

今天,一小部分推行弹性职业的先驱公司还是摸着石头过河,在实践中学习如何去做。不过从目前他们取得的进展看,我们能够总结出计划一般应该包含的一些基本特征,以及一些应避免的缺陷。

弹性职业计划的基本要素

一个成功的计划所具有的要素之一,是一个能帮助雇员对他们的技能、兴趣、价值和性格经常进行评估的系统,这样他们才能决定哪种类型的工作最为适合自己。另一个要素是能让雇员根据标杆经常对他们的技能进行评估的系统。这些系统既能帮助雇员深入了解自身,也能帮助他们明确怎样做好自己的工作。理想上,这些系统能够在弹性职业计划中对雇员进行督促和激励,帮助他们找到合适的工作,就如同方形的木栓和圆形的木栓都能找到对应的槽,并且他们对技能的更新也成为例行活动。设想一下,如果大多数雇员能

员工的弹性职业生涯开发

做适合他们的工作,生产能力能提高非常快。

所谓自我评估是一个系统性过程,该过程具有鉴定影响个人效率、成功和幸福的特征的功能。除非雇员明确什么样的环境能让他们发挥才能,什么样的兴趣会为之激动,什么样的技能使他们更为杰出,否则雇员如何能够选择一家公司或一份工作投入他们最大的贡献。除非雇员知道他们的个人风格是怎样影响其他人的,否则他们如何能发挥最大的效率?所以说了解你自己是实现弹性职业的第一步。

以瑞侃公司——一家生产加热电缆的工厂雇员弗兰克·阿拉贡纳(Frank Aragona)为例。他是该工厂客服部的一名高级雇员,在同一个工厂的同一个部门工作了八年之后,弗兰克感到工作已无发展前途了。他认为他已经知道了所有他能知道的,在瑞侃公司也升到了他所能升到的最高职位。他的选择只有离开或是就此停滞不前。

随后弗兰克开始参加公司新建立的职业中心组织的一些午餐讨论会。通过利用职业中心的图书馆,以及就自我评估方面向职业顾问进行咨询,他明确了一种长久以来的需求,需要某种新鲜的不同的东西。他还认识到一些其他的东西:他的一些职业兴趣,例如成为一名历史学家。在以前,这对他来说完全是不现实的。他解释说:"(职业中心)给了我实现兴趣的机会,并提供了合适的环境和帮助。"

在更好的了解自己之后,当弗兰克听同事说国际部有一个职位空缺时,他对此很有兴趣。虽然这会带来新的挑战,但能让他在与客户打交道方面的技能得到发展,同时国际部

第四部分

方面也很乐意对他进行考查。最后他应聘上了这个职位,还得到了提升和加薪。弗兰克和瑞侃公司都是赢家。

公司必须鼓励雇员对自己进行评估,并为他们提供所需的工具。一些人对自我评估的理解,认为是简单的就像是读理查德·尼尔森·鲍利斯的《你的降落伞是什么颜色的?》(Richard Nelson Bolles, *What Color Is Your Parachute ?*)一书,或只是清楚地说出他们在工作上的优势和价值。但大多数人如果更深入一步的话,将能从中受益更多。自我评估可能包括一些测试,即职业发展专家称之为的"评估工具",设计用于揭示个人的动机和兴趣。例如,迈尔斯-布里格斯类型指标测试(Myers-Briggs Type Indicator)和斯特朗兴趣问卷(Strong Interest Inventory)。并与能够与解释这些评估结果的顾问进行讨论。

正如我们提到的,实施弹性职业过程的第二步是确保雇员具有竞争力的技能。公司必须为雇员提供工具,根据公司内部和外部的工作市场的需求,对他们的技能和经验进行评估。

我们并不是认为公司就放弃判断它需要何种技能来保持竞争力的权力,就放弃决定需要进行何种培训的权力。我们认为,在公司拥有这些权利的基础上,所有的雇员也应该有权力要求公司提供有针对性的培训和有挑战的工作来更新技能。雇员应将没有前途或不稳定的工作的风险降到最小化。换句话说,雇主和雇员在评估和更新技能的持续性的过程中应该成为合作伙伴。

公司的义务

为了帮助雇员利用标杆基准法对自身的技能进行评估，公司需要对雇员比过去更加的公开。管理层必须就有关公司的业务方向和市场的状况，与雇员进行定期的交流。否则雇员如何判断公司今后需要哪些技能？他们如何决定是否愿意发展这些技能，或是否准备离开？管理者有义务给雇员尽可能多的时间为今后作准备。太阳微公司的管理层对雇员承诺，当公司面临战略性决策，将影响到职位或职业时（如将一个职位向外招聘），"一旦作出决定，就会通知雇员"。

在 3Com 公司，大多数部门每周召开一次有关业务状况和分析的讨论会。这种讨论会就帮助了 MIS 部门中的大多数。该部门拥有 40 名雇员，负责为 3Com 公司的计算机网络提供支持，当公司于 4 月份将网络操作系统从原来的 3＋Open 转换为 Netware 和 Lotus Notes 时，他们实现了平稳的过渡。他们早就知道这样的变化即将发生，知道这将要求他们具备新的技能，否则就得离开，还知道公司会给他们时间和资源去掌握新技能。3Com 公司一个负责 MIS 和人力资源的副经理德布拉·恩格尔（Debra Engel）说："大多数人对于转变和掌握新的技能表现出兴奋，只有少数人离开了，他们不愿意作出改变或者不相信自己能作出改变。"

公司应该帮助雇员探寻工作机会，鼓励终生学习和工作转换，并且如果有必要，不再认为雇员应为辞职承担责任。例如，瑞侃公司建立了一个超过 360 人的内部网络，参加内

第四部分

部网络的人愿意分出时间与任何想要了解工作本质和工作要求的其他雇员进行讨论。他们的名字和背景资料存储在一个称之为 IIIN（Internal Information Interview Network）的电脑数据库中。又例如，在苹果公司，当有雇员定期休假时，其他雇员可以通过临时代替的方式尝试不同的工作，适用的范围是全体雇员。

我们所研究的公司中，大多数公司都为全体雇员提供公司内外的招聘信息。另外，公司还提供参考资料和培训，帮助雇员制定职业生涯规划，帮助他们培训和完善制作简历和参加面试的技巧。公司还会请专家来分析讲解市场趋势。雇员能通过职业中心，或通过公司计算机网络，获得这类不可缺少的支持。这不仅帮助了雇员寻找新工作——公司内部的工作，如果需要的话，还有公司外部的工作，而且还帮助他们评估雇员自己的技能。

公司和个人常常没能认识到，缺少了自我评估的标准可能会使雇员作出错误的选择。以一个电气工程师的经历作为例子可以对此进行说明，他在一家有活力的高科技公司工作，但该公司没有切实地执行弹性职业计划。通过制定标准，这位工程师知道，想要实现中等富裕就要成为项目的管理者。他选择了这条道路，并且做得很成功。但是他作为项目的领导，常常一天工作 12 个小时，下班以后他已经不堪重负了。回到家，他只想一个人在角落看书。他说："当我回到家，我就是想一个人呆着"，这种状况无疑对他的婚姻无益，并最后导致了离婚。

员工的弹性职业生涯开发

问题出在他在本质上绝对是一个完美主义者，喜欢独自工作。而工作中需要不断地和别人打交道他不太适应。他作为项目领导工作了6年之后，最终意识到这一点，并决定重新做工程师。但是他已经离开这一方向太长时间了，他需要回到学校去弥补。他的决定得到公司的全力支持，公司甚至为他支付了学费。这位工程师现在幸福多了，而且，至少在这个例子中，公司留住了一名有价值的雇员。

除了帮助雇员进行自我评估和制定标杆，公司还要帮助雇员解决在获得和提高适应能力的过程中遇到的种种困难。雇员应该有权获得持续的培训。管理者必须允许横向的调任，当为了雇员拓宽他的经验，或者为了更加舒心和更有效率，管理者甚至应接受雇员的辞职。实际上，一个雇员在公司中应该有权调换，但前提条件是有这个需要，并且他有能力完成工作。雇员的上级领导没有权力单方面地阻挠这样的调任。

如果雇员没有能力完成他所希望的工作，那么公司和雇员应该一起来寻求可行的必要培训。雇员可能是在上班的时间接受公司内部的培训，也可能在个人时间内选修大学或职业学校的课程，可由公司支付所需费用。

对于大多数公司来说，要支持每个员工的终生学习，意味着有责任在教育上投入更多的时间和资源。瑞侃公司的萨迪迟坚信公司的领导人只是提供可利用资源是不够的，他们必须确保雇员能对资源进行利用。萨迪迟说："我之前就向全公司的人说，现在可以投入更多的时间、资金和精力进

第四部分

行学习。但一年之后,我意识到只说'可以'是完全不够的。我们现在的哲学是,学习是强制性的,我们的每一个雇员都必须要有学习或发展计划。"

其他公司的领导人对此也表示赞同。摩托罗拉的高级管理人员估计公司在教育上投资的每1美元能得到33美元的回报。他们认为每个雇员至少应分配5％的时间在培训或教育上。查尔斯·汉迪(Charles Handy)在他的《非理性时代》(*The Age of Unreason*)一书中说,管理者花20％的时间学习都是合理的。什么是正确的时间划分比率并不重要,重要的是你如何能够精确的测量。应该如何划分一项既是培训又是真实工作的特殊任务？关键是,强调持续学习的必要性,而且雇员必须能看到公司为他们的发展承担义务。

不过雇员必须认识到,公司业务方向的转变,可能意味着公司有正当的理由突然不再需要他们的技能。与此同时,决定离开公司的人也应该能昂着头离开。3Com公司的恩格尔认为:"新式合同意味着当环境改变时,人们有权力对工作进行选择。这比传统的相互指责的关系更加有益。"在公司的义务中,最后同样重要的是,无须辞职的雇员承担责任。

不论离开出于自愿的还是非自愿的,公司都应支持受到影响的雇员实现他们的工作转变。太阳微公司的人力资源副经理肯尼思·M.阿尔瓦雷斯(Kenneth M. Alvares)这样表达说:"公司应该尽可能地保持风度和尊严,处理有关雇员职业生涯的各个方面的问题。我们在招聘上做了大量的工作。招进来以后,我们也应该花同样的精力帮助他们管理他们的职业。并且当人们需要离开时,我们应该保持我们招聘时的风度处理他们离职。"阿尔瓦雷斯认为不仅要帮助雇员作出是否离开的决定,以及必要时帮助他们顺利离开,还应该继续把他们当做有价值的人对待。公司甚至应该向离开的雇员强调,欢迎他们今后为了公司和他们自己的利益回到公司。

风险控制

根据我们上述介绍的方法,要发展弹性职业的人力资源,显然是说起来容易做起来难。对此持怀疑态度的管理者无疑会问:"公司如何能够为雇员切实地提供更多的自由,让他们去寻求新的工作和培训的机会?这样不会引起混乱吗?比如说,认为公司能够在关键产品推向市场之前,就确认每个雇员的职业兴趣,这岂不是很荒谬的想法?再说,建立起能够让雇员探求新的职位或职业的公司内部网络,这样的想法似乎是非常好,但我们肯定不希望已经满负荷工作的雇员,再分出时间来和其他雇员无止境地讨论如何能了解自己。"

确实,上述这些风险都是可能的。但是简单地说,未来的管理者别无选择。在这个多变的时代,公司如果不能致力于人力资源方面的弹性选择,那么他们就得面对更大的风险。优秀的人才总是会权衡留在一家公司的得失,而公司将面临失去这些人才的危险。管理者表示,这其实已成为一个大问题。

第四部分

来看下面的一个例子,这是硅谷的公司每天都在重演的。有一个很有才华的软件工程师,她是一个工作小组的重要成员,该小组负责开发一个新版本的工作站公司操作系统。她已在公司工作了8年,参与了前3个版本的开发,已经厌倦了目前的工作。她希望能找到让她拓展技能的新挑战,这时她得知公司开发解码器的部门有一个职位空缺。在即将出现的互动电子市场上,公司希望将该部门作为它的一个立足点。

该部门的负责人表示非常希望她的加入。但是她目前的项目经理却不想让她离开。因为她的离开将使项目小组在项目期限内完成任务变得更加困难。项目经理对她说,虽然互动电视有可能成为未来的重要市场,但是如果工作站业务就此衰落,公司就没有未来可言。一个月之后,这位工程师辞去了工作,加入到一家新成立的公司,从事开发互动电视软件的工作。当公司的总经理得知她的离开后非常沮丧。他说:"要是我事先知道此事的话,我一定会否决项目经理的决定。"

在我们介绍的弹性职业计划中,与雇员共享敏感的信息,是又一个让管理者不安的要素。例如,根据传统的经验,人们认为,如果公司一旦决定退出一个市场或停止一项业务,就告诉雇员,那会是百弊而无一利的。人们进一步认为如果这样做,士气会低落,生产力会下降,人们会纷纷离开公司,经营业绩会迅速恶化,公司必将遭受损失,对潜在的购买者来说经营价值也会降低。

但是像太阳微公司、苹果公司和 3Com 公司的高级管理者都认为这是别无选择的。他们认为,如果不共享这类信息,公司与雇员的关系就延续了传统的家长式关系,但是现在这样的关系已经无法维持了。分享信息的公司相信雇员希望把自己当做成人来看待,他们也会相应以成人的方式给予回应。3Com 公司建筑管理部在去年外包过程中的行动,就是一个很好的例子。

1992 年,当 3Com 公司决定对是否应该将这一职能外包出去进行研究时,公司立即通知了该部门的 35 名雇员。公司告诉他们决定将在 9 个月的时间里作出,希望他们能参与进来,并承诺每个月都告知他们最新的进展。公司还宣布,如果公司确实决定外包,雇员会有两个星期的时间考虑是接受两个月的解聘费,还是接受一个临时性的工作,以帮助他们解决目前的就业问题,直到他们在公司内或公司外部找到新的工作。大多数雇员都一直在公司工作到最后,并接受了临时性的工作。不过即使有几个雇员没有坚持到最后,也及时地将自己离开的计划告诉公司,这样公司好有时间安排相关的工作。恩格尔说:"这样相互的坦诚并非是巧合。"

一旦公司要面对这种不可避免的变化,需要有一套帮助他们应对的系统。例如,在 3Com 公司,当在目前部门受重用的雇员提出合理的调任要求时,这一要求是不能被拒绝的,只是调任的时间可以商议。恩格尔说:"如果经理想要阻止雇员调任,他们应当想到其后果可能是收到该雇员的辞职信。"而这种后果发生的可能性非常大。

第四部分

瑞侃公司和苹果公司已经设计了一套方案,用于避免公司的信息网络占用有价值的、满负荷的雇员太多的时间。公司要求全体雇员自愿地接受征询。当雇员与公司签约时,就同意成为信息网络中的一员。之后,雇员可以选择继续作为网络成员或退出信息网络。

实际上,管理者自身也从参与这样的网络中受益匪浅。信息网络让他们能够接触到比他们原有的正常工作所接触到的范围更广的雇员。当他们组建任务小组或填补职务空缺时,能获得更多的候选人。而且这一过程能够帮助公司建立起集体责任感,在这个人员流动性较强的时代,这种责任是越来越难获得的东西。

赢得信任

除非雇员确信弹性职业计划能保护他们的利益,否则雇员绝对不会参与该计划。建立一个职业管理中心将有助于取得他们对计划的信任。太阳微公司、瑞侃公司和苹果公司已经建立了这样的职业管理中心,中心帮助雇员进行自我评估,获得咨询和参加一些研讨会,比如说有关如何进行有效的面试或如何进行网络协作的研讨会。雇员能够从中心获得有关职业的参考资料,查询公司内部和外部的工作机会,参与业务战略的讨论,并且最重要的是,学习如何战略性地思考他们自己的职业问题。

中心的选址是非常重要的。公司若将中心安排在非常显著且容易到达的地方,实际上是向雇员传递了这样的信息：公司不仅允许而且鼓励雇员利用该中心。如果中心的位置很不方便，则会传递相反的信息。对于在公司各分厂工作的雇员来说，要到公司总部的职业中心并不方便，因此瑞侃公司和太阳微公司正考虑建立一些附属中心。另一个构想是建立一些可以服务于多个地点的流动中心。

太阳微公司和苹果公司还将他们的职业中心用于为即将解聘的雇员介绍新工作。不过，根据几位高级管理人员的经验，在公司决定这样做之前，需要进行仔细地权衡利弊。有利的一面是，职业发展和职业介绍能够共享一部分所需的技能和资源，并且中心的双重角色还易于从经济上判断它的合理性。

但弊端是，特别是刚开始时，雇员可能会推断弹性职业计划实际上只是个伪装下的解聘职业介绍计划，当管理层鼓励他们寻求中心的帮助时，还会对此产生误解。正是这个原因，瑞侃公司没有将它于去年9月建立的职业中心作为解聘人员的职业介绍中心，中心唯一的任务就是提高雇员的弹性职业能力。

为了减少雇员最初的担忧，几家公司都催促管理者鼓励他们的雇员使用中心，不过公司明确表示，管理者无权知道雇员是否去了中心，更不要说具体的情况。同时，这些公司坚信，为了使雇员确信计划的目的是为了帮助雇员管理自己的职业生涯，而不是帮助他们的上司管理他们，职业生涯管理过程必须与日常的绩效评估过程分离开来。

人的因素或许是任何弹性职业计划中最为关键的要素。

第四部分

难以想象一个缺少顾问和职业研究专家帮助的雇员使用资源的计划能够获得成功。没有这样的帮助，许多雇员将不能有效地利用信息，许多雇员可能会为了避免麻烦甚至不去尝试。太阳微公司、瑞侃公司和苹果公司已认识到这一点。在他们的中心，只要有雇员走进来，都会有专人负责教会他们如何使用中心的设施和资源。

不过雇员必须相信中心的顾问代表的是他们的利益。那些正考虑换工作或换公司的雇员显然会考虑到保密性的问题。对于一个人力资源顾问来说，取得雇员的信任虽然不是易事，但也绝非毫无可能。例如，苹果公司职业资源中心的顾问，卡罗尔·邓恩（Carol Dunne）就赢得了这样的信任和尊敬。不过正如一个聘请外部职业顾问的管理者说的那样："雇员通常会认为人力资源部代表的是公司管理层的利益，而不是雇员的利益。"聘请外部的职业顾问会使得雇员确信计划确实是为他们服务的。

聘请外部顾问还有一个好处：能够更加经济。一些发展弹性职业的先驱者就是这样做的。

太阳微公司、苹果公司和瑞侃公司都寻求一家名为职业行动中心（the Career Action Center）的非营利性组织的帮助。该中心位于加利福尼亚的帕洛·阿托（Palo Alto），成立于20世纪70年代，本是为硅谷工作的妇女提供职业咨询的，现在已成为硅谷的主要咨询机构，服务于成千上万在硅谷工作的人。虽然太阳微公司、苹果公司和瑞侃公司的职业中心还是由自己的雇员管理，不过中心的成员也包括了来自于职业行动中心的职业研究专家和顾问。内部雇员和外部专家顾问的组合成为了强有力的联合:内部的雇员了解公司的文化、网络和运作,而外部的专家顾问带来了专业知识和技能,公正性和成本的灵活性。

为了将这种合作的想法再深入一步,几家中等规模的硅谷公司在3Com公司的领导下正研究如何建立一个为几家公司所有雇员提供弹性职业服务的协会。参与的公司还包括昆腾公司(Quantum)、Aspect电信公司、Novell公司、Octel通信公司、Silicon Graphics公司、Claris公司和ESL公司。之所以这些公司会青睐这一想法有下列原因。首先,协会能提供的服务要多于单个的公司自己能提供的。第二,公司之间可以互相交流学习。最后,其中任何一家公司在政策和财务上的波动只会对协会运作带来相对小的影响,这样就能更好地服务于它的客户:雇员。不过要在每个公司主体运作中整合进这样一个共享的中心难度是比较大的。

一些公司,特别是苹果公司,正从技术上扩大弹性职业计划适用的范围,并融入到公司主体运作中去成为其一部分。苹果公司正向它的"网络校园"输入更多的信息,这是一个连接公司各个工厂的计算机网络。通过浏览网络校园,雇员能够找到一块"资源和参考"的部分,这一部分包括了苹果公司的雇员相互推荐的书单、专业人员协会、会议、课程、文章和其他信息。

职业中心的网络化的一大优点是,显然是其易获取性。苹果公司遍布全球的分公司的所有雇员将都能获得职业相

关的信息。而且,对于使用者来说计算机系统也较为兼顾个人隐私和便利,更新也较为容易。危险的是公司和雇员将被技术所吸引,而忽视了重要的人的因素。计算机网络在数据传播的范围上或许提供了较好的方法。但对于想要保持受雇就业能力的雇员,和想要保持公司竞争力的高级管理人员来说,能够对数据进行解释和分析才是最有价值的。而这通常需要人员的互动和交流。

管理高层的支持

通常认为如果没有管理高层的明确支持,一个弹性职业计划甚至将无法启动。如果没有管理高层的支持,下层的管理者不可能始终如一地与雇员分享他们关于战略和市场情况的知识和信息,从而让雇员能参与公司目标的实现以及作出自身的职业生涯决策。同样,缺少高管层的支持,大多数管理者也不可能自然地接受这样的观点:认为雇员应该关注和了解公司的情况,全体雇员能够并应该帮助公司形成战略。仍有太多的传统需要克服。

在我们所研究的公司中,瑞侃公司高管层的承诺较为突出。在公司职业中心的开幕式上,公司的副总裁哈里·O.波斯特尔韦(Harry O. Postlewait)作了发言,并强调说,总裁鲍勃·萨迪迟如果不是因为患感冒而卧床不能前来,一定也会来参加开幕式的。几位高级管理人员,包括萨迪迟总裁都加入了信息数据库,有义务接受公司中任何寻求职业信息的雇员的征询。

萨迪迟总裁和瑞侃公司其他的一些高层管理者意识到，想要在公司中培养集体责任感，管理层必须表明公司真诚地关心它的雇员，甚至也关心那些已经离开公司的雇员。这就是瑞侃公司采取这种政策的原因。公司首先在内部为那些处于没有前途的岗位或那些需要发展的雇员寻找合适的职位，在没有其他选择的情况下，才为雇员寻找公司外部的工作，而且要让离开公司的有才华的雇员明确这一点，如果可能，公司还欢迎他们回来。公司要让雇员相信，公司的命运也是雇员的责任，而并不仅是高层管理者的责任，这种关注员工的方式是唯一的方法。在当今不稳定的世界里，这是忠诚的新基础。

不过，公司如果想让弹性职业计划发挥它最大的优势，计划必须与公司业务的其他要素以及人力资源战略保持一致性，并得到其支持。公司必须有一个系统对计划进行支持。例如，对适应性进行奖励的薪酬体系，而不是根据在公司中的职位。再比如灵活的工作安排，这样雇员能有时间提高自己的技能。

将瑞侃公司与另一家公司作比较，我们就能发现瑞侃公司吸引了很多能自我管理的雇员。尽管这家公司的高层管理层证明公司确实是致力于帮助雇员进行弹性职业生涯的管理，并且公司总的来说是鼓励教育和培训的，但是公司许多雇员感觉高层管理者并不真正关心他们的去留。公司既没能在有关公司的业务方向上与雇员很好地沟通，也没能使雇员参与到公司战略的形成中来。难怪在我们的调查中，雇

第四部分

员认为职业生涯发展是他们最为关心的。

对于一些公司来说,帮助雇员进行弹性职业生涯管理应成为公司最为首要的任务,但让雇员相信这一点,基本上是人力资源部门的任务。不过这是一个好的开始。然而,从长期发展来看,培养弹性职业雇员如此重要,绝不能仅由一个部门来负责。这就是为什么最初的转变需要管理高层的参与。这样,转变的过程才能在公司里一层层地深入下去,直到公司中的每个人都相信这一点。瑞侃公司采取的就是这个方法。公司的人力资源部,作为计划最初的发起者,但在随后建立公司范围的弹性职业计划的过程中,它将自己看做各经营管理部门的合作伙伴。

当然,我们了解到许多营运管理者正感叹他们的工作难度太大。一方面,管理者需要成为教练、合作者、指导员和小组领导人,能为其他雇员提供支持,给出建议,并为他们鼓劲加油,从而他们能完成任务。另一方面,管理者仍然要对最终财务结果负责。一些管理者针对我们的想法的回应是:"怎么能将更多的矛盾和不确定性推到我们身上?"

我们的回答是,这或许是一个空前不确定的时代。那些善于处理所有的矛盾和不确定性的管理者,那些知道如何利用流动的人力资源中令人惊叹的潜力的管理者,他们所在的公司才能在市场中取得成功。

并不夸张的说,管理者自身也能受益。有两方面的原因。第一,弹性职业生涯计划帮助他们应对越来越普遍的一个现象:雇员对自己的工作极为苦恼,因为工作易受责难,或是因为工作不再具有挑战性，或是因为工作无法提供升职的机会。第二，弹性职业生涯计划也适用于管理者自身。了解他们自己将有助于使他们成为更有效的管理者。并且通过了解他们自己和评估自身的技能，管理者像所有雇员一样，将会有能力管理他们自己职业生涯。

与过去相比，管理者更加有责任创造一个环境，在这样的环境中，所有的雇员有机会自我发展，从而他们的职业道路不会发展到没有前途的地步，他们也能保持有竞争力的能力。这意味着：让雇员完全清楚公司的业务方向；帮助每个雇员理解，确保他们具有竞争性的技能最终是他们自己的责任；维护雇员作为自由职业者的权利。

从职业转换到弹性职业生涯开发不仅是必要的而且是必然的。认识到这一巨变，并领导潮流的公司将会具有巨大的战略优势。这样的公司能够完成变革，同时又不会不近人情。公司鼓励雇员成长、改变和学习，并且在此过程中，公司还将会积累经验，越做越好。弹性职业生涯就是用一个符合每个人最优利益的新契约，取代了我们再也不能维持的旧式契约。

3. 公开账目管理[①]

约翰·凯斯

在持续的竞争压力下,高层管理者要努力提高公司业绩。于是,他们很自然地不断尝试新的组织工具和组织技能。然而大部分的管理创新,例如流程再造(process reengineering)和自我管理团队(self-managing team),对公司的经营绩效仅仅产生有限的影响。问题之一是这些管理创新仅关注于方法和结果,而不是原因。这些方法帮助管理者去指导员工必须做什么才能提高绩效,但是不告诉员工为什么要这样做。因而,15年来的新技术和新方法(从未见间断过)积累下来的也只不过是一层厚厚的冷嘲热讽。一个曾一度被员工认为是很有前途的想法;现在却成了呆伯特(Dilbert)漫画的题材。

在过去的4年,我研究了一些公司,其中绝大部分是中小型企业,这些企业采取了更直接、更有效的方法来持续提高公司绩效。这种方法就是逐渐为大家所熟知的公开账目

[①] 《哈佛商业评论》1997年3~4月。

第四部分

管理(open-book management)。它凭借的是简单而有说服力的理念：当员工关注的不仅仅是质量、效率或其他简单的绩效指标，而且也关注高层管理者同样关注的问题，即经营得成功时，企业能够做得更好。公开账目管理是个一致的系统，该系统对于基层员工和高管人员意义相同。但公开账目管理却不是此意义上的一种活动。它是建立在为什么要提高绩效的基础上，于是员工和管理者就会有相同的愿望去发掘怎么样提高绩效。实施公开账目管理，不是一个简单的过程，公司能够更容易学习和准确运用新的工具和技术，正是因为这些公司已经先学会了如何让不同层级的员工向着企业成功的目标迈进，并关注目标的实现。

根源的思考

公开账目管理的核心思想，即员工应主动关心公司的商业目标，由来的时间不长。科学管理之父弗雷德里克·W.泰勒会认为这是个十分愚蠢的想法。传统思维的管理者、中层经理、工会领导和一线工人也会这样认为的。然而，最近这种思想逐渐流行开来。它成为解释一些创新的薪酬体系的依据，例如收益分享(gain sharing)和员工持股计划(或员工股票期权计划)。而且它还隐含在所谓的授权或员工参与活动中。然而，这些计划和活动最多也只是不彻底的折中办法。拥有少量的股份并不能魔法般地让员工想的和做的像大股东一样。他们可能会希望公司成功，但是不知道如何帮助公司成功。而且，尽管公司通常会授权给团队去管理其工作范围内的事务,但在传统的员工参与活动中,并没有给这些团队任何理由去关心整个机构总体上运行得如何。

如果要员工的行为以组织的商业目标为导向,那么高层管理者必须保证下列三种条件得以满足。这些必要条件合起来就构成了公开账目系统的基础。

第一,先前只在组织管理者之间分享的信息必须让组织中的每一个人看到,并且理解。这些信息是指所有的相关信息:不仅仅是销售和装货信息,还包括比方说财务目标、预算、损益表以及预测(因此才会有"公开账目管理"这个称谓)。财务资讯是公司的终极衡量尺度,它解释了管理行为的原因,能够让员工测评自身行为的好坏。比如说,有多少公司当他们期望的财务收益没有实现时,它们为了再造流程而又将其流程重新设计呢?如果员工不了解管理层所掌握的同样数据,他们就会觉得管理层不知道自己要什么。如果员工确实拥有同样的数据,他们就会跟管理层一样明白为什么最初的流程再造失败了。

第二,管理者要让员工不仅仅对他们的工作进度或达到质量标准负责,而且要对他们单位的预算或利润目标负责。管理人员和高级经理知道一个业务单位的绩效反映了许多要素,包括销售额、产品成本、劳动力生产率以及预算差异,但是在大多数公司中,几乎没有较低层级的员工知道这些。负有责任的管理者要学会识别和观察这些数据关键的驱动因素,预测和再预测,为了可能的平衡和应急备用金而分析预算,以及学会想办法在相同的时间做更多的工作或把工作

第四部分

做得更好。在公开账目的公司中,所有员工都要学习这些技能。

第三,薪酬体系除了根据员工的工作时间支付相应的报酬外,还必须因为公司经营得成功而奖励他们。通常要设立一项相当大的奖金计划,这项计划常常由持股形式补足。与许多可变薪酬体系不同的是,公开账目的奖金总是和一些简单易懂的度量业务单位绩效的值紧密相连,并且目标完成的进度是公开的。因此,这个系统是完全透明的:员工看到并理解决定成功的财务报表数字,了解自己在这些数字创造中扮演的角色,如果本单位达到了目标,会提前知道自己将如何得到奖励。

正如我们调查公司实施公开账目管理过程时将会看到,公司可以通过各种方式将公开账目管理的各项条件组合起来。然而,不管这些条件如何组合,公开账目的理念改变了组织如何运作的基本设想。在公开账目的公司里,公司希望管理者和员工通过实现(或改善)其所在单位的任务,从而为企业的赢利作出贡献。管理者可能仍旧下达指令,公开账目管理并不废除层级,但那些指令的权威性是来自于所有人都能理解的一种逻辑("我们将不得不再重新设计流程,因为看到这里,你会发现我们的成本并没有按照我们所希望的方式降低")。

典型的创新关注于某一狭窄领域的进步,而新的组织逻辑与之不同,后者能带来很多方面的进步。我研究的一家工程服务公司采用了公开账目管理后,发现公司那些固执己见的销售人员突然间开始彼此相互合作,以求获得一个更好的最终财务状况。一个地区性银行跃升为市场领导者,是因为它的柜员们更能意识到"微笑服务"的重要性,并更乐于尝试交叉销售。一个涂料涂层生产商发现,其员工在面对需求的增长时自愿提出增加临时第三班,并且解决了如何安排人员的问题,随后公司利润大幅增加。只要传统的做事方法对公司有益,公开账目管理就能将它们融合进来。例如,当一项新的安全培训活动与员工的薪酬成本以及最终财务状况存在一种可理解的关系时,它就不再是另一项管理层强加的烦心事了。

如大多数商业创新一样,公开账目管理已经深深扎根于那些自觉运用它的公司中,只是没有给这种管理命名罢了。例如,沃尔玛一直同它的合伙人分享财务数据,用股票奖励他们,并且鼓励他们像经营自己的超市那样思考和行动。然而,两项最新的发展使得这种方法开始流传开来。

其一是过去几年中典范企业的出现,一个公司明确地、系统地运用公开账目管理,因而成为这种理念的标杆企业、传授者和对怀疑者的转变器。("嘿,这套东西还真的起作用了!")正如摩托罗拉作为全面质量管理的典范一样,春田再制造公司(SRC)也是公开账目管理的模范企业。实际上,春田再制造公司正是这种方法的开创者。春田再制造公司的伟大商业游戏即其公开账目系统的故事经常见诸报端,并且出现在公司的首席执行官杰克·斯塔克(Jack Stack)[1]的演讲和他写的畅销书中。已经有2 500位高级主管人员和企业所

第四部分

有者参加了关于 SRC 公开账目系统的研讨会,其中的数百人每年聚一次,开会比较他们的后继经历。

其二,许多非常成功的创业型公司从一开始就运用公开账目的理念管理公司,结果取得了巨大的竞争优势。创建于 1985 年的美国 Wabash 公司(Wabash National Corporation),如今是美国货运拖挂车生产商的龙头,该公司要求员工完成数小时的商务培训,并且在基层定期召开会议,回顾公司的财务业绩。AES 公司是一家有 15 年历史的全球电力生产公司,最近在纽约股票交易所挂牌上市。该公司与其 2 000 名员工分享大量的财务信息,为了股票交易的目的,员工们全被视为内部人。一个尤其强有力的例子是医生销售与服务(PSS)公司,该公司在短短 14 年中从一个刚起步的公司攀升到业界龙头(并且收入超过 5 亿美元)。公司的首席执行官帕特里克·C. 凯利(Patrick C. Kelly)认为公司的成功大部分归功于公开账目管理。PSS 公司的 65 个分支机构的员工每个月都要逐项讨论本单位的损益表。公司派发的奖金不仅同赢利挂钩,而且与关键的财务指标挂钩,如资产日期,因此鼓励了员工监控这些数据。在 PSS 公司,员工持股占很大一部分,包括作为个人持股和作为员工持股计划的成员持股。[2]

对于注意到这些进展并发现公开账目管理很有吸引力的管理者而言,仍然存在一个基本的问题。他们能够想象在一个小公司或业务部门实施这样的系统会是怎样,在这样的组织中员工的工作和组织的绩效之间的关系是清晰和直接的。他们或许也能够预想到创办一个新公司，就像 PSS 公司一样，从一开始就建立在公开账目原则的基础上会是怎样的情况。但是，他们很难预见这种理念如何在一个大的、已经建立起来的公司中加以实施。撇开政治、文化的障碍不谈，个体员工的工作与大型公司财务绩效之间的关系就很模糊。教育上百人甚或上千人去了解公司的财务报表数字并日复一日地为之努力，这想法似乎是不现实的。

然而，目前几个主要企业在其大的分支机构或运营单位推行公开账目管理。的确，他们遇到了一些很大的挑战，其中绝大部分是源于运作的规模，但是他们也构想出一些有创意的解决办法。在这个过程中，这些企业的员工已经学会了用新的方法考虑企业的经营，并且参与了称得上是组织运作方式的再设计。唐纳利公司(R. R. Donnelley & Sons Company)的东北部地区分公司的经验算得上是比较有代表性的，它的问题是其他选择公开账目管理的大公司的管理者可能会遇到的。这个分公司的经验也阐明了这些问题如何得以解决，以及公开账目管理可能会带来的较长期的收益。

实行公开账目管理

唐纳利公司有 38 000 名员工，是美国最大的商业印刷集团。唐纳利东北部地区分公司位于宾夕法尼亚州的兰开斯特，由高级副总裁约翰·霍尔格伦(John Hallgren)亲自管理，分公司为许多唐纳利的最大客户提供服务。拥有 1 100 名员工的东部工厂承印数百万份的《电视导报》(*TV Guide*)、《读

第四部分

者文摘》(*Reader's Digest*)和《纽约时报杂志》(*The New York Times Magazine*)。拥有1 000名员工的西部工厂为诸如威廉姆斯-索拿马公司(Williams-Sonoma)、大西洋贝尔公司(Bell Atlantic)以及Nynex公司等客户印刷目录和电话簿。唐纳利15年的经历可以作为一个很好的应付变革和压力的案例进行研究,这些变革和压力冲击了大部分的美国大公司。例如,唐纳利本来一度能够和西方电气公司(Western Electric)签订合同,为全国的电话公司生产黄页电话簿("当初不存在价格压力",一位经理怀念地回忆道,"那意味着强强联手的合作,并且我们当时是最强大的。")。如今唐纳利公司必须应付更多的客户,每个客户都比过去更关注价格,并且必须与那些几乎具备相同高质量生产能力的印刷厂正面竞争。主管人员说,销售过程常常变成了竞标战争。

随着竞争压力不断上升,唐纳利公司也实行过其他公司使用的工作场所创新管理:质量研讨小组(quality circles),第一次就把它做好(Do It Right the First Time)项目,快速换产(single-minute-exchange-of-dies)培训等等。这些创新手段都归为同一个类中,即被公司称为高度员工参与(high employee involvement),简称HEI。如今,和其他行业一样,印刷业持续的绩效提高主要是依靠一线工人对生产的专注,以及他们对一些问题的巧妙处理方案,例如时间设置、印刷质量,以及印坏的纸张等。

唐纳利公司的主管人员认为HEI活动将帮助员工学习如何关注于这些问题,并且作出更好的决策。可是工厂的经理并不完全信任 HEI 的好处。负责电话簿模块的约翰·伯纳德说道:"我们曾要求员工成为更高绩效者,作出曾是管理者要作的决策。但是我们却没有提供他们需要的工具,例如一磅纸张的成本是多少,一块印板的成本是多少?"当霍尔格伦、伯纳德、东部工厂生产副总裁杰夫·贝尼斯(Geoff Benes),以及人力资源部经理史蒂夫·普罗瑟(Steve Prosser)通过参观春田再制造公司,了解到公开账目管理时,他们热情高涨;公开账目管理仿佛给他们提供了 HEI 活动所缺乏的工具和动力。1995 年初,东北部分公司正式着手实施公开账目管理项目。这项工作是在一个年轻的经理唐·罗布(Don Robb)领导下开始的,他最近被任命负责组织发展工作。罗布在研究了公开账目管理的理念后,聘请了一个外部咨询小组来帮助引导实施。

准备实施

运用常规的创新手段时,公司聘请咨询师通常是至关重要的一步。咨询师分发阅读材料,开设培训课程,以及同经理和雇员直接合作,实施制定的变革计划。在采用公开账目管理时,咨询师通常从局外人的角度开展培训。由于公开账目管理影响到一家公司的许多不同部门,所以它要求高层管理者的持续支持和参与。从许多方面看,公开账目管理是一种文化变革,它教会组织内每个成员以新的方式思考和行动,因此它也要求中层管理者和一线员工的全程参与。罗布了解唐纳利公司先前的许多创新管理,并且他知道组织里所

第四部分

有人都对类似于另一变革项目的任何事情都持怀疑态度。于是他放慢脚步。罗布同工厂的所有人谈论公开账目管理并分发阅读材料。他邀请一大批经理和主管参加 SRC 研讨会,并安排他们多停留一天。就在那一天,罗布要求并获得了每个成员对公开账目管理的个人承诺。他一回来就组建了高层管理者的领导小组,以确保资源的供给和他们对项目的支持。而且他还建立了由经理和主管组成的项目小组,计划项目的实施。1995 年 8 月,唐纳利公司以一个引人注目的、为期两天的讨论会开始了公开账目管理。讨论会之后,有 50 多人同意加入团队,负责项目实施的具体任务。

对于非管理层的员工,罗布反对任何盛大的开幕仪式。相反,他要求其中的一个项目实施团队密切观察一系列高强度的、持续 4 小时的专注小组,这些小组的成员最后多达 100 人左右,相当于每 10 个计时工人中就有一个参加。人力资源部和其他部门的协调人员向大家说明要实施公开账目管理。之后,提出了旨在让员工表达其期望、焦虑和关心的开放式问题。关于唐纳利公司是否应该继续公开账目管理的问题,每个参与者都有机会发表自己的想法。大部分的参与者都持肯定态度。

传达和讲授关键的数字

当变革的基础工作完成后,公开账目管理公司必须建立"记分板",这是员工对关键数字日常交流的手段。业务部门的记分板包括损益表和资产负债表,另外还包括其他对单位长期发展必不可少的数字。部门记分板或许要关注核心的运作手段,例如成品数量或缺陷率,但是它们也要关注财务资讯。记分板通常既包含过去的实际数据,也包括对未来月份的预测,因为记分板的目的是让员工按对未来事件的预期行事。记分板本身可以是电子形式的或大的公告牌,还可以是书面材料。例如,索尼播放设备圣迭哥公司利用一个受保护的万维网站(一个内部网),向某一条生产线上的200个员工公布关键的绩效指标和所有的盈亏财务数据。

经验证,在唐纳利公司采用单位范围的记分板相对容易一些。近期企业上下开发了一套新的损益表和资产负债表,它将经济附加值(EVA)财务最终状况融入进来。记分板小组是罗布领导的项目实施任务组中的一个,它们负责编制报表,为了容易理解对报表进行适当调整,并且添加一些列项来帮助后两个月的预测。记分板通过公司的电子邮件系统每个月发布一次。期间每个部门开发自己的记分板,记录数据,比如印刷效率、实际收入和成本对照表。

公开账目记分板是基于一个共同的理解上,即一个工厂或业务部门的数字是由每个部门或运作单位的绩效和财务数据汇编得来的。因此部门的记分板帮助员工了解自己的努力和业务部门成果之间的关系。阿莫科(Amoco)加拿大石油公司位于阿尔伯达的卡尔加里,该公司大约与唐纳利公司同时开始了公开账目管理,而且正在设法告知2 300名员工自身努力与公司经营结果之间的关系。例如,一个水泵维护技师了解到他使用的卡车的成本会显示在其所在车间的车辆费用栏中,这一

第四部分

成本又归并到所在单位的损益表里的运营栏中(见表3-1)。如果车间制定一个降低车辆费用的目标,那么目标的进度不但会反映在运营图表中,也会反映在损益表中。这样员工不仅仅知道成本节约是重要的,任何经理都会灌输这种观念,而且,他们还会知道为什么重要。他们也理解成本节约并不能孤立考虑,它与产量和收入是紧密相连的。

表3-1 让员工看到他们的决定如何影响公司收入

销售收入
－销售商品成本
―――――
总收益
－营运费用
―――――
折旧前营运收入
－折旧费用
―――――
营运收入
－利息费用
―――――
税前收益
－所得税费
―――――
净收益

当然，采用公开账目管理的公司需要公开记分板的内容，但是他们面临着一个特殊的挑战，因为他们期望组织里的每个成员都要理解记分板里的数字。[3]美国 Wabash 公司是一家牵引车制造商，它聘请当地大学教授给员工传授商业基础知识，并通过工资奖金的形式激励员工参加。在唐纳利公司，负责商业知识培训的团队放弃了乏味、呆板的正式的上课方式，而是采用两步骤的、用电脑学习的个人学习方式。计算机化的教育方式和公司正在实施的变革很好地吻合起来，即教授计算机技能，并且提供足够的个人电脑，这样每个员工都能方便使用电脑。而且，唐纳利的印刷操作人员已经很熟悉在电脑上学习，用于培训的电脑程序模拟了该公司的印刷机的运作过程。

首先，唐纳利公司购买了一个叫做"Yo-Yo公司"的交互式电脑软件程序；这个程序为员工虚拟了一个非常简化的制造企业，在运行过程中，程序要求员工按步骤填好损益表和资产负债表。接着，团队的代表与首席咨询顾问戴维·洛(David Lough)一起开发专用的商业模拟计算机游戏。他们创作的这个名为"天上的奶酪(Celestial Cheese)"的游戏让玩家管理一个奇特、但非常真实的企业，一个资本密集型、多道工序、以服务为导向的公司，运作环境非常类似于一家印刷工厂。每次游戏要花数小时才能结束，要求玩家在虚构的10年中作出许许多多的战略和财务决策。当然目标就是使经济附加值最大化。

在唐纳利公司开始公开账目管理的头一年里，花费了相

第四部分

当多的时间去开发和推行这个培训程序。先是由经理和主管测试出早期软件版本中的错误代码和其他问题。之后实施项目小组去寻找会用计算机而且很可能喜欢玩商业模拟游戏的员工,然后将游戏软件分发给他们。今年,这个小组正在将游戏推广给所有的员工,鼓励他们在家、在工作间隙以及工厂停工期间去玩这个游戏。

培养责任感

公开账目管理的特性并不是只是去看和理解财务及其他方面的数据,它是采用连带责任让员工朝着正确的方向努力,因而帮助公司实现目标。与任何责任体系一样,公开账目管理也需要一个结构,这个问题常常在公开账目管理公司的书面说明中被忽略。例如,那些春田再制造公司的漫不经心的观察者认为,只要员工知道这些数字,就能神奇般地让他们像高层管理者那样思考和行动。

实际上,春田再制造公司具备了一个发展成熟的、公开账目的责任结构。对此,唐纳利公司和其他几家公司发现,这个结构能够放大后运用到他们更大规模的组织中。春田再制造公司的年度计划是从战略重点(由高级管理者和董事会制定)和销售预测(由销售人员和管理层协商后制定)开始。接着,春田再制造公司的各个层级的员工将他们各自业务单位的销售预测转化为计划损益表、物资需求、部门预算等。例如,可能会安排单个员工去调查和估计预计等级的运行所花费的电力成本。公司希望各部门和业务部门去讨论,并且确保每个人理解,这就界定了各单位在计划中所扮角色的数字。在这一年中,这些部门和作业单位至少每隔两星期开一次会,对照计划评定他们的绩效,并对近期进行预测。他们向公司领导班子汇报这些结果,领导班子再组织类似的会议(通常参加会议的是一线员工和主管)来汇编、评估和预测整个公司的数据。这个过程使得各单位以一个整体的身份来关注结果中无法解释的差异,也鼓励了组织中的所有人预测和计划将要发生的情况,而不是简单地对已经出现的情况作出反应。

在1996年初,唐纳利公司开始了上述集体监控和预测的过程。唐纳利公司称这类会议为"橄榄球员赛场上的碰头"(huddles),使用这一体育术语似乎显示了公开账目管理的特点。每个月,从唐纳利公司的预备中心到它的装订厂,各部门从公司的其他部门提取任何可能需要的资源(例如,销售和会计信息),然后汇总结果并制定计划。在每个月的工厂层面的会议上,各部门的代表编制本月和后两个月的计划损益表。当这些数字被报出来的时候,唐·罗布就将它们输入手提电脑中,与会者要讨论任何重要的差异和不确定的问题。

唐纳利公司召开这些会议有两层目的。其一,为了让更多的人参与到公司预算中,这样可以提高准确性。其二,将预算目标的责任分摊。把责任从单个的经理分摊到职工小组,这可能是公开账目管理最大的挑战。通常它是从部门层级的会议开始,这些会议必须发展和监控来自基层的数据。

第四部分

然后员工们开始尝试各种可能影响数据的方法，这样做或许也能鼓励他们找出更好的衡量标准，以便他们能够把握住最重要的驱动因素。唐纳利正处在这个过程的初期阶段。例如，工作在平板印刷模块的员工汇集起来计划他们即将做的工作，并且讨论可能的成本因素，比如加班，这些因素会影响到他们单位的绩效。艾伦·鲁发(Alan Roufa)，东部工厂的行政经理计划制定一种方法帮助员工跟踪和预测所在部门的每样设备的成本。

因经营成功而奖励员工

传统的奖金计划通常是薪酬咨询顾问设计出来的，通过书面的形式传达给员工，而人们只有在工资条寄来的时候才会想起。相比而言，公开账目的奖金是与员工能经常看到的、能理解的并且能够影响的数字挂钩。因而，奖金计划是管理系统中不可缺少的部分，因为它回答了一个无法回避的问题：这里面有多少是给我的？在我撰写此文时，唐纳利公司的东北部地区分公司正在开发一种公开账目可变薪酬的计划。自愿组织起来的团队正在为每个经营单位寻找关键营运驱动因素，并且在设计一个按季度支付的系统，支付的金额是基于这些驱动因素和经营单位总的经济附加值。这个新系统将在1997年初开始运行。

公开账目的奖金系统变化很大。春田再制造公司所做的预算是按小时支付的，员工的奖金占薪酬的13%，经理的奖金占薪酬的18%，这些奖金只有在公司达到预定的损益表和资产负债表的目标值时才会支付（这些目标值每年都不同）。所有的员工能够通过401(k)计划和员工持股项目获得另外的占工资的3%～15%的奖金。阿莫科加拿大公司的"可变激励计划"中支付金额多达工资的16%。1996年，分公司设在美国芝加哥的母公司首先得实现某些财务目标，分公司自身必须获得它所动用资本的至少8.5%的回报，因而奖金的多少是根据净收入和储备金重置共同决定的。阿莫科加拿大公司的商务教育团队是一个非常类似于唐纳利公司的自发小组，它通过海报、宣传材料和更新的电子邮件将每个月的数据传达给公司的2 300名员工。

Hexacomb公司的"精减预算"（beat the budget）奖金系统是一个很清晰地说明公开账目系统及其效果的例子。公司有七个工厂，每一个工厂经过与管理层协商后制定年度预算。工厂的经理和员工详细讨论了预算项目；记分板传遍了公司，全公司根据预算考核绩效；并且全公司大会仔细回顾了每个月的财务情况。奖金计划本身很简单：七个工厂总共创造的超过预算额的利润五五分成，即一半给公司，一半归入奖金库。但是，只有员工所在工厂精减预算时，他们才能获得奖金。

吉姆·西格尔是Hexacomb公司在伊利诺依州的特伦顿的工厂的经理，他是这样描述这个系统的：

> 每个人都知道如何为这数字作贡献。他们知道，如果他们能降低废品率，如果他们没有任何被拒货品的话，材料费用会变得更低。我们每个月核查回报和津

第四部分

贴,这样他们也了解这些数字。而且劳动成果就像他们所知道的那样:工作的时间越多,劳动报酬越高。

这个系统影响着人们工作的方式。如果你产品的扩展没做对,那么你的装车量(蜂窝纸板材料,该工厂的产品)就会过多,而客户不会因此多付钱。于是会出现什么样的情况呢?材料栏上的数量会增加,同时也会花掉我们营运收入栏的一些钱。我们可以进行一些假设分析。假设因为你每分钟踩脚踏板的速度加快,一周的正常上班时间你多生产了三货车的产品的话,情况会是怎样?假设你产品质量上乘,产量也达到标准,劳动力一栏的数字不会改变,但你会发现百分比发生了变化。你会看到工厂的加班时间并没有增加12%。相信我,这是有效的。

部分由于这种新的理解,Hexacomb公司的平均产能连续三年每年提高13%,并且绝大部分员工获得了定期的奖金,而且奖金通常是相当多的。

创造并维持兴奋的状态

每个管理者都看到许多变革创新曾被鼓吹得沸沸扬扬,但当旧的模式又回来时,这些变革创新就逐渐被人遗忘了。公开账目管理之所以在唐纳利东北部地区分公司没陷入这一窠臼,其原因之一是它得到了高层管理者的全力支持。原因之二在于,实行公开账目管理是由唐·罗布全权负责。罗布是一个精力充沛、很有抱负的年轻管理者，早就注意到整个组织的许多成员正在参与这种管理的实施，或者已经致力于新的管理系统的组建。

原因之三就是唐纳利公司已经引入一种强大技术：玩游戏（playing games），这种技术已经在其他实行公开账目管理的公司使用过了。游戏，正如这些组织所用的这个词，仅仅是在已知领域快速发展的一个开始。公司之所以把它命名为游戏，是因为它有一个起点，一套规则，一个目标，和对成功的一种奖励。每场游戏的目的都在于赢利。实际上，这种游戏是公开账目管理的一个缩影。员工知道他们每天所做的工作都影响着一些数据，这些数据将最终影响到公司的财务业绩。

例如，唐纳利公司的凹版印刷工厂在1996年的3～5月间组织一场游戏。就是为了提高印刷效率——一种测量生产能力的方式，这里的生产能力包含了产品的质量，1996年比1995年提高了3%。达到这一目标将为公司节省大约26 000美元的成本。部门生产总监吉姆·伯罗斯解释如何进行游戏就可改变人们工作的方式。

让我们来看看这样一个例子，规定印刷前的排版调整时间是8小时，在过去，印刷工人觉得只要他们在这8小时内一直工作，他就做得很好了。现在他们开始考虑如何能做得更快——例如提前推出气缸。人们也逐渐认识到印刷速度的重要性。如果他们以每小时25 000印的速度印刷，他们就可能在规定时间完成任务。如果

第四部分

他们想出办法把速度提高到每小时 30 000 印,他们就能缩短工作时间。那样的话就为我们提供了额外的能力,使我们能更快地完成下一步工作。

游戏的记分板就是 Excel 电子报表,它记录该部门 6 台印刷机每一台的印刷效率,以及其增加的节省时间,这个时间是以单位美元来衡量的。因为目标是超出前一年 3%,凡是在指定期间低于 3% 的,都算亏损,高于 3%,都算赢利。印刷厂的全体员工都明确地知道,他们在一班结束的时候离目标还有多远,在下一班开始的时候明白他们必须要完成多少。

在第三个月末,部门已经达到目标,每个雇员也得到 75 美元的奖金。这一适度的数据强调了关于竞争有两点。一是它不能被看做是薪金,它就是一场游戏。这样的满足感起初来自于考虑如何去赢得游戏和随后的获胜。然而另一个却是,游戏的开展依赖于公开账目管理,公开账目管理教会员工去了解和关心公司的整体运作。一个传统的公司需要说服员工多少次,才能让他们为了区区 75 美元以及获胜的成就感,去承担额外的挑战?相反,在公开报表的公司,人们认为游戏主要是学习商业经营的一种有趣的方法,并且当整个运营单位提高了业绩,员工才获得了真正的回报。的确,从第一次游戏开始,这种游戏已经在凹版印刷厂开展不止两次,每一次的目标都比前一次更高,并且每次都成功。

了解为什么重要

在《精益思维——企业消除浪费，增加财富》(Lean Thinking: Banish Waste and Create Wealth in Your Corporation, Simon & Schuster, 1996)一书中提到，詹姆斯·P.沃马克(James P. Womack)和丹尼尔·T.琼斯(Daniel T. Jones)提出了一个重要的思想，这个思想是关于公开账目管理和其他传统创新之间的联系。

在美国熟悉公开账目管理运动的读者将会记得，公开账目管理的核心元素是财政的透明和结果的快速反馈，这种反馈是以员工获得奖金来体现的。因此，我们的方法（主要是指消除价值链中不必要的损耗的方法）与传统的方法有很大的一致性。然而，当财政被公开，员工会因为业绩提高获得奖励时，公开报表系统的管理人员会遇到一个重要的问题，即如何提高业绩？加强劳动量和延长劳动时间并非是办法，除非没有人知道如何工作得更快。

加强劳动量和延长劳动时间并不能代替熟练的技术，不能代替能确保质量的现代方法，也不能代替沃马克和琼斯所说的消除浪费的技术。这些都是公司和员工如何提高业绩的工具和方法。公开账目管理解释了为什么要这么做。它提供了具体业绩的提高和公司商业目的之间的联系。财务激励，常常在传统项目实施中被忽略，是这种联系中很重要

第四部分

的一部分，即使它仅仅是员工薪酬里一小部分。实际上，"你投入更多的努力是有原因的，这个原因就是你所在公司财务上的成功。当公司制造财富，而你将分享这些财富"。

因为公开账目管理是一个体系，而不是一个如何规划的程序，它不是固定不变的。实行是一个冗长繁杂的过程，尤其在一个大公司，有时利用财务最终状况的方式去思考的效果并不太明显。唐纳利的东部分公司，虽然并未实行公开账目管理，但在过去的一年里也运作得如预料的那样好，因此他引起了全国各地其他唐纳利分公司的关注。但高层管理者还是很谨慎地把大部分成功的原因归功于公开账目管理。他们宁可强调细小的益处，例如部门的成本节省，印刷效率提高，预测准确性的提高，这真是聪明之举。公开账目管理的效用不在于短期性，而在于长期性，在于它能改变人们日常思考和行为的方式。公司的成功依赖于多方面的因素。其中有一点是肯定的：员工是否关心公司运作得好坏，是否知道如何帮助它运作得更好，以及是否合理的学习新技术，尝试新任务。公开报表公司的员工为雇主提供了其所在部门的一种强有力的竞争优势。

4. 让所有员工开动脑筋，发挥作用[①]

多萝西·伦纳德

苏珊·斯特劳斯

今天几乎所有企业竞争的迫切要求就是这么简单：要么创新，要么落伍。但是，要满足这一要求是困难的，因为创新产生在不同的观点、知觉以及处理和判断信息的方式相冲突的时候。这就通常需要各类参与者相互间的协作，这些参与者本能地用不同的方式看待世界。于是，不同观点的冲突本该建设性地提出，却往往毫无成效地发生于本质上不能相互理解的人们当中。争论成为针对个人的争论，于是创造性的过程终止了。

对于这种现象，管理者一般有两种反应。一方面，不喜欢冲突（或者只重视他们自己的方法）的经理人员积极主动地避免观点的碰撞。他们雇用和奖赏具有特定个性的员工。

[①]《哈佛商业评论》1997年7～8月。

第四部分

这种员工通常与他们自己相似。这样的组织是我们称之为舒适克隆综合征的受害者：同事间有类似的兴趣、接受类似的培训，每个人的想法都一样。因为所有的观点通过类似的认知筛选，只有熟悉的观点才被保留下来。例如，一个完全由相同学科背景和经历的员工构成的新业务开发小组，会用不变的假设和分析工具去评估每个观点。这样的小组也会努力创新，但通常是徒劳的。

另一方面，经理人员如要强调员工要有不同思维方式，那么他们常常不知道如何去管理。这些经理人员的管理活动似乎是，只要把一个由多元化个体组成的小组锁在同一间屋子里，就必然会对一个问题的产生创造性的解决方案。这类经理人忽视了这样一个事实：具有不同思维方式的人通常不会互相理解和尊重，并且思维方式上的差异为私人之间的争论火上浇油。"细节型的人"对"愿景这回事"不以为然；"概念型的人"为无穷无尽的分析感到头痛；个人主义者认为考虑团队的需求纯属浪费时间。如果没有领导和管理，这些人简直不可能在一起工作。

成功培育创新的经理人员知道在一种富有创造性的过程中如何使不同的方法相互摩擦。我们称之为创造性摩擦。这样的管理者懂得不同的人具有不同的思维方式：分析型的或直觉型的，概念型的或经验型的，社交型的或独立型的，有逻辑头脑的或受价值驱动的。他精心为组织设计了一套周密的方法和观点，这个组织可以是一个团队、一个工作小组，或者是整个公司，并且他明白认知多元化的人必须尊重其他人的思维方式,他为一起工作设定了基本规则以控制创造性的过程。最重要的是,想要鼓励创新的管理者需要检查他所做的是促进还是抑制了创造性摩擦。

多年来我们与很多个组织合作过,已经观察了许多管理者,他们知道如何使创造性摩擦为他们服务。为了创造新的观点并制造产品,这些管理者积极地将各类人才聚集起来,这些人以潜在冲突的方式进行思考和行动。

我们如何思考

我们所说的认知差异是发觉和吸收数据、制定决策、解决问题和与其他人相联系等不同的方法。这些方法是偏好(不要与技能或能力相混淆)。例如,你可能偏好用直觉的方式处理问题,但是事实上可以经过培训,以更好的方式分析、处理问题。偏好不是僵化的,大多数人可以利用不同的方法组合,并且不会在狭窄的认知范围内生活。如果条件不错并且回报不菲,我们通常会越出我们偏好的运作模式的边界。也就是说,我们都倾向于拥有一种或两种偏好的思维习惯,这些思维习惯影响了我们的决策风格和与他人的互动,不论是好是坏。

得到广泛认同的认知区别是左半脑思维方式和右半脑思维方式之间的差异。这种分类不表明生理学意义上的准确,而是在比喻意义上更加形象;不是所有的与左半脑相联系的功能都位于大脑皮层的左边,也不是所谓的右半脑功能都位于右边。这样简单的描述的确能从根本上抓住不同的

第四部分

思维方式。设计和解决问题所采用的分析型、逻辑型和连续型的方法(左半脑思维)不同于直觉型、基于价值观的和非线性的方法(右半脑思维)。

认知偏好也体现在工作风格上和决策制定活动中。以协作和独立自主为例,把他们进行对比,我们会发现一些人偏好一起工作来解决问题,而另一些人偏好独自收集、吸收和处理信息。每种类型的人在不同的条件下都能把工作做得最好。再以思考和感觉的对比为例。一些人通过用严谨的逻辑结构和思维过程来评估证据并作出决策,而另一些人靠他们的价值观和情感来恰当地引导自己的行为。

这样对比的例子不胜枚举。例如,抽象的思维者从不同来源吸收信息,这些来源有书籍、报告、录像和谈话。他们更喜欢学习而不是直接地体验。相反,经验型的人从直接与人的交往中获取信息。有些人不论什么事都要求快速的决策,但是另一些人则不管情形多么紧急,都喜欢预先考虑好几个备选方案。一种人关注细节,而另一种人则着眼大处,比如关注由数据资料形成的关系和模式。

毫不奇怪,人们倾向于选择对他们自己的偏好组合有回报的职业。随之,他们的工作经历会强化初始的偏好并且会改善相关的技能。因此,在会计师、企业家、社会工作者、艺术家中,人们可以看到解决问题的不同方法。例如,对一位工程师而言,证明存在于数字中。但是,如果把一页满是数据资料的纸给一位剧作家看,他恐怕就会把这页纸随手丢掉,因为剧作家更多的是相信直觉。当然,仅仅通过人们的学科背景来判断他们可能会采用解决问题的各种可能方法，就像用性别或种族为准则一样，可能会是误导人的。在任何职业中，总是存在着思维方式与主流方法不一致的人。

对于经理人员来说，评估下属的思维方式的最好方法是利用现有的诊断手段来评估他们。一个经过检验的评估工具，要比最敏锐的管理者所获取的印象更加客观和全面。现在，各种诊断、描述、分析不同人的个性特征的评估工具已经开发出来，用来识别各种解决问题和沟通的认知方法。所有这些评估工具都遵循以下的基本要点：

> 从本质上来说，偏好无好坏之分。例如，喜欢在公共场合高谈阔论的政治家或CEO使人们对其产生了无法实现的预期。
> 明显的偏好会在我们早期的生活中表现出来，并且不会改变，在我们的一生中保持相对稳定。例如，我们中那些渴望确定性的人不可能对含义模糊和自相矛盾的观点有着同样的喜爱。
> 我们可以学会扩展我们的行为能力，超出我们所偏爱的方式行动。但这是困难的，就像要用另一只手去写字。
> 了解其他人的偏好有助于人们进行沟通和合作。

使用可靠的迈尔斯—布里格斯类型指标(MBTI)，迈尔斯—布里格斯类型指标和MBTI是咨询心理学家出版社有

第四部分

限公司(Consulting Psychologists Press, Inc.)的注册商标。或赫尔曼大脑主导工具(HBDI)的管理者发现,他们的雇员接受测试的结果,并用测试结果来改进他们的思维和行动方式(见"确认我们如何思考:迈尔斯—布里格斯类型指标或赫尔曼大脑主导工具")。

确认我们如何思考:迈尔斯—布里格斯类型指标和赫尔曼大脑主导工具

迈尔斯—布里格斯类型指标是世界上应用最广泛的个人评估工具。MBTI由一个母女团队所设计,伊莎贝尔·布里格斯·迈尔斯(Isabel Briggs Myers)和她的母亲凯瑟琳·库克·布里格斯(Katharine Cook Briggs),MBTI是基于卡尔·荣格(Carl Jung)的理论。迈尔斯和布里格斯在二战中开发了这套工具,基于这样的假设:对个性偏好的了解可能帮助那些第一次在战争期间找工作的平民。这种工具符合传统的测试标准,截止到1994年,全世界超过250万人使用了这种工具。MBTI不但在职业评估中使用,而且在商业、心理学和教育领域被广泛使用。

MBTI使用4对不同的属性,创造出一个包含16种个性类型的矩阵:

让所有员工开动脑筋，发挥作用

		MBTI		
		感觉类型(S)		直觉类型(N)	
		思考(T)	感受(F)	感受(F)	思考(T)
内向者(I)	判断(J)	**ISTJ** 严肃、平静，通过专心和细心获得成功。实用的、有条理的、实事求是的、讲逻辑的、现实的并且可靠的。承担负责。	**ISFJ** 平静、友好、负责任并且尽心尽责。工作投入以尽好自己的义务。细心、辛勤、精确、忠诚并且考虑周到。	**INFJ** 通过坚定不移、独创性获得成功，渴望做那些需要或想要做的。平和有力、小心谨慎，关心他人。以自己坚定的原则而受人尊重。	**INTJ** 通常具备独创的思维并对自己的观点和意图具有强大的动力。好怀疑的、苛求的、独立的、坚定的，经常是固执的。
内向者(I)	知觉(P)	**ISTP** 冷静的旁观者——平静内敛、注重分析。通常对客观原理以及机械物如何和为何工作感兴趣。闪现独创的幽默。	**ISFP** 不爱交际、平静友好、敏感亲切，对自己的才能表现谦虚，避免不和。忠诚的跟随者。事情做完后通常觉得轻松。	**INFP** 关心学习、想法、语言和他们自己独立的计划。倾向于承担太多工作，然后以某种方式完成。友好但经常是过于专注。	**INTP** 平静缄默，不受个人感情影响。欣赏理论的或科学的题材。通常主要是对想法感兴趣，不太喜欢聚会或闲谈。有明确的兴趣。
外向者(E)	知觉(P)	**ESTP** 实事求是、不担心不慌张、坦然面对任何事情。可能有点迟钝或不敏感。最擅长与可分拆或组装的实物打交道。	**ESFP** 乐于交往、性情随和、能接受其他看法，友好、自得其乐也让别人开心。喜欢运动和动手做事。发现回忆事实要比掌握理论容易。	**ENFP** 充满热情、精神振奋、机灵而富有想像力。会做几乎所有感兴趣的事情。快速找到解决方法并且对问题有帮助。	**ENTP** 快速而机敏、擅长许多事情。可能开玩笑地争论一个问题的两个方面。在解决有挑战性的问题时足智多谋，但是可能忽视日常的任务。
外向者(E)	判断(J)	**ESTJ** 务实而现实、实事求是，对商业或技术性细节有天生的头脑。对他们视为无用的东西不感兴趣。喜欢组织和举办活动。	**ESFJ** 热心肠、健谈、受欢迎、尽职尽责、天生的合作者。需要融洽。受到鼓励时工作得最好。对抽象思维或技术问题不太感兴趣。	**ENFJ** 积极响应、主动负责。一般真正关心他人的想法或需要。好交际、受欢迎。对表扬和批评敏感。	**ENTJ** 亲切坦率、坚决果断、适做领导者。通常擅长于需要推理和巧妙交谈的任何事。有时要比他们在某一领域的经验所保证的更为肯定。

第四部分

> 外向型和内向型。第一对属性着眼于人们喜欢关注什么。这些外向/内向描述语集中于个体心理：外向者从他人那里吸取能量；内向者从自身吸取能量。二者相互发现对方所偏好的是不同的。

> 感觉型和直觉型。第二对属性识别了一个人如何采纳信息。"感觉型的人"通过他们的五种感觉收集信息，而"直觉型的人"则依赖如模式、关系和预感等间接的知觉来加工信息。例如，当被要求描述同一幅绘画时，一群感觉型的人会评论绘画的笔触或者画中人物左脸颊上的疤痕，而一群直觉型的人会从画中人物忧郁的眼神中想象出他生活在困难时期或者患了抑郁症。

> 思考型和情感型。第三对属性表明了在信息收集好后，一个人如何作出决策。"情感型的人"根据情商作出基于价值观（即他们关于对、错的内在感觉）的决策。"思考型的人"根据逻辑和"客观"的标准（即他们对于真、假的评估）作出决策。

> 判断型和知觉型。第四对属性描述了一个人如何熟悉适应外部世界。"判断型的人"喜欢做事速战速决。他们根据手头的信息迅速得出结论，然后继续前进。"知觉型的人"喜欢使他们的选择保持灵活性。他们会等到收集了他们自认为足够的信息时才作决策。判断型的人渴望确定性，而知觉型的人则喜爱模糊性。

请看上述 MBTI 关于个性类型的描述矩阵。

当内德·赫尔曼(Ned Herrmann)还是通用电气(General Electric)的一名经理时,他创造并开发了"赫尔曼大脑主导工具(HBDI)"。从调查 GE 内部的大批员工开始,20 年来通过数以万计的调查扩展了他的研究成果,并且和包括教育测试服务中心(Educational Testing Service)等著名的心理研究机构验证了其调查得来的数据。

HBDI 既测量一个人对右半脑或左半脑思维的偏好,也测量其对概念型或经验型思维的偏好。这些偏好通常与特定的职业相匹配。例如,工程师一向把他们自己描述为注重分析、讲求精确性和逻辑性。这就把他们定位在连续体的左端。相反,艺术家把他们自己描述为注重情感、讲求空间和美感的。这就把他们定位在连续体的右端。

以下图表说明了不同认知偏好如何并入四个不同的象限,以及一个人如何使用该图表分析具有不同认知偏好的团队:

合成物 1: 同质团队

下图表明,群体中的每一个人都以对正确性的同样关注去处理问题和迎接挑战。作为工程师,团队中的成员知道如何正确地做事。尽管他们工作的质量是优秀的,但是成员间还是难以共事。他们有各自的做事方式,并且他们拒绝改变既定的标准。作为公司的一项职能,团队在公司内长期受到

第四部分

大家关注。最近,当公司开始重组并且组织中的其他职能被外包时,工程师团队的成员发现他们陷入了困境。

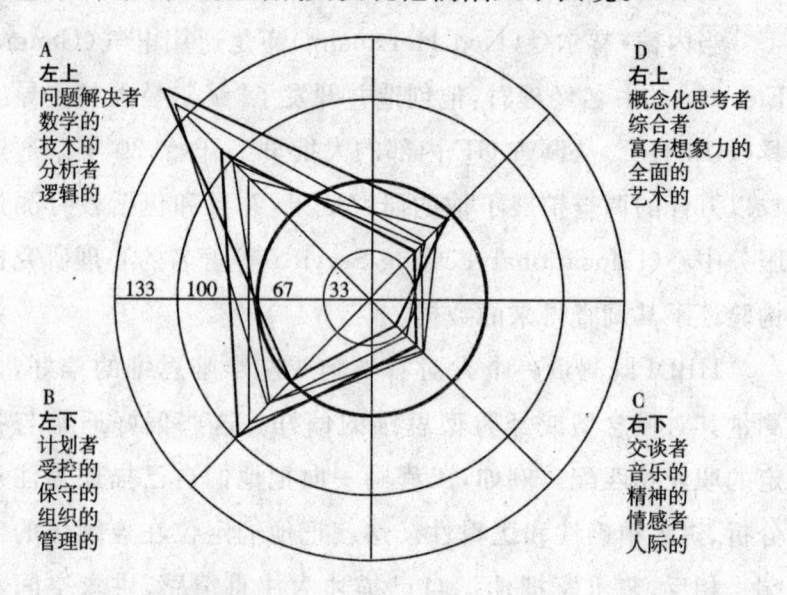

```
A              D
左上            右上
问题解决者      概念化思考者
数学的          综合的
技术的          富有想象力的
分析者          全面的
逻辑的          艺术的

    133  100  67  33

B              C
左下            右下
计划者          交谈者
受控的          音乐的
保守的          精神的
组织的          情感者
管理的          人际的
```

合成物 2: 异质团队

管理服务团队包括了来自信息技术、邮政局和自助餐厅的管理人员。尽管这些人员分享诸如质量导向等目标,但他们还是遇到了许多商业问题。管理人员的主导思维模式处于右下象限,他们是天生的人际关系促进者,负责开发人才,感同身受地倾听,赢得了下属的尊敬。他们的领导才能使曾经零散和低效的职能整合起来。组织成员把彼此看做资源,共享群体内的多样性,并且对自己的工作引以为豪。

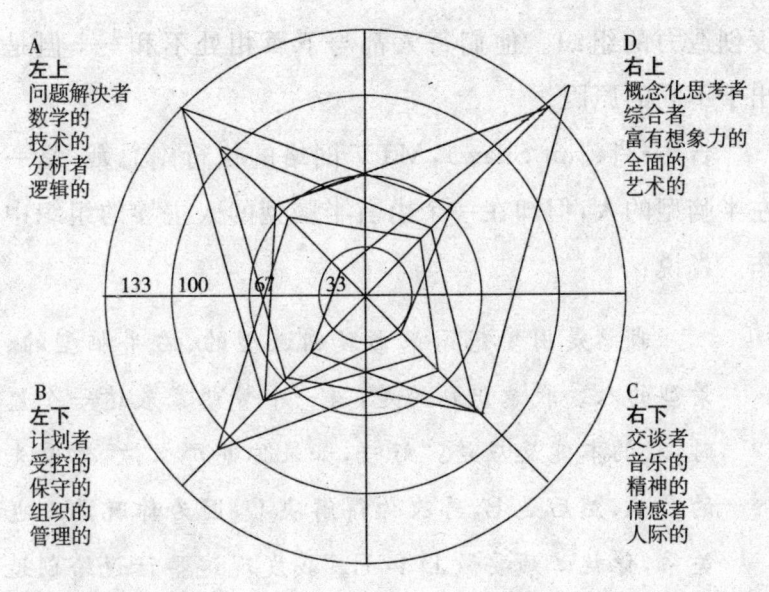

A
左上
问题解决者
数学的
技术的
分析者
逻辑的

D
右上
概念化思考者
综合者
富有想象力的
全面的
艺术的

133 100 67 33

B
左下
计划者
受控的
保守的
组织的
管理的

C
右下
交谈者
音乐的
精神的
情感者
人际的

我们如何行动

除非对评估的重新认识能够引导不同的行动方式,世界上所有的评估都毫无意义,诸如 MBTI 和 HBDI 这样的评估工具将帮助你理解、认识你自己,也能帮助他人理解、认识他们自己。管理上的挑战就是要利用这些工具所提供的洞察力来创造新的过程和鼓励新的行为,这些过程和行为使得创新努力获得成功。

理解你自己

从你自身开始。当你识别了你自己的风格,你就能洞察到你的偏好是如何无意识地塑造你的领导风格和沟通模式的。你可能会惊奇地发现,你的风格正好抑制了你的雇员的创造力。来看一下两个管理人员的经历,二者都来自有着高

第四部分

度创造力的组织。他们每人都与下属相处不和——但是却出于不同的原因。

吉姆·肖(Jim Shaw)，MTV网络的执行副总裁，是一个左半脑型的人，但却在一个由右半脑型的人主导的组织中工作。肖说：

> 我总是用梦想家来形容创造型的、右半脑型的、愿景型的人。我意识到的是，当一个梦想家表达一个愿景时，我的本能反应是："好哇，如果你想那么做，你要先做的是A，然后是B，再次你得解决C，因为你既没人也没关系，你就必须要做D和E。"我发现这番话说给创造型的人听，就像是对他们的梦想不屑一顾。要是我这番话太急于出口，梦想家就会将其视为针对个人的攻击。我也发现不要一开始就把所有需要做的事情都放在桌面上。我不能不假思索地脱口而出，这会使我看上去像个爱唱反调的人。我学会了把想法逐步透漏出来，这样梦想家就觉得我大体上跟他合拍。

杰里·赫什伯格(Jerry Hirshberg)，尼桑设计国际(Nissan Design International)的总裁，碰上了恰好相反的问题。赫什伯格发现他的一些雇员喜欢他个人厌恶的那种结构。在这之前，他向雇员灌输大量信息并且期望创造力的提高。简言之，他试图以他本人想要被管理的方式去管理他的雇员。但是，赫什伯格发现一些人对每个建议的反应都是"是的，但是……"起初，他把这种犹豫解释为一种抵抗创新的偏见。但是他最终意识到一些雇员更喜欢有更多的时间来消化问题,以及找出符合逻辑的方法来应对他凭直觉得出的想法。要是多给点额外的时间,他们就会想出可靠的、有益的和富有洞察力的方案来执行。出乎人们的意料,正是雇员对实现最初想法的专注使得他们犹豫,他们想要最好的可能结果。赫什伯格认识到,雇员们的贡献和他自己的以及公司中其他任何的右半脑型人的贡献一样重要。

肖和赫什伯格都逐渐意识到他们的认知偏好无形中塑造了他们的领导风格和沟通模式。实际上,他们无意识的反应最初抑制了他们想要从雇员那里寻找的创造力。应该注意到,右半脑主导的经理人员要认识到逻辑型人才的贡献,左半脑的经理人员要承认梦想者的方法,这二者是同样重要的。除非在理论模型中,创造力不是某一方专有的。

如果你想要一个创新的组织,你就需要雇用、提升那些使你不舒服的人并同他们合作。你需要理解、认识你自己的认知偏好,以便你能弥补自己的弱项并发挥你的优势。要认识那些不同于你的人的贡献,最大障碍就是以自我为中心的思想。假设你面临一个难题,会向谁寻求帮助呢?你通常会求助于与自己有着同样观点的人,或者向尊重你观点的人求助。这些人可能给你宽慰,但是他们不可能帮助你产生一个新的想法。假设你把这个问题带给一个经常跟你意见相左的人,一个很少认同你的想法或者观点的人。要从他那儿得到建设性的反馈,就需要勇气和策略,而且这个过程可能是不愉快的。但是这种反馈极有可能提高你的解决方案的质

第四部分

量,并且当你的对手从你对他的请求的诧异中缓过神来时,他甚至可能会与你更融洽地相处,因为你们两个人的争执明显是观点方面的,而不是针对个人的。

忘记黄金法则

不要以你想要被对待的方式来对待他人。使沟通让接受者适应,而不是发送者适应。在一个认知多元化的环境中,一条被发送的信息不一定就是一条被接受的信息。一些人对事实、数字、统计数据反应良好。另外一些人则偏好趣闻逸事。还有一些人更容易理解图表式的表达。如果信息能被对方基本接受,它就必须用接受者所偏好的"语言"来传送。

例如,你要劝说一个组织采用一个开放的办公室布局。要说出对分析型头脑具有吸引力的理由,就得依赖于由客观的专家完成的记录详尽的研究得出的统计数据,这些统计数据证明了开放的布局能增强沟通的有效性。而对行动导向型的人的理由将要回答关于实施的具体问题:办公室的这一转变将花多长时间?究竟需要哪种类型的家具?声音效果如何?针对人员导向的人所讲的理由将会集中在这样的问题上:开放的办公室怎样影响人们之间的关系?这种布局怎样影响士气?在这种布局中人们快乐吗?对具有未来导向观点的人而言,恰当的理由应包括艺术家对新布局的作品。简言之,不管你个人偏好怎样,如果你能以适应你的听众特定思维的方式来阐述信息,你就会更有说服力,信息也就会更好地得到理解。

创造"全脑型的"团队

或者过一段时间,或者通过最初的设计,公司或群体的文化可以被一个特定的认知模式所主导。IBM,在以"深蓝"著称的日子里,向世界呈现了统一的形象;数字设备公司(Digital Equipment)为它的工程文化而自豪。这种同质文化有助产生高效的职能部门,但是,它们应对机会或问题的方法却很有限。培育强企业文化的公司的确是非常有创造力的,是在可预见的范围内能充分地构思出,明智的营销方案或富有想象力的工程设计。当市场需求这样的不同的方式创新时,他们不得不学习以适应新情况。这样做需要采用不同种类的解决问题的方法,也就是说不仅仅是使用右脑或左脑,而是要使用全脑。

约翰(John)犯的实在是很常见的错误。作为一个大型的多元化仪器公司的一名新秀,他丧失了一次重要的择业机会,因为他没有看到对全脑型团队的需要。约翰被任命为新产品开发小组的经理,他必须在3～6年内把创新的观点转变为投放市场的产品和服务。"给我点惊喜,"公司的CEO对他说。

利用自主招聘的便利,约翰招募了他能够找到的三个最聪明的MBA。他们立即投入到工作中,进行产业分析,对现有产品的可能性进行分类,把他们最近学到的技能应用到财务分析上。为了完善团队,约翰又特意看了人力资源部门送

第四部分

过来的一堆简历。所有的申请者都有很强的定量技能,其中包含两个工程师。约翰很高兴。由这样有才智的、受过良好培训的、严格的思考者所组成的团队无疑能为公司拿出根本的创新。他忽略了为了刺激不同的观点而招聘一些右半脑型的人的建议,而继续往他的团队里增加左半脑型奇才。18个月后,基于理由充足、记录详细的财务和技术风险分析,这个团队拒绝了所有在议的新计划。团队成员连一个新的想法也没有提出。对此,公司 CEO 很不以为然,于是这个团队成立不到两年就被解散了。

与此相对应的是,鲍勃(Bob),一个正着手创办他的最新企业的成功企业家,顶住了只能容忍与他意见相同的人的强烈诱惑。他从自己先前的创业经验中知道,他的理性分析型风格疏远了他手下一些最有创造力的人。尽管有着不同寻常的自知之明,鲍勃还是差一点解雇了一个能力很强的但经验丰富的经理沃利(Wally),沃利是人力资源主管。据鲍勃讲,在任职几个月中,沃利显得有点儿"分不清主次"。为什么这样说呢?因为沃利在预算会议上漫不经心,却关注鲍勃认为微不足道的事情,比如日托、弹性工作制和福利。但是,在采取行动前,鲍勃决定通过另一种思维方式来看看管理团队。他很快就意识到沃利正是他需要的那种人,沃利能够帮助他发展他的小公司。沃利具备了管理团队中一不经意就会缺少的一种关键要素——对员工需求的敏感性,这有助于公司预见并预先解决雇员的问题。于是鲍勃学着迁就沃利。在描述他成功地学会与沃利共事时,他告诉我们:"你们会为我感到骄傲的。我和沃利每次谈话都要先花上五分钟聊聊狗、小孩和旅行车之类的琐事。"尽管沃利表达的对公司工人的关心并没有完全消除工会的争端,但是这种关心的确使员工对管理层的对抗最小化,并且使争端更易于解决。

持续成功创新的全脑型团队不胜枚举。在施乐公司的帕洛阿尔托研究中心(Xerox PARC),社会科学家和计算机科学家一起工作。例如,计算机科学家帕维尔·柯蒂斯(Pavel Curtis)创造了一个人们能接触和联系的虚拟世界,他就是与一个了解社区是如何形成的人类学家一起工作的。因此,比起那些仅仅由科学家设计的网络空间聚会地点,柯蒂斯的聚会地点有着更多的人情味儿,因而也更受欢迎。另一个例子是帕洛阿尔托研究中心艺术家驻留项目(PARC Artist In Residence),这个项目把计算机科学家和艺术家联系起来,这样他们能够互相影响各自对于世界的知觉和表现。在区间研究中心(Interval Research Center),加利福尼亚的一个致力于多媒体技术的智囊团,其主管戴维·利德尔(David Liddle)邀请了不同学科的领导者进行短暂"休假"的访问。目的是为了促进相互交流观点和解决问题。后来,这种交流活动帮助该研究中心启动了创新程度高的几个项目。杰里·赫什伯格通过以虚拟成对的方式把设计者引进他的组织,把全脑原则应用到尼桑设计的招聘实践中。也就是说,当他雇用一个为能自由发挥纯粹颜色和节奏而欣喜的设计者时,紧接着他就会雇用一个非常理性的设计者,这位设计者喜好分析并注重功能。

第四部分

在一个组织的认知方式上,完全同质性可能是非常高效的。但是就像施乐公司的帕洛阿尔托研究中心、区间研究中心和尼桑设计的经理们所学到的那样,不管群体的成员是多么有才能,要想创造性地解决问题,还要靠那些能提出完全不同观点的人贡献他们的才智。

寻找"丑小鸭"

假设你不能随意地招聘新人,却发现你的组织陷入了陈腐的思维模式的沼泽中。一家严密控制和保守的欧洲化学公司的美国分公司的 CEO 有过这样的经历。尽管公司的业务战略从来没有在美国很好地发挥作用,但总部还是敦促这位 CEO 依战略行事。他知道他需要想出新的方法,因为美国公司是在一个快速变动的市场中努力竞争。但是他的直接下属和他的欧洲上司一样,都是同样的左脑型的思维方式,他们不愿与他一起去寻找新的解决办法。

这位 CEO 不是选择放弃,而是在组织中更低的层次上测试思维偏好。他在他的直接下属的下一层经理中发现了他所需要的认知差异,这是一群人数不多但却富有活力的员工,他们反主流文化的思维模式限制了他们的晋升。在这个公司中,具有右脑偏好的人被看做是有益的,但是并不具备当高层管理者的素质。他们到了一定的层次就不会被晋升。

这位 CEO 改变了这种情形。他提升了三个具有右脑倾向的经理人,让他们担任高级副总裁和部门主管,在此之前,这些高级管理职位完全是由左半脑型的人占据的。新的经理人员是这位 CEO 创新意图的有力支持者,他们与 CEO 共同开发业务的新方法。他们知道他们与总部的沟通战略对于他们的成功是至关重要的。他们用对欧洲所有者的认知框架精心包装了他们的新观点,不像过去那样用作报告的形式陈述变革和尝试新观点的需要,这些美国人现在用问题解决之道的方式展示他们的观点。他们用严格研究的定量数据和计算好的预期成本节约和投资回报率支持他们的观点,并且描述了类似的方法如何已经在其他地方取得了成功。他们详细叙述了他们要遵循的获取成功的明确步骤。在两年内,美国分公司着手于一项主要的组织重新设计,这包括诸如允许外部竞争进入内部服务的这样激进的观念。结果,内部服务的质量飙升——就像该公司在美国的创新数量一样激增。

管理创造性的过程

摩擦本身不是创造性的,除非经理们使它具有创造性。全脑型团队的成员之间不会自然而然地相互了解,但却很容易彼此不和。高度多元化的成功经理人从一开始就花时间使群体成员承认彼此间的差异,经常是通过对诊断分析结果的一次联合探索,并且在试图处理手边的问题之前设计出一起工作的指导方针。在领导他们的群体识别认知方式和建立指导方针时,如果经理人员觉得有困难,他们通常可以求助于那些专门在协调方面受过培训的人。

在制定有关大家如何一起工作的规则时,人们通常会感

第四部分

觉有点愚蠢。通常的想法是,我们都是成年人,并且在处理群体动态上有着多年的经验。这种想法正是问题所在。每个人多年来都有不尽如人意的行为。在孩提时我们就学会重视礼貌胜于重视事实。到16岁之前,谁还没有掌握说善意谎言的艺术吗?如果一个观点有点儿情绪化,我们就经常会忽视这个观点。如果我们感到被忽视了,我们就会选择退出,有着不受赞赏的思维方式的人知道在开会时要靠墙坐(好比组织中的公共汽车的后排)。我们通常不会注意这些行为,因为这样的行为是很平常的。

但是如果允许这类行为在群体中普遍发展的话,其成本简直太高了。鲍勃·迈耶斯(Bob Meyers),NBC交互媒体的高级副总裁,用了一个体育类比的例子来说明这个道理:"例如,在一个橄榄球队中,你必须得用各种各样的人。像那种只能踢球的身材单薄的小个子,可能看上去甚至不像这个团队的一员,他根本抵挡不住其他位置上的大块头的家伙,但是只要他能完成他分内的任务,他就不需要身材高大。他只要做能做得最好的事情就够了。这里的关键在于,团队需要认识到这个矮小瘦弱的家伙可以做什么事情,否则就失去了利用他特长的好处"。

管理创造性摩擦的过程意味着要使每个人都坐在公共汽车前排并且有发言权。一些简单却又有效的技术可能是有帮助的。首先,通过始终把共同的目标置于群体面前,从而阐明大家为什么要在一起工作。"如果目标是符合现实的,有着共同的责任并且需要时间,"一位经理评论到,"那么每个人就能明白尊重彼此间差异的重要性。"

其次,使你操作的指导方针明确化。有效的指导方针总是简单、清楚的和简练的。例如,一个群体为处理分歧制定了如下的原则:"任何人都可以持有不同于其他人的意见,但是没有人可以不说明原因就持反对意见"和"当某人表明了反对意见时,其他每个人都要倾听,力图理解并且把它视为正当合理的,如果他们不同意就要有理由来驳斥。"另一些原则非常简单,如"讨论禁忌话题","证实假设"和"带着你完成的工作准时到达。"

第三,提前设定议程,明确提供足够的时间,用于讨论、发掘富有想象力的备选方案间差异,作出共同的选择并付诸实施。创新需要这两种类型的讨论,但是,正如一位经理说的,那些擅长不同类型讨论的人可以"令彼此发疯"。另一位经理说,"如果你问模糊型的人是喜欢 A 还是 B,他们会问,'C 怎么样?'"同时,渴望及时结束讨论的人对于看起来毫无意义的讨论会坐立不安。而且,如果一种方法占了主导,不平衡的群体过程就可能冒风险进行变革生产出不被接受或不能实行的新产品或新服务。决断型的人经常看手表,希望立即作出决策,容忍模糊型的人想探讨一切创新的可能性。明确分配时间给这两种不同类型的讨论能够抑制决断型人士和模糊型人士的挫折感。否则,决断型的人一般通过援引时间压力和进度安排使其他人不敢作声。他们会抓住第一个可行的选择,而不是最好的选择。或者如果由稍欠决断能力的人占了主导,群体就可能永远得不出一个结论。创新既

第四部分

需要求异性讨论也需要求同性讨论,需要头脑风暴也需要行动计划。

客观对待冲突

多元的认知偏好可能在任何一个群体里引起极大的紧张,然而创新又需要观点的交流。并且因为许多新产品都是系统的而不是孤立的,所以如果没有人们的配合,许多商业项目就不可能开展,这些人从同样的话里得到不同的信息,对同样的事情作出不同的评论。理解不同的思维和沟通模式能带给创新最有价值的贡献是:消除了那些由个人的观念差异所引起的争议。

现在来看一位为医学供应品公司生产全新产品的产品经理的经历。在只有 14 个月的期限中,要设计并交付一个新的外科仪器,这个经理的团队需要快速地齐心协力。但是,设计部门感觉被营销部门误导了,制造部门也不能理解设计部门在两个机械铰链中进行挑选所造成的延迟。这些分歧变成了针对个人的,以"你们总是……"开始,以"不负责任的忽视"结束。项目开始了两个月,经理开始考虑他是否应该解散团队,从头再来。但是他知道他的老板——营销副总裁,不可能同意延长最终期限。"我豁出去了,"他说,"我决定再做最后一次尝试,使他们能够一起工作。"

这位经理决定进行一次非工作场合的员工聚会,其间包括诊断认知偏好的讨论。当他们再回到工作中后,团队成员使用他们学到的新语言来表明他们观点和风格上的差异。

"刚开始,使用这些新词儿显得有点滑稽,"这位经理回想道,"他们会这样说,'是的,当然我想现在就拿到时间表。我是一个J嘛!'但是你能看得出,人们真正以一个不同的眼光看待彼此了,并且他们都没生气。"该团队按期完成任务。也许更重要的是,几个成员自愿加入该产品的下一期研制工作。这种并肩工作的意愿为公司创造了更多的价值,而不仅仅是"温暖的氛围"。关键的技术知识得以在一个小的、协同定位的群体中传播,要是项目成员被分散在不同的产品线,这种知识也就随之被分散了。而且,使团队成员一起工作有助于促进产品的快速开发。

不了解认知偏好的人倾向于把冲突个人化,或者避免冲突,或二者都有。另一个人的方法不是错误又固执的,仅仅是预料中的不同罢了,能认识到这一点可以缓解怒气。例如,在维亚康姆(Viacom)公司,有两名经理参加的会议陷入了僵局。一个经理不采纳另一个经理提出的观点。突然,提出观点的经理拍了拍头说,"哦,我明白了!你是左半脑型的!给我半个小时进行调整,我会把我的观点讲清楚的。让我再尝试一次。"左半脑型的经理笑笑同意了,他明白这个规则,会议重新开始了,提出观点的经理用了定量数据和更连贯的和逻辑的陈述。建立这种有效的双向沟通使得对手对问题有了相同的理解,并且最终找到了同一个解决方案。

理解别人以不同的观点看待问题并不意味着你就会同意他们。但是在理解思维方式上的一个重要因素是,要意识到没有哪一种方式天生就比另一种更好。每种方式都为创

第四部分

新的过程带来独特的、有价值的观点,就像每种方式也都自带着一些消极的特性。冷漠的逻辑学家、心不在焉的人、有创造力的科学家、假同情的自由主义者的刻板模式在现实中都有一些基础。如果人们即便能部分地内化不同观点的固有价值,那么,他们就不太会把分歧视为是针对个人的,并且也能更好地讨论,较少有敌对情绪,能够达成妥协或者一致意见。他们也会对这样的可能性保持开放的态度,即一个另类的世界观或许实际上能提升他们自己的观点。他们更善于倾听,在受到不同思想碰撞时,他们能恍然顿悟。

防止误解的说明

我们描述的个性类型的分析只是一种有帮助的工具,它也有许多局限性。诊断工具只是测量了个性的一个方面,即思维方式和沟通偏好。它们不具备完全的测量能力或智力,也不能预测绩效。MBTI 和 HBDI 都没有测量对于成功创新很关键的品质,如勇气、好奇心、正直、同情或能动性等。

偏好倾向于保持相对的稳定,但是生活经历可以影响偏好。例如,MBTI 通过多年的重复应用揭示了这样的一个趋势,当人们有了小孩后,会从思考方式转向感觉方式。但是,在很大程度上,已完成的 MBTI 和 HBDI 的研究揭示了在不同的工作和社会环境中,人们会维持自己的主导偏好。

任何一个诊断工具必须贴有这样一个关键的警告标签,即只有受过培训的个体才能使用它们。不仅测试结果可能被错误地解释（例如，试图将偏好的行为描述为"正确的"或者"错误的"），而且这些工具也可能被错误地使用，侵犯了个人隐私或对他人抱有成见。为了理解复杂性，人类趋向于化繁为简。我们总是根据人们的语言、穿着和行为来认知他们的总体形象。这些判断的背后有着大量的心理学研究，但是，如果被错误地使用，它们可能是危险的。没有结构化的、可靠的诊断，判断有可能是肤浅的、有缺陷的。没有在时间和资源上的丰富投入，管理者不要期望摩擦都具有创造性。

现代管理的一个范式是，在如此普遍和快速的技术和社会的变革中，变革似乎与自然的节奏不相符，而人类的个性在有记录的历史中并没有改变。人们在解决问题的方法上一直有着独特的偏好。为什么现在对于经理人员来说理解这些差异变得非常必要？因为今天复杂的产品需要整合个人的专业技术，但是这些人不会天生就相互理解。今天变革的步伐需要这些个体快速地开发协同工作的能力。如果摩擦不能被管理并转化为创造力，那么，这种摩擦会限制个体和组织的发展动力。适当地加以控制，不同思维过程的交合释放的能量将会推进创新。

文章简介

人力资源管理的新使命

戴夫·乌尔里克

我们是否应该废除人力资源管理制度吗？近年来，许多商业研究者、作家以及许多企业家一直在争论这一问题。这种争论源自人们严重和广泛地质疑人力资源管理对组织绩效的贡献。

正如今天的许多公司对人力资源管理的看法一样，戴夫·乌尔里克也承认人力资源的无效性，它既没有提高竞争力，又带来高昂成本，但是他却认为人力资源管理从来都没有像今天这样的必要。他相信，解决问题的办法是为人力资源管理创造一种全新的角色，不是针对传统的人力资源管理行为，如人事和薪酬管理，而是关于人力资源能够增加公司对客户、投资者以及员工的价值的商业绩效。

乌尔里克阐释了人力资源管理的四个广义的任务，这些

文章简介

任务将使人力资源管理有助于实现组织成功。首先,人力资源应该成为战略执行的伙伴。第二,它应该成为组织和执行工作的专家。第三,它应该成为员工的代言人。第四,它应该成为持续变革的推动者。完成这样的安排将意味着每一项人力资源活动在某一具体的方面都能够帮助公司更好地服务于客户,或者提升股东的价值。

人力资源管理能够自我转变角色吗?当然不能。事实上,乌尔里克说,转变人力资源管理角色的重要任务落在了首席执行官和每一位与人力资源专业人员一起工作的直线经理的身上。组织卓越将带来竞争性的成功,高级经理必须使人力资源管理能够实现组织的卓越成长。

公司的核心竞争力

C.K.帕拉哈莱德　加里·哈梅尔

早在20世纪80年代,美国通用电话电子公司就把自己定义成为通信技术产业中的大玩家。相比之下,日本电气公司(NEC)规模较小,在运营通信产业方面还没有经验。今天,日本电气公司却成为通信、半导体和主板产业中的五强。而美国通用电话电子公司却成为一家电话公司,另外还生产一些照明产品。

到底发生了什么?日本电气公司培育了核心竞争力,而另一方面,美国通用电话电子公司却对其战略基于何种能力不能取得一致意见,只围绕战略业务部门组织公司的业务。

这样做实质上对核心能力投资不足，禁锢了资源，限制了创新。

一个公司的竞争力来自于其核心能力和核心产品（核心竞争力的有形结果和载体）。核心竞争力是组织中的集体学习能力，是协调多元化生产技术和整合各种技术流派的能力。它也是跨行业组织工作的任务。

围绕核心竞争力来组织活动需要对公司组织架构进行彻底的变革。第一步是需要辨认出核心竞争力。核心竞争力要满足下列三个条件：为不同类别的市场提供潜在的进入路径，为使用公司产品的客户创造福利，以及生产难以被竞争对手模仿的产品。

下一步是要对公司组织结构进行重新设计，并且激励员工向联盟成员学习，聚焦于组织内部开发。管理层必须问问自己：如果我们不能控制这种核心能力，我们的竞争力能持续多久？这种核心能力是否处于客户福利的中心地位？如果我们失去这种能力，我们将会丢掉什么样的机会？

能力竞争：公司战略的新规则

小乔治·斯托克　菲利普·埃文斯　劳伦斯·E.舒尔曼

在20世纪80年代，企业发现时间成为竞争力优势的一个新的源泉。在20世纪90年代，他们将发现时间仅仅是竞争逻辑在一个更加深远的变化中的一部分而已。应用从沃

文章简介

尔玛和其他高度成功的企业中获得的例子,波士顿咨询组织的斯托克、埃文斯和舒尔曼为管理者提供了一个通往以"能力为基础的竞争"新世界的途径。

在今天的动态的商业环境中,策略也应该变成动态的。竞争是一场"运动战",在这里成功只有依赖于市场走向预期和对变化中的消费者需求快速的反应。在这样一个环境中,企业策略决策最基本的不是企业产品和市场结构,而是企业行为的动态性。要想成功,一个企业需要将关键商业过程同在消费者眼里区别于其他竞争者的难于模仿的策略能力结合起来。

这种能力是一系列被策略性理解的商业过程。例如,沃尔玛公司的存货补充的专门技术,本田公司的经销商管理技术,或者第一银行的"在地区以外是全国性银行,在全国以外是地区性银行"的能力。这些能力往往是集体的和多功能的,许多人的工作的一部分,而不是一小部分人的大部分工作。最后,关于能力的竞争需要跨越传统的 SBU 和功能甚至比传统的成本收益游戏可调整的范围更广的、维持系统的策略投资。

在 20 世纪 90 年代,CEO 成功地构建和管理一个公司的能力,将是管理技能的最主要的标准。最终使企业形成规模,超越竞争。

文章简介

何为战略？

迈克尔·E.波特

现今，动态的市场和技术产生了竞争优势的可持续问题，面对改善生产、质量、速度的压力，管理者会使用诸如TQM、标杆、流程再造等管理工具。并因此而产生了业务运作的动态改良。然而，企业很少将因此而获得的收益成功地转化成可持续的赢利能力。逐渐地，管理工具取代了战略。

迈克尔·E.波特撰写了一篇由五部分构成的文章，探究了这样一种转变（管理工具代替了战略）是如何导致企业间的相互破坏性竞争，从而损害了许多企业的利益。管理者越能够在所有的层面上推行这种变革，他们就越远离有利的竞争定位。波特认为企业只关注经营效果（虽然是高绩效所需要的）是不够的。这是因为它们的技术很容易被模仿。相反，战略的本质是选择一条独特的、有价值的路径。企业在这条路径上的一系列活动是很难被其他企业所模仿的。

波特因此从企业的具体活动层面开始来追踪企业竞争优势的经济基础。通过宜家和先锋集团的案例，波特说明了在企业的活动中进行"取舍"对某一战略的可持续性是何等的重要。

尽管管理者经常关注于成功的个别因素，如核心能力或重要资源，但波特却指出该如何把公司的所有活动匹配起来，以提高公司的竞争优势和生存能力。波特一方面强调领

导在制定和执行公司战略中的作用,另一方面也建议公司如何把一些一直以来模糊不清的战略再整合起来。

高层管理者的角色转变:超越战略,实现目标

克里斯托弗·A.巴特利特　苏曼德拉·戈沙尔

结构追随战略;系统支持结构。在第二次世界大战后的企业高速发展环境里,整个管理学说就是围绕着这两句名言展开的。但是今天的企业环境已经发生了变化,生产能力过剩已经成为常态,市场的全球化,企业之间的边界日益模糊,技术方法不相上下,早期的市场准入优势很小。管理学说的变化需要与这些新的环境相匹配。

在对欧洲、美国和日本的20个主要企业进行了5年研究以后,作者指出,高级经理人的角色必须改变。以这些企业作为例子,他们提出必须转换的内容。首先,高级经理人必须改变他们自己思考的重点和方法,超越战略设计,他们必须塑造一个共享的组织目标。他们必须把他们的核心工作从划分正式的结构扩展到培育组织,而且不只是管理系统,而必须培养人员。

被研究公司的高级经理人角色已经反映出了作者所指出的变化。因此,尽管3M的资产已经达到140亿美元,它还努力保持一种革新能力和企业家精神。ABB在世界市场处于不景气的时候,把两家落败的公司变成了全球动力设备行业的主要竞争者。并且,像美国电话电报公司(AT&T)、皇

家荷兰壳牌公司(Royal Dutch/Shell)、英特尔(Intel)、安德森咨询(Anderson Consulting)、花王(Kao),以及科宁(Corning)这类大而复杂的公司依然做得非常出色,尽管一些人预测大公司不可避免要衰落。

构建企业愿景

詹姆斯·C.柯林斯　杰里·I.波拉斯

拥有持久的成功的企业有一个核心的目标,当他们的策略和实践永不结束地适应着这个变化的世界时要保持不变的核心的价值观。这种少有的平衡持续性与变化的能力——需要有意识的实践的训练,与培养愿景的能力密切相关。这个愿景为哪些将保留、哪些将变化提供导向。一个新的说明性的框架为在今天模糊和茫然的愿景概念清晰化和严格化。

这个框架有两个主要的部分:核心的意识形态和预见的未来。核心的意识形态由一个组织的核心的价值观和核心的目标组成。它是保持企业成长和变化的黏合剂。核心价值是一个企业必须的和持久的原则,它将保持这种价值观,甚至它们将变成一种竞争的优势。核心的目标是一个组织存在的基本的原因。

这个愿景框架的第二个部分是预见的未来。首先,一个企业需要确认大胆的延伸的未来;接着它将清楚生动地描述达到这种目标将意味着什么。亨利·福特提出了汽车大众化

文章简介

的目标,接着告诉了全世界:"当我通过……每个人将拥有一辆。马将从我们的公路上消失。"这是那个时代想象的蓝图。

不幸的是,通常的愿景宣言是模糊的,仅仅引起厌倦。但是精于发现识别他们的核心意识形态过程的管理者可以将它们的愿景宣言和激发的梦想与企业的基本动力联系起来。这是保持核心的和刺激性的进步的动力。

改变我们变革的方式

理查德·坦纳·帕斯卡尔 马克·米勒曼 琳达·乔尔嘉

越来越多的企业通过引入改良绩效的各个方面与不断增长的竞争斗争。但是这种单调的工作变化得更快,员工更加努力工作,结果改善很小或者一点改变也没有。

这里的问题不是改善或改良程序。这里的问题是变革的全部负担落在极少数人身上。只有当每一个功能部门和过程、每一个人都有能力且热心于面对每一个挑战,企业才能达到真正的灵活。这种基本变革的类型和度,一般称做复兴和改革,是很多企业寻求但很少能达到的,因为在此之前它们从没有确认过创造持续变革的因素。

作者列出了三种将使企业重建关键的灵活性和保持企业机体的健康的、员工能完全投入企业的因素。以一种不同的方式引导企业以便加快发展,并保持团队舒缓压力。慢慢地灌输将使人们不同于以往的行动,也能帮助他们参与这种新行为的训练。

通过研究西尔斯公司、壳牌公司和美国军队的变化,作者发现了这些复兴的基本的源泉。采用这些改变了员工们自身力量并亲身介入方式的组织形成,也就改变了处理冲突和学习的方式。像在西尔斯公司、壳牌公司和美国陆军,这四种因素之中一些主要的转变将成为组织运转状态和文化变革的里程碑。

打破加工制造组织中的职能思维定势

安·马吉索克　王乾伟

成千上万的企业流程重组工作让员工集中于明显为客户带来价值的过程。他们已经放弃了职能划分的传统,建立了整流程的部门,每一个部门都能实现满足客户需求、完成跨职能的任务。尽管很多这样的努力都带来了各种收益,如成本减少、周期时间缩短和客户满意度提高,但是其他的这种努力的结果却差强人意。

哪里出错了?在某些公司里,管理者也许低估了要改变员工协作方式所需要采取的行动。很多管理者有这样的假设:他们只要将部门简单地转换成流程完整的部门,就可以自然而然地让那些人立刻组成一个团队。

作者认为上述的假设是错误的。在一项对美国电子制造厂商的研究中,研究者发现只有在经理人员使用四种培养集体责任感的方法中的一种或几种时,整流程的部门才会比那些职能细分的部门有更短的周期时间。这四种方法是:设

文章简介

计责任交叉的工作、奖励和团队表现挂钩、工作区域安排有利于人们看到彼此的工作、设计工作程序令从事不同工作的员工能更好地合作。

具体采用何种方法或采用几种方法似乎并不重要。重要的是公司是否真正采取了其中的任何一种。而采用这些方法的效果相当明显：采用四种方法中的一种或几种的部门比那些没有采用任何方法的部门周期时间短得多。

关注过程，而非问题

哈罗德·西尔金　小乔治·斯托克

1983年，一家纸品公司为两年前合并的一家下属造纸厂研究可行的发展方案，这是公司董事会为该造纸厂召开的第11次会议，这个厂目前每个月的亏损额超过1 000 000美元。

一年之后，这家造纸厂就几乎收支平衡。而如今，这个造纸厂赢利十分可观。

到底发生了什么事情呢？答案就是造纸厂的每个员工都成了问题解决者。管理人员和造纸厂的工人们认识到改革造纸厂应该不只是发现造纸厂存在的问题，是要建立更好地认识问题和改进产品的过程。造纸厂成功的关键在于：在多年的学习过程中，员工们建立了比较精确的解决问题的四个渐进环节：

➢ 确认问题——问题产生，解决问题；

- 预防问题——预防问题发生；
- 寻找问题的根源——揭示问题产生的根源；
- 预测问题——在问题发生之前就解决可能会发生的问题,寻找创造性地解决客户问题的方法。

以造纸厂的经验为例,作者说明了解决问题的四个环节,提出了管理者可以促进实现这一组织学习过程的建议和方法。而看似矛盾的是,为了获得快速平稳发展的公司,却在最初发展缓慢,它们真正理解问题是什么,或者动用资源寻找问题根源之前,应该避免跳到寻找问题根源这一环节当中。

阻碍学习的"良好沟通"

克里斯·阿吉里斯

公司沟通的新的但现在已被熟悉的技术——焦点座谈、调查、走动管理,尽管它们帮助解决了公司的某些问题,但它们可能阻碍组织学习。这些技术的确能帮助搜集简单的、单环型的信息。但它们也通过鼓励员工相信他们的适当角色是批评管理层,而管理层的适当角色是采取行动和修改错误,来促进防御性思维产生。

然而,更糟的是,它们打击了双环型学习,这是一个毋庸置疑的客观事实,而且质问这些事实背后的原因和动机的过程。双环型学习鼓励人们检测自己的行为,为他们自己的作为或者不作为负个人责任,使可能产生实际变化的潜在的危

文章简介

险性和尴尬性信息显现出来。

问题不是雇员从这类组织的自我检测中逃脱,问题是没有人来提出要求。管理者热心地关注于"积极"的价值——员工的满足感、乐观的情绪、高昂的士气,要求员工自我反省将破坏性地打击他们。但是,当仔细检查组织,包括考虑他们自己的角色、责任和对纠错行动的潜在贡献时,员工们对事实的挖掘可能会更深,而且更努力。

在最近这些年里,效率的标准有了显著的提高。今天的管理者需要不断创造性地思考关于组织需要的员工,需要拥有像任何主管一样的更深的内在动力和更强的主人翁意识的员工。

西尔斯公司的员工—客户—利润链

安东尼·J.鲁西　斯蒂文·P.基恩　理查德·T.奎因

在过去的5年里,西尔斯·罗帕克公司根本地变革了经营方式,显著地改善了公司的财务绩效,这已不再是新闻。但是,西尔斯公司的变革不仅仅是市场战略的改变,更是经营逻辑和文化的变革。

阿瑟·马丁内兹(Arthur Martinez)领导的由100多位西尔斯最高层管理人员组成的团队,以客户为中心,花了3年多时间重建公司。在重新思考西尔斯公司目标是什么,以及希望变成什么样的公司的问题上,这些管理者开发了企业经营模型(员工—客户—利润模型)和测量系统,通过员工态度来追溯从管理行为到客户满意和财务绩效的成功路径。

员工—客户—利润模型的基本要素不难理解。零售业有一条从员工行为、客户行为到利润的一条因果链,不难看出这些行为主要依赖于态度。然而,模型的运行却不容易。一个问题就是类似于"客户和员工满意"这样的软性数据不易测量。毫不奇怪的是,许多公司实际上并没有理解他们的客户和员工真正在思考什么,在做什么。通过持续收集数据、分析、建模以及试验,西尔斯公司却做到了。而且,建立模型和测量系统的工作对经理人员有许多要求,并改变了他们的思考和行动方式。现在,文化变革正在西尔斯公司内广泛展开。

管理专业才智:充分利用最优秀的人才

詹姆斯·布赖恩·奎因　菲利普·安德森　悉尼·芬克尔斯坦

当今,企业的成功依赖于其知识人才和系统能力更甚于依赖其物质资产。管理人才智力的能力,将其转化为有用的产品和服务,很快成为当代关键的经营技能。但令人奇怪的是,对于管理专业才智的关注却很少。

这个疏忽特别令人惊奇的地方在于,专业才智创造了新经济中绝大部分的价值,在服务业和制造业都是如此。但很少有管理者能够系统地回答这些基本问题:什么是专业才智?怎样开发专业才智?我们怎样发挥专业才智的杠杆作用?

根据詹姆斯·布赖恩·奎因和他的合作者的观点,组织的

文章简介

专业才智能在四个层次上发挥作用：感性知识、高级技能、系统理解力和自我驱动的创造力。他们列举了理由证明：面对当今快速变化，那些能够培养自我驱动创造力的组织更有可能繁荣兴旺。

作者提供了开发专业智力的最佳实践过程：招聘最优秀的人才，强制性开发，提高挑战，以及评估和淘汰。他们还描绘了两个不同类型的组织——美林公司和诺瓦克尔公司，通过新型软件工具的连接、激励系统和组织设计，怎样发挥了专业才智的杠杆作用。作者主张，通过转化传统的层级结构和创建自我组织的网络，组织可以根据自身专业才智创造价值的特殊方式量身定制自己的组织形式。

员工的弹性职业生涯开发

小罗伯特·H.沃特曼　朱迪思·A.沃特曼　贝齐·A.科勒德

实际上，每个人都会认为，雇主和雇员之间的旧式契约已经不复存在了。在这种契约下，公司提供一套工作保障机制来换取员工满意的业绩和一定的忠诚度。一些管理思想家认为，契约强调的应是受雇就业能力，而不是传统契约强调的雇用本身。这表示，当雇员需要寻找工作时，能够具备所需的竞争能力，而不论职位是公司内部的还是公司外部的。不过这一观点并没有清楚地说明公司对雇员负有什么责任，也没有指出雇员对公司应负有什么样的责任。

在本文中，作者认为解决的方案是采取新式契约，在这种新式契约关系下，雇员和雇主共同承担责任去保持，甚至提高个人在公司内部和外部的受雇就业能力。公司有责任为雇员提供评估和发展他们技能的工具、开放的环境和机会。而雇员有责任管理他们自己的职业生涯，并且只要他还在公司工作，就致力于实现公司的目标。在这个时代中，为保持竞争力所需的技能正以惊人的速度变化，但如果采用上述的政策，那么雇员将会自立起来，或者说将能够不断地进行职业重新定位，而公司将能在这样的环境中兴旺繁荣。

一些公司，例如苹果公司、太阳微公司、瑞侃公司和3Com公司已经采取这一方式。根据他们目前的发展进程，作者指出了计划一般应包含的要素，以及应避免的缺陷。

采用了弹性职业生涯计划的公司将会拥有巨大的战略优势。公司鼓励雇员成长、改变和学习，并且在此过程中，公司将会随着经验的积累越做越好。

公开账目管理

约翰·凯斯

这些年，小企业已在进行公开账目管理的实验。公开账目管理系统通过给工人提供变革的原因，而不是仅仅告诉他们实施变革的建议会带来怎样的变化，从而实现平稳变革，他们使雇员像所有者一样思考。

现在大型组织，诸如唐纳利公司和加拿大的阿莫科公司，正在发现公开账目管理也可以为他们工作。这并不容

文章简介

易,企业应该坚持他们自己的原则。例如,AES 公司,发现当它变得公众化时,不得不宣布所有它的员工均为内部人。

大企业对公开账目管理有兴趣的一个原因是模式企业的成功,如密苏里州的 Springfield Remanufacturing 公司的成功。大企业分支机构的领导者能够访问和提问。其他早期使用公开账目的公司也显示出了竞争优势。Wabash 帝国就是这其中的一个,现在这个帝国是卡车和拖拉机制造的领袖,还从事医疗品的销售和服务。

公开账目管理原则对于无论大企业还是小企业都是一样的:每一个员工都可以获得所有相关的金融信息,被引导去理解它,管理者要控制他们的员工,以使他们为这个单位的目标努力,奖惩系统应该奖赏每一个为商业成功作出贡献的人。

Hexacomb 公司是一个做得很好的大型组织。在这个公司的 7 个生产部门的工人被超过利润预算 55% 的指标所鼓舞,这部分利润一半划入了公司,另一半划入了奖金分配。这种企业正在学着使每一个推动这个数目朝正确方向发展的人受益。

让所有员工开动脑筋,发挥作用

多萝西·伦纳德　苏珊·斯特劳斯

要么创新,要么落伍:今天几乎所有企业竞争的迫切要求就是这么简单。但是,要满足这一要求是困难的,因为创新产生在不同的观点、知觉以及处理和判断信息的方式相冲突的时候。这就通常需要各类参与者相互间的协作,这些参与者本能地用不同的方式看待世界。于是,本该建设性地产生于不同观点中的冲突,却往往毫无成效地发生于本质上不能相互理解的人们当中。争论成为针对个人的争论,于是创造性的过程终止了。

  成功培育创新的经理人员解决了如何使不同的方法在生产性的过程中相互摩擦,本文作者称之为创造性摩擦。作者多年来与很多个组织合作过,已经观察了许多经理人员,这些经理人员知道如何使创造性摩擦为他们服务。他们明白不同的人具有不同的思维方式:分析型的或直觉型的,概念型的或经验型的,社交型的或独立型的,讲逻辑的或价值驱动的。他们精心为组织设计了一套周密的方法和观点,并且知道认知多元化的人们必须尊重其他人的思维方式。他们为一起工作设定了基本规则以控制创造性的过程。最重要的是,想要鼓励创新的经理人员需要检查他们自己所做的一切是促进还是抑制了创造性摩擦。

撰稿人简介

菲利普·安德森(Phillip Anderson)在达特茅斯学院的阿摩司管理研究所担任商业管理副教授。他担任四份学术期刊的编委,同时也是在网上发行的一份重要商业学术期刊《组织科学电子通讯》(Organization Science Electronic Letters)的编辑。他合著有《管理策略创新和变通文集及会社内幕:揭开日本商业行为的秘密面纱》(A Collection of Readings and Inside the Kaisha: Demystifying Japanese Business Behavior)(HBS Press,1997)。

克里斯·阿吉里斯(Chris Argyris)是哈佛大学的教育及组织行为詹姆斯·布赖恩特·科南特教席教授。他曾为众多的机构做咨询,他还曾担任英国、法国、德国、意大利和瑞典等国政府的特别顾问,咨询范围包括行政发展和生产力。阿吉里斯教授发表了300篇文章,著有30本书,其中包括《实践知识:克服改革组织的障碍及组织学习》(Knowledge for Action: A Guide to Overlooking Barriers to Organizational Change and On Organizational Learning)。1994年,阿吉里斯教授获得管理学会所颁赠的管理学终生贡献奖。

撰稿人简介

克里斯托弗·A. 巴特利特（Christopher A. Bartlett）教授是哈佛商学院主持1966级MBA班的企业管理教授。他自己著有并与人合著了6本书，其中包括与苏曼德拉·戈沙尔合著的《个性化公司和跨边界管理：跨国界的解决方案》（The Indivianalized Corporation and Managing Across Borders: The Transnational Solution）（HBS Press, 1989），这本书被译成了9国语言，并被制成了录像节目。他的文章曾在一些学术期刊上发表，如《哈佛商业评论》（Harvard Business Review）、《加利福尼亚管理评论》（California Management Review）、《麦肯锡季报》（Mckinsey Quarterly）、《战略管理期刊》（Strategic Management Journal）、《管理学会评论》（Academc of Management Review）和《国际商务研究杂志》（Jowrnal of International Business Studies）。

约翰·凯斯（John Case）是商业领域的一位资深评论员与分析家，同时也是全美知名的开放式管理专家。他著有五本书，并与其他两位作者合作出版了书籍。他还为许多期刊撰稿，现在担任开放式管理有限公司（Open-Book Management Inc.）的主席和开放式管理杂志的总编辑。

贝齐·A. 科勒德（Betsy A. Collard）是职业行为中心（CAC）的战略发展主管。在加入CAC之前，她是加利福尼亚州的一名职业顾问，并在斯坦福大学、圣克鲁斯的加利福尼亚州立大学担任教导主任。科勒德女士在职业管理领域拥有20多年的经验，她在涉及就业和劳动力弹性问题的广泛领域内发表意见，撰写文章并进行咨询。她著有《高技术职业手册》(*The High-Tech Career Book*)一书,与人合著"变动工作场所中的职业弹性"一文。

詹姆斯·C.柯林斯(James C. Collins)是《基业长青》(*Built to Last*)一书的合著者。他在科罗拉多州的玻尔得经营一家管理研究和教学实验室。

菲利普·埃文斯(Philip Evans)是波士顿咨询公司波士顿办事处的高级副总裁,也是波士顿顾问公司的媒体整合项目全球范围内的领导人,这个项目聚焦于信息经济的战略意义。他撰写有关商业战略方面的文章,并与人合著了"战略与新信息经济"(Harvard Business Review),并被授予麦肯锡奖。

悉尼·芬克尔斯坦(Sydney Finkelstein)教授在达特茅斯学院的阿摩斯塔克企管研究所担任商业管理副教授,教授商业政策和并购管理等课程。他是该商学院高层主管教育计划的主任,以及墨西哥蒙特瑞市达克斯商业领导研究所的教授。芬克尔斯坦教授是并购和组织内部知识传播领域的专家。他现在担任《战略管理期刊》、《行政学季刊》(*Administrative Science Quarterly*)和《组织科学》(*Organization Science*)等期刊的编辑审核委员。他还担任《管理期刊》(*Journal of Management*)的编辑顾问。他著有《策略性领导:最高主管及其对组织的影响》(*Strategic Leadership: Top Executives and Their Effects on Organizations*)。

苏曼德拉·戈沙尔(Sumantra Ghoshal)在伦敦商学院担任战略领导课程罗伯特·P.鲍曼教席教授,并在该学院的战

撰稿人简介

略领导研究项目中担任主管。他著有9本书,其中包括《差异化网络:为实现价值创新组织跨国公司》(The Differentiated Network: Organizing the Multinational for Value Creation),以及与克里斯托弗·A.巴特利特合著的《跨边界管理:跨国界的解决方案》(Managing Across Borders: The Transnational Solution)(HBS Press,1989)这本书被翻译成了9国语言并被录制成了录像节目。他最近出版了一本著作《个性化公司》(The Individualized Corporation)获得了1997年度的伊戈尔·安索夫奖。

琳达·乔尔嘉(Linda Gioja)12年来致力于与大型组织内加速的文化变迁和领导力相关的咨询实践的发展。她担任CSC Index公司的负责人,并为西尔斯百货公司、休斯太空通信和全州保险担任高级主管咨询服务。她最近离开了CSC Index公司,以促成商业主管、法规制定者和环保主义者之间的合作,这些人都在寻求革新性的方案来解决环境问题。乔尔嘉女士、理查德·帕斯卡和马克·米尔曼继续探索在"改变我们变革的方式"一文中所表达的思想,并在致力于写一本研究组织作为复杂的适应系统的书。

加里·哈梅尔(Gary Hamel)是策略公司的创始人兼董事长。该公司的运营宗旨是要帮助客户率先走进未来世界。他是哈佛商学院的杰出研究人员,也担任伦敦商学院战略与国际管理的客座教授。曾被《经济学人》(Economist)杂志誉为"世界一流的策略大师"的哈梅尔教授,率先倡导战略意图。核心竞争力、企业想像力、战略性架构以及产业洞察力等新观念。哈梅尔教授与 C. K. 帕拉哈莱德合撰了《竞争大未来》(*Competing for the Future*)(HBS Press, 1994),被众多商业刊物赞誉为近 10 年来最具影响力的商业类书籍,还在《哈佛商业评论》发表过数篇文章。

斯蒂文·P. 基恩(Steven P. Kirn)是西尔斯连锁超市的培训和发展副总裁。在那个职位上,他负责管理许多针对提高西尔斯智力资本和组织变革能力的项目。基恩先生以前曾在伟世咨询公司(William M. Mercer)担任负责人,早期他还担任过行政发展职务并在大学从事教学工作。

多萝西·伦纳德(Dorothy Leonard)是哈佛商学院的商业管理教席教授,从 1983 年开始教授 MBA 和主管教育计划课程。她研究和提供咨询的范围包括新科技的商业化、新产品开发,以及跨越地理、文化和认知界限的知识传播。她根据实地研究的结果,在《组织科学》等学术期刊上发表过 20 余篇文章。她著有《知识的源泉》(*Wellsprings of Knowledge*, HBS Press, 1995),阐述保持创新,提升策略性技术能力的管理技巧。

安·马吉索克(Ann Majchrzak)是南加州大学戈登·S. 马歇尔商学院信息与运作管理系信息系统学的教授。她是全美信息密集技术管理与设计方面的著名权威,这项技术将组织的、个人的、战略的和技术的需求和能力整合并最优化。另外马吉索克博士撰写了许多文章和著作,包括《工厂自动化的人性方面》(*The Human Side of Factory Automation*),《CAD 的人性一面》(*Human Aspect of CAD*)以及《政策研

撰稿人简介

究方法》(*Methods for Policy Research*)。

马克·米勒曼(Mark Millemann)是 Millemann & Associates 公司的创建者,这是一家管理咨询公司,本部位于俄勒冈州的波特兰市。他还担任 CSC Index 公司的高级咨询顾问,咨询重点是转换性的变革和创建一个灵活的组织。作为大型国际公司,如西尔斯、休斯太空通信、壳牌石油、华纳汽车和伊利诺依动力公司 CEO 和执行团队的顾问,他拥有丰富的经验。米勒曼教授是公认的有思想的领导者,他的思想围绕与客户相关的实践案例研究。除了积极关注客户工作外,他也是行政会议的定期演讲者。他最新的著作集中于领导持续的变革领域。

理查德·坦纳·帕斯卡尔(Richard Tanner Pascale)是牛津大学的协同院士,也是圣达菲研究中心的访问学者。他曾任教于斯坦福大学商学院研究所达 20 年之久,目前是全球首屈一指的企业顾问、畅销书作者和备受尊重的学者。帕斯卡尔博士是纽约时报畅销书《日本的管理艺术》(*The Art of Japanese Management*)的合著人,也是《边缘管理》(*Managing on the Edge*)一书的作者。帕斯卡尔在《哈佛商业评论》上所发表的文章"禅宗与管理艺术"荣获麦肯锡奖。他曾与 20 多位财富杂志 500 强公司的 CEO 以及最高经营团队成员密切合作,共同推动组织转型。

杰里·I. 波拉斯(Jerry I. Porras)是斯坦福大学商学研究所组织行为及变革教授。他是变革领导与管理高层经理人班的主任,也在 MBA 班讲授公司愿景、领导力、组织发展、人机动态关系等课程。波拉斯博士是《流向分析：诊断、管理组织变革的有效新法》(Stream Analysis: A Powerful New Way to Diagnose and Manage Organizational Change)的作者，也是《基业长青》的共同作者，这本书已经被译成了13种文字。波拉斯还是《管理学术期刊》(Academy of Management)、《管理学会评论》、《应用行为学期刊》(Journal of Applied Behavioral Science)、《商业评论》(Business Review)和《组织变革管理期刊》(Journal of Organizational Change Management)的编辑委员。

迈克尔·E. 波特(Michael E. Porter)是哈佛商学院商业管理·罗兰·克里斯滕森教席教授，还是竞争战略方面公认的第一权威。波特教授曾为许多一流的美国和国际公司担任过竞争战略顾问，并为世界各地的企业界与政府部门做过国际竞争力问题方面的演讲。波特教授著有14本著作，其中包括《竞争优势》(Competitive Advantage)，这本书与《国家竞争优势》(The Competitive Advantage of Nations)一书一起获得了1985年度管理学会的乔治·R. 特里图书奖。波特教授积极参与经济政策的制定，他最近的著作关注美国内陆城市的发展。

C. K. 帕拉哈莱德(C. K. Prahalad)是密歇根大学商学院的哈维·C. 富豪夫企业管理教授。帕拉哈莱德教授的研究重心放在大型多元化的跨国公司最高管理当局所扮演的角色以及他们能提供何种附加价值。帕拉哈莱德教授也为世界各地大企业的管理顾问咨询服务。帕拉哈莱德与哈梅尔合

撰稿人简介

著的《竞争大未来》一书,曾被《商业周刊》评选为 1994 商业类书籍排行榜第一名,现在该书已被译成了 14 种文字。帕拉哈莱德教授亦撰写过好几篇得奖文章,如获得 1989 年和 1990 年麦肯锡奖的"战略意图"和"企业的核心竞争力"。

詹姆斯·布赖恩·奎因(James Brian Quinn)是达斯茅斯学院阿摩司塔克研究所威廉姆和约瑟芬·布坎南企业管理教授,一位荣誉退休者。他在战略计划、技术变革管理、企业家创新和技术在服务部门的影响力领域是公认的权威。奎因教授在涉及战略计划、研究和发展管理、企业组织管理、技术在服务部门的影响力方面的公司和国家政策问题领域出版了大量著作。他的《智能企业》(Intelligent Enterprise)一书获得了美国出版者协会商业与学术年度书籍奖,和美国管理协会为发展中的管理知识作出杰出贡献的书籍授予年度奖。

理查德·T. 奎因(Richard T. Quinn)是奎因咨询顾问集团有限公司的总裁,以前曾担任西尔斯公司总绩效指标管理的副总裁,他同样也因平衡记分卡制为大家熟悉。奎因教授负责公司战略测评系统的发展与实施,这一系统的预测了不同层次的雇员与顾客测评体系对财务结果的影响。奎因是萨拉托加顾问公司(Strategic Advisory Bard for the Saratoga)战略顾问委员会成员,并经常与人力资源团队合作,致力于这些组织内最主要的变革。奎因咨询顾问集团有限公司致力于帮助那些快速连续的组织转型感兴趣的组织,尤其是服务型组织。

安东尼·J. 鲁西(Anthony J. Rucci)是西尔斯公司管理

当局的执行副总裁。他是西尔斯公司的高级管理者,负责公司范围内的法律、人力资源、质量检验、道德、战略纯源化、多样化、航空运输、设施管理以及西尔斯大学的管理。鲁西先生担任许多专业组织的主管委员,是白宫工作伙伴制区域选择座谈小组的成员,也曾是《应用心理学期刊》(Journal of Applied Psychology)、《人力资源计划》(Human Resource Planning)和《人力资源管理》(Human Resource Management)的编辑委员。1996年,他被《人力资源执行官》(HR Executive)提名为国家顶级人力资源执行官,同时也被选举为国家人力资源协会的成员。

劳伦斯·E.舒尔曼(Lawrence E. Shulman)现任波士顿顾问集团芝加哥办公室高级副总裁兼指导,在哈佛商学院取得贝克奖学金,并获得MBA学位,于1979年进入波士顿集团至今。

哈罗德·西尔金(Harold Sirkin)是波士顿集团高级副总裁,是BCG信息技术实践领域的一位实践领导者。他是波士顿顾问公司运营绩效实践领域的开拓者之一,并掌管几本运营和组织领域的出版物。西尔金与许多客户合作来探索战略问题,包括全球化战略、流程再造和客户服务等问题。

小乔治·斯托克(George Stalk Jr.)是波士顿集团资深副总裁。他所提供的专业服务具备国际性和及时性,他定期地对企业与产业协会发表以时间为基础的竞争与其他主题的演讲。定居于多伦多,曾担任许多大型的制造业、零售业与以科技为导向和消费者导向为本的公司的顾问一职。斯托

撰稿人简介

克与他人合著一本极受好评的著作《超越时间与改善的竞争：日本企业》(Across Time and Kaisha: The Japanese Corporation)，他也曾在许多商业出版物上发表文章。

苏珊·斯特劳斯(Susaan Straus)是一名管理顾问，也是全球知名的演说家，精通的领域包括组织变革和管理团队绩效。她研究过《财富》500强企业的数千名经理人和高层主管，研究重点是认知偏好的效果，以及领导人、经理人和任务小组在快速变通的工作环境下的创新能力。她在调解冲突、协调事务的进行等方面经验丰富，而其所领导的绩效资源组织，目标在于协助想改变和更新的组织，创造出杰出的绩效。

戴夫·乌尔里克(Dave Ulrich)是密执安大学商业管理教授，是密执安大学执行项目的核心成员，与别人合作主持密执安大学的人力资源主管培训项目和高级人力资源主管培训项目。他也是全球顾问联盟的合伙人。他著有许多著作，其中包括最新著作《人力资源最佳实务》(Human Resource Champion)(HBS Press, 1997)。

王乾伟(Qianwei Wang)是南加州大学社会学系的在读博士生，她研究的兴趣包括定量方法、社会组织和健康等。

朱迪思·A. 沃特曼(Judith A. Waterman)是美国国家认证职业顾问和创建于1977年的职业管理集团的创办人兼执行官。她的公司与个人合作以促进他们职业的发展和非职业绩效。她是几个计算机项目的策划人与许多书的作者。她最新的著作包括《FIRO-B介绍》(Introduction to the FIRO-B)，这本书对一种被广泛使用的个人发展工具进行了

撰稿人简介

准确权威的解释。除了她个人和公司实践外,沃特曼女士也是 Mindsteps 有限公司的创始人和高管,这家公司针对企业内部互联网的个人使用而设计、编程、测试并销售软件。

小罗伯特·H. 沃特曼(Robert H. Waterman Jr.)从事过许多职业,如作家、公司发展主管顾问、非营利理事和新型投资经理。他的著作包括《追求卓越》(In Search of Excellence)、《复兴的因素》(The Renewal Factor)、《企业变革的力量》(Adhocraay: The Power to Change)和《美式管理哪里做对了》(What America Does Right)。1986 年,在麦肯锡公司作为高级主管工作了 21 年后,沃特曼先生创建了沃特曼集团有限公司,这家公司支持他的研究、写作、新投资和咨询活动。沃特曼先生在 IMD-瑞士洛桑的一所商业学校教授 MBA 项目课程。他是 Mindsteps 公司创建者之一和董事会主席,这家公司针对企业内部互联网的个人使用进行设计和销售软件。

注　释

引言

1. "争夺人才的战争"这个术语是1988年一项由麦肯锡咨询公司资助、时间长达一年的、关于大公司下一代领导人研究项目的题目。

2. 见 M. A. Devanna, C. J. Fombrun, and N. M. Tichy, "Human Resource Management: A Strategic Perspective," *Organizational Dynamics* (Winter, 1981): 51–64; M. A. Devanna, C. J. Fombrun, and N. M. Tichy, "A Framework for Strategic Human Resource Management," *Strategic Human Resource Management*, ed. C. J. Fombrun, N. M. Tichy, and M. A. Devanna (New York: Wiley, 1984): 33–51。

3. 见 Dave Ulrich and Dale Lake, *Organizational Capability: Competing from the Inside Out* (New York: Wiley, 1990)。

4. 见 J. Delaney and M. Huselid, "The Impact of Human Resource Practices on Perceptions of Organizational

Performance," *Academy of Management Journal* 39 (1996): 949—969; Mark A. Huselid, "The Impact of Human Resource Management Practices on Turnover, Productivity, and Corporate Financial Performance," *Academy of Management Journal 38*, no. 3 (1995): 635—672; S. Jackson and R. Schuler, "Understanding Human Resource Management in the Context of Organizations and Their Environments," *Annual Review of Psychology* 46 (1995): 237—264。

5. Mark A. Huselid 总结了众多关于人员流动率的研究成果。见"The Impact of Human Resource Management Practices on Turnover, Productivity, and Corporate Financial Performance," Academy of Management Journal 38, no. 3 (1995): 635—672。

具体的关于人员流动率的研究见 Arnold and D. C. Feldman, "A Multivariate Analysis of the Determinants of Turnover," *Journal of Applied Psychology* 67 (1982): 350—360; B. D. Baysinger and W. H. Mobley, "Employee Turnover: Individual and Organizational Analysis," *Research in Personnel and Human Resource Management*, vol. 1, ed. K. W. Rowland and G. R. Ferris, (Greenwich, CT: JAI Press, 1983), 269—319; J. L. Cotton and J. M. Tuttle, "Employee Turnover: A Meta-Analysis and Review with Implications for Research," *Academy of Management*

Review 11 (1986): 55—70; J. E. Sheridan, "Organizational Culture and Employee Retention," *Academy of Management Review* 35 (1992): 1036—1056。

6. 生产率研究的总结可以在 Mark A. Huselid 的文章中看到。Mark A. Huselid, "The Impact of Human Resource Management Practices on Turnover, Productivity, and Corporate Financial Performance," *Academy of Management Journal* 38 (1995): 636—672. 具体的研究还出现在 J. Cutcher-Gershenfel, "The Impact of Economic Performance of a (1991) Transformation in Labor Relations," *Industrial and Labor Relations Review* 44 (1991): 241—260; H. C. Katz, T. A. Kochan, and J. Keefe, *Industrial Relations and Productivity in the U. S. Automobile Industry* (Washington, D. C.: Brookings Institute, 1987); and M. L. Weitzman and D. L. Kruse, "Profit Sharing and Productivity," in Blinder(ed.), *Paying for Productivity*, ed. A. S. Binder (Washington, D. C.: Brookings Institute, 1990)。

7. 培训的研究来自 J. S. Russell, J. R. Terborg, and M. L. Powers, "Organizational Preformances and Organizational Level Training and Support," *Personnel Psychology* 38 (1985): 849—863。

8. 人事的研究可以在下面的研究中找到: D. E. Terpstra and E. J. Rozell, "The Relationship of Staffing Prac-

tices to Organizational Level Measures of Performance," *Personnel Psychology* 46 (1993): 27—48。

9. 把评估与财务绩效联系起来的研究可以在下面的研究中找到：W. C. Borman, "Job Behavior, Performance, and Effectiveness," in *Handbook of Industrial and Organizational Psychology*, 2ᵈ ed., Vol. 2, ed., Vol. 2ed. M. D. Dunnette and L. M. Hough (Palo Alto, CA: Consulting Psychological Press, 1991)。

10. 薪酬与绩效联系起来的研究可以在下面研究中找到：B. Gerhart and G. T. Milkovich, "Employee Compensation: Research and Practice," in *Handbook of Industrial and Organizational Psychology*, Vol. 3, ed. M. D. Dunnette and L. M. Hough (Palo Alto, CA: Consulting Psychological Press, 1992)。

11. 关于钢铁厂的研究来自：C. Ichniowski, K. Shaw, and G. Prennushi, "The Effects of Human Resource Management Practices on Productivity," working paper, Columbia University, New York, N. Y., 1993; J. B. Arthur, "Effects of Human Resource Management Systems on Manufacturing Performance and Turnover," *Academy of Management Journal* 37 (1994): 670—687。

12. 见 J. P. MacDuffie, "Human Resource Bundles and Manufacturing Performance: Organizational Logic and Flexible Production Systems in the World Auto Industry,"

Industrial and Labor Relations Review 48 (1995): 197—221。

13. 关于这项研究的信息可以从 *Human Resources Management: Ideas and Trends in Personnel* 获得，期刊号356,1995年6月21日。该文件是CCH有限公司的内部出版物,地址:4025W. Peterson Ave., Chicago, IL。

14. 要了解Huselid对人力资源实务的观点,见:J. T. Dlaney, D. Lewin, and C. Ichniowski, *Human Resource Policies and Practices in American Firms* (Washington, D. C.: U. S. Government Printing Office, 1989); U. S. Department of Labor, High Performance Work Practices and Firm Performance (Washington, D. C.: U. S. Government Printing Office, 1993)。

15. 组织能力的概念源自:Igor Ansoff, *Corporate Strategy: An Analytical Approach to Business Policy for Growth and Expansion* (New York: McGraw-Hill, 1965)。

16. 见B. E. Becker, M. A. Huselid, P. S. Pickus, and M. F. Spratt, "HR as a Source of Shareholder Value: Research and Recommendations," Human Resource Management Journal 36, no. 1 (1997): 39—48。

17. 见J. Wayne Brockbank and D. Ulrich, "Avoiding SPOTS: Creating Strategic Unity," in *Handbook of Business Strategy 1990*, ed. H. Glass (New York: Gorham, Lambert, 1990)。

注释

18. 关于领导需要什么特质来使事情快速发生的研究源自：R. Pascale 等人对敏捷度的研究，见 R. Pascale, M. Millemann, and L. Gioja, "Changing the Way We Change," *Harvard Business Review* (Novermber-December 1997): 126—139。

19. 见 J. B. Quinn, "Leveraging Intellect," *Academy of Management Executive 10*, no. 3 (1996): 7—27; H. Saint-Onge, "Tacit Knowledge: The Key to the Strategic Alignment of Intellectual Capital," *Strategy and Leadership* (March/April, 1996): 10—14; and T. Stewart, *Intellectual Capital* (New York: Doubleday, 1997)。

20. 见 J. B. Quinn, "Leveraging Intellect," Academy of Management Executive 10, no. 3 (1996): and 7—27; D. Ulrich, "Intellectual Capital＝Competence x Commitment," *Sloan Management Review* 39, no. 2 (1998): 15—26。

21. Lominger 的研究揭示了 80 种公司应该要求的可能的能力，它们可以归纳为 16 组。关于这项分析的资料可来源：Lominger in Minneapolis Minnesota。

22. 许多关于能力的研究来自：W. W. Burke, "What Human Resource Practitioners Need to Know for the Twenty-First Century," *Human Resource Management Journal* 36, no. 1 (1997): 71—80; T. Lawson, *The Competency Initiative: Studies for Excellence in Human Resource Executives* (Minneapolis, MN: Golle & Holmes, Customer

Education [in conjunction with the SHRM Foundation], 1990); and D. Ulrich, Wayne Brockbank, Arthur Yeung, and Dale Lake, "Human Resource Competencies: Empirical Assessment," *Human Management Journal* 34, no. 4 (1995): 473—496。

23. 见 Dave Ulrich and Rober Eichinger, "Delivering HR with an Attitude: Professional That Is," *HR Magazine*, June (1998): 54—61。

第一部分

1. 人力资源管理的新使命

1. 关于西尔斯公司更多的变革,见 The Employee—Customer—Profit Chain at Sears, by Anthony J. Rucci, Steven P. Kirn, and Richard T. Quinn, *Harvard Business Review* 76, No. 1 (1998): 82—97。

2. 公司的核心竞争力

1. 为进一步讨论,见 our article, "strategic Intent", *Harvard Business Review* 67, no. 3 (1989): 63。

2. G. Hamel, Y. L. Doz and C. K. Prahalad, "Collaborate with Your *Competitors—and Win*," *Harvard Business Review* 67, no. 3 (1989): 133.

注释

3. 能力竞争:公司战略的新规则

1. 见 T. Michael Nevens, Gregory L. Summe, and Bro Uttal, "Commercializing Technology: What the Best Companies Do," Havard Business Review 68, no. 3 (1990): 154。

第二部分

1. 何为战略?

1. 在《竞争优势》(New York: The Free Press, 1985)一书中,我首先提到了经营活动的概念,并介绍了它在帮助理解竞争优势方面的作用。本文基于此阐发了这一思想。

2. Paul Milgrom 和 Zohn Roberts 开始研究支持功能、活动和功能的经济系统。他们的研究重点在于"现代化制造"作为新的一套互补性活动,公司有以一组相互协调的内部反应来应对外部变化的倾向;公司以中心协调(战略)来联合各职能管理者的需要。他们建立的模型是一个长期以来的战略的核心原则。见 Paul Milgrom and John Roberts, "The Economics of Modern Manufacturing: Technology, Strategy, and Organization," *American Economic Review* 80 (1990): 511—528; Paul Milgrom, Yingyi Qian, and John Roberts, "Complementarities, Momentum, and Evolution of Modern Manufacturing," *American Economic Review* 81 (1991) 84—88; and Paul Milgrom and John Roberts, "Complementarities and Fit: Strategy, Structure, and Organiza-

tional Changes in Manufacturing," *Journal of Accounting and Economics*, vol. 19 (March—May 1995): 179—208。

3. 零售战略的材料部分来自 Jan Rivkin, "The Rise of Retail Category Killers,"unpublished working paper, January 1995. Nicolaj Siggelkow prepared the case study on The Gap。

3. 构建企业愿景

1. David Packard, speech given to Hewlett-Packard's training group on March 8, 1960; courtesy of Hewlett-Packard Archives.

2. 见 Nick Lyons, *The Sony Vision* (New York: Crown Publishers, 1976). We also used a translation by our Japanese student Tsuneto Ikeda。

3. Akio Morita, *Made in Japan* (New York: E. P. Dutton, 1986), p. 147.

第三部分

1. 改变我们变革的方式

1. 见 Ronald A. Heifetz and Donald L. Laurie, "The Work of Leadership," *Harvard Business Review* 75, no. 1 (1997): 124—134。

2. 以下描述摘自 Fort Irwin, titled *Mojavia: In Pur-*

suit of Agility (New York: Marc Gerstein Associates, 1997)。

3. Nitin Nohria, "From the M-form to the N-form: Taking Stock of Changes in the Large Industrial Corporation," working paper 96-054, Harvard Business School, Boston, Mass.

2．打破加工制造组织中的职能思维定势

1. 每个部门的周期时间指完成该部门最近6个月内占生产量最大比重的三种产品所需要的总体时间。总体生产时间指从订单开始到交货之间的时间,包括操作、启动、任务排序、工作场地间的运输、检验、测试和改进所需要的时间。

2. 在研究培养合作性文化的四种方法中的每一种时,我们通过数据分析证明以下情况极有可能(95％的置信);我们研究的某一特定方法,而不是其他三种方法中的一种,导致了采用该方法和未采用该方法的部门之间周期时间的不同。这就是说,95％的情况下,使用某一特定方法的部门比那些没有使用这一方法的部门的周期时间要快。

第四部分

3．公开账目管理

1. Jack Stack, *The Great Game of Business* (New York: Currency/Doubleday, 1992).

2. "Physician Sales & Service, Inc.: June 1992 (A)," Case 395-066 (Boston: Harvard Business School, 1992).

3. 参见 Robert S. Kaplan and David P. Norton, *The Balanced Scorecard* (Boston: Harvard Business School Press, 1996)。